ROLF BOSSI

Halbgötter in Schwarz

*Buch*

Nach über 50 Jahren als Strafverteidiger rechnet Rolf Bossi ab: Etwas ist faul im Rechtsstaat Deutschland. Vor allem bei Kapitalverbrechen werden die gravierenden Mängel der Strafprozessordnung deutlich. Falsche Darstellungen von Zeugenaussagen, Indizien oder gutachterlichen Ausführungen durch die Richter sind ebenso verbreitet wie abenteuerliche Wege der Urteilsfindung. Die Folge sind skandalöse Fehlurteile und Justizopfer, die den Mühlen der Justiz wehrlos ausgesetzt sind. Rolf Bossi kämpft seit vielen Jahren als Anwalt gegen die vom Justizsystembegünstigte Selbstherrlichkeit und Willkür deutscher Richter. Anhand verschiedener Fehlurteile, die durch Rechtsbeugung und Kumpanei zustande kamen, zeigt er, welche Maßnahmen ergriffen werden müssen, damit die Macht deutscher Richter und die Ohnmacht ihrer Opfer gebrochen werden können. Rolf Bossi legt dar, welche zusätzlichen Sicherungen im Prozessrecht eingebaut werden müssen, um die Justiz wirklich unabhängig zu machen und die Zahl der Justizopfer endlich zu reduzieren.

*Autor*

Rolf Bossi, geboren 1923 in Karlsruhe, ist der bekannteste Strafverteidiger Deutschlands. In seiner über 50-jährigen Praxis als Rechtsanwalt hat er unzählige, teilweise prominente Fälle vertreten wie z.B. Romy Schneider, Ingrid van Bergen, den Kindermörder Jürgen Bartsch, den Gladbecker Geiselnehmer Dieter Degowski oder DDR-Grenzsoldaten im Mauerschützenprozess. Rolf Bossi lebt in München.

# Rolf Bossi

# Halbgötter in Schwarz

## Deutschlands Justiz am Pranger

**GOLDMANN**

**FSC**

**Mix**

Produktgruppe aus vorbildlich
bewirtschafteten Wäldern und
anderen kontrollierten Herkünften

Zert.-Nr.SGS-COC-1940
www.fsc.org
© 1996 Forest Stewardship Council

Verlagsgruppe Random House FSC-DEU-0100
Das FSC-zertifizierte Papier München Super für Taschenbücher
aus dem Goldmann Verlag liefert Mochenwangen Papier.

1. Auflage
Taschenbuchausgabe Oktober 2006
Wilhelm Goldmann Verlag, München,
in der Verlagsgruppe Random House GmbH
Copyright © der Originalausgabe 2005
by Eichborn AG, Frankfurt am Main
unter Mitarbeit von Enrik Lauer, Berlin
Umschlaggestaltung: Design Team München
unter Verwendung eine Fotos von Hartmuth Schröder
Lektorat: Dr. Barbara Werner
KF · Herstellung: Str.
Druck und Bindung: GGP Media GmbH, Pößneck
Printed in Germany
ISBN-10: 3-442-15389-1
ISBN-13: 978-3-442-15389-3

www.goldmann-verlag.de

# INHALT

# 1. JUSTITIA UND DER MENSCHLICHE MAKEL

*Warum Wahrheit und Gerechtigkeit vor deutschen*
*Strafgerichten oft wenig gelten*

Die überwältigende Mehrheit der Menschen kommt zum Glück niemals ernstlich mit dem Gesetz in Konflikt. Gewiss, jeder hat mal falsch geparkt. Mancher hat vielleicht vor Jahren mal als dumme jugendliche »Mutprobe« im Kaufhaus eine Kombizange oder einen Lippenstift geklaut. Und die Ehrlichkeit der Bürger gegenüber den Finanzbehörden sei dahingestellt. Vor Gericht jedoch stehen pro Jahr nicht mehr als 4 Prozent aller Deutschen – die wenigsten davon, weil man ihnen eine Straftat zur Last legt. Meistens sind es Entscheidungen vor dem Familiengericht oder Zivilsachen vom kleinlichen Nachbarschaftsstreit bis zur millionenschweren Schadenersatzklage, die die Justiz beschäftigen.

Die regelmäßige Lektüre der Boulevardpresse erweckt dagegen einen ganz anderen Eindruck. Wer durch die Geschichten der Skandale und Skandälchen blättert, könnte meinen, Deutschland stecke mitten in einem gigantischen Sumpf von Gewalt und Kriminalität. Aber der nüchterne Blick auf die Statistik lehrt, dass die Bundesrepublik ein vergleichsweise friedfertiges Land ist. Zwar landeten 2002 rund 4,6 Millionen Fälle als Strafverfahren beim Staatsanwalt, gerichtlich entschieden wurden davon nur 934.000. Die meisten Fälle spielten sich vor einem Amtsgericht ab, waren demnach keine Kapitalverbrechen. Grob gerundet wird pro Jahr gerade mal jeder tausendste Bundesbürger zum Straftäter. Berücksichtigt man dann noch, dass sich mehr als ein Viertel der Delikte im Straßenverkehr zutrug und weitere 20 Prozent Diebstähle oder Unterschlagungen waren, nimmt sich das, was die breite Öffentlichkeit als Verbrechen fürchtet, für ein Land mit 82 Millionen Einwohnern kaum bedrohlich aus.[1]

---

1 Quelle für diese und alle folgenden Angaben: Statistisches Bundesamt, *www.desta tis.de/themen/ d/thm_rechts.php*

Die Zahl schwerer Straftaten ist damit kein wirklicher Grund zur Panik, zumal sie seit Jahren kontinuierlich sinkt. 2002 wurden in den alten Bundesländern 53.000 Personen wegen Körperverletzung, 9.500 wegen Raubes oder Erpressung, 2.300 wegen sexuellen Missbrauchs von Kindern, knapp 2.000 wegen sexueller Nötigung oder Vergewaltigung und genau 613 wegen Mordes oder Totschlags verurteilt. Das alles sind schlimme Verbrechen, hinter denen schreckliche Einzelschicksale stehen. Dass in Deutschland – ohne die vermutlich weit höheren Dunkelziffern – pro Tag sechs bis sieben Kinder sexuell missbraucht und fünf Frauen vergewaltigt werden, ist ein unerträgliches Faktum. Doch allein in Städten wie New York oder Los Angeles geschehen in einem Jahr mehr Morde als insgesamt zwischen Kiel und Konstanz.

Unsere Gefängnisstatistik spricht eine ähnliche Sprache. Am 31. März 2003 saßen genau 62.594 Strafgefangene in Deutschlands Haftanstalten. Mehr als 40 Prozent verbüßten Strafen von weniger als einem Jahr, weitere 45 Prozent solche zwischen einem und fünf Jahren. Nur rund 2.000 Menschen sitzen lebenslang hinter Gittern. Mit 75 Strafgefangenen auf 100.000 Einwohner rangiert die Bundesrepublik international im unteren Drittel der Statistik. Zum Vergleich: In den Vereinigten Staaten liegt die Zahl der inhaftierten Personen pro 100.000 Einwohner bei über 600!

Wer für Räuber, Vergewaltiger, Kinderschänder und Mörder nach harter, unnachsichtiger Bestrafung ruft, tut das also von einem verhältnismäßig ruhigen Sessel aus, der meistens in einer gemütlichen Wohnung in einer friedlichen Kleinstadt steht. Und er tut es im Vertrauen auf den deutschen Rechtsstaat, der ihm das beruhigende Gefühl vermittelt, niemals eines solch abscheulichen Verbrechens zu Unrecht beschuldigt zu werden. Doch stellen Sie sich vor, Sie geraten trotzdem unschuldig in die Mühlen der Strafjustiz. Ich wette, dass Ihr Ruf, Polizei und Gerichte sollten mit aller Härte gegen verdächtige Kriminelle vorgehen, künftig etwas leiser, wenigstens aber differenzierter ausfiele. Eine Woche irrtümlich in Untersuchungshaft, und Sie würden den Wert der Unschuldsvermutung mehr als schätzen lernen. Sie wüssten sehr genau, wie ungeheuer wichtig es ist, dass die Schuld eines Angeklagten vor Gericht nicht nur zweifelsfrei bewiesen werden, sondern dass schon der kleinste Zweifel an seiner Schuld genügen muss, um ihn freizusprechen. Sie würden sich darauf berufen, in einer Demokratie zu leben, in der die Würde des Menschen das oberste Prinzip ist. Und Sie würden darauf bauen, dass die Hüter des Gesetzes die Unantastbarkeit dieser Würde garantieren.

## Die Hüter des Gesetzes

»Die Richter sind unabhängig und nur dem Gesetze unterworfen.« Artikel 97 unseres Grundgesetzes legt mit diesen schlichten Worten die dritte, vielleicht wichtigste Säule jeder rechtsstaatlichen Gewaltenteilung fest. Legislative, Exekutive und Judikative: Die Volksvertreter in den Parlamenten wählen die Regierung und beschließen die Gesetze, setzen sie aber nicht selbst um, sondern überlassen dies den ausführenden Organen im Staat. Unabhängige Gerichte wachen über deren Einhaltung. Dabei sind sie einzig und allein der Wahrheit und der Gerechtigkeit verpflichtet. Die Richter werden zwar von der Exekutive ernannt oder von den Parlamenten gewählt, aber einmal berufen, unterliegen sie keiner weiteren Kontrolle. Keine Regierung und kein Parlament, kein Minister und kein Beamter können einem deutschen Richter Weisungen erteilen. Er ist ein Beamter auf Lebenszeit, der nur unter wenigen, gesetzlich genau geregelten Bedingungen entlassen, seines Amtes enthoben, versetzt oder pensioniert werden kann. Auf der Grundlage der geltenden Gesetze fällt er seine Urteile in gänzlich eigener Verantwortung und nach eigenem Ermessen. Nur ein anderes Gericht könnte ein Urteil aufheben, abändern oder bestätigen.

Soweit die schöne Theorie von der rechtsstaatlichen Gewaltenteilung und die Mär vom ebenso unabhängigen wie unfehlbaren Gericht. Die Praxis ist leider weit weniger leuchtend. Ihre Unabhängigkeit verleiht den Halbgöttern in Schwarz eine große Machtfülle. Auch wenn gewisse Bürger schon Halteverbote oder Einkommenssteuern für eine Einschränkung ihrer Freiheit halten: In einem tieferen, substanziellen Sinne verfügen letztlich nur die Richter über die Macht, dramatisch in unsere Freiheitsrechte einzugreifen. Ohne deren Beschluss darf kein Bürger länger als 24 Stunden verhaftet werden. Haben sie ihn aber des Mordes für schuldig befunden und wurde dieses Urteil von einer einzigen weiteren Instanz bestätigt, dann geben diese Entscheidungen der Staatsgewalt das unanfechtbare Recht, den Bürger für den Rest seines Lebens in eine neun Quadratmeter große Zelle zu sperren.

Glauben Sie mir, die Hüter des Gesetzes sind sich dieser Machtfülle sehr wohl bewusst. Dabei sind Richter doch auch nur Menschen, machen wie alle Menschen Fehler und erliegen Irrtümern. Darin unterscheiden sie sich nicht von Verkäufern, Installateuren oder Ärzten. Aber wenn ein Verkäufer Ihnen einen schlecht sitzenden Anzug aufschwatzt, können Sie ihn umtauschen. Wenn der Installateur pfuscht und ihre Wohnung unter Wasser steht, können Sie ihn haftbar machen. Etwas anders sieht es bei den Medizinern aus. Unterläuft einem Arzt ein Kunstfehler, kann die Konsequenz langes, sogar lebenslanges Leid sein. Vielleicht können Fachkollegen den Fehler korrigieren. Und obwohl kein Schmerzensgeld die schwer wiegenden Folgen ärztlichen Versagens zu lindern vermag, kann man den Arzt verklagen. Was aber geschieht, wenn Richter sich irren oder aus ganz anderen Gründen ein krasses Fehlurteil sprechen?

## Checks and Balances

Gegenüber der staatlichen Gewalt, die so grundsätzlich in unsere Freiheits- und Persönlichkeitsrechte eingreift, gibt es wenige Möglichkeiten der Reklamation, keine Versicherung und kein angemessenes Schmerzensgeld. Denn wird ein Justizirrtum tatsächlich einmal korrigiert, ist der Regress nicht mehr als ein schlechter Witz. Für jeden Tag, den ein Bürger unschuldig in Haft verbringt, zahlt der Staat zurzeit 10,53 Euro Entschädigung. Nach einer zu Unrecht verbüßten Untersuchungshaft von sechs Monaten können Sie davon gerade mal zwei Wochen Urlaub machen. Menschliche Fehler in der Justiz haben nicht nur dramatische, sondern sehr oft eben auch unkorrigierbare Konsequenzen. Darin gleichen Justizirrtümer und ihre Folgen dem ärztlichen Pfusch. Sie sind soziale, staatlich sanktionierte Kunstfehler.

Gegen die Macht der Richter ist so lange wenig einzuwenden, wie Unabhängigkeit nicht zugleich Unkontrollierbarkeit bedeutet. Die dritte Gewalt im Staat muss über interne *Checks and Balances* verfügen, die dem jederzeit möglichen Missbrauch einen Riegel vorschieben. Und in der Tat sind solche Sicherungen und Kontrollen per Gesetz vorhanden.

- Zunächst einmal ist ein Beschuldigter vor Gericht nicht allein. Ihm zur Seite steht immer ein Rechtsanwalt, der aufgrund gleicher Ausbildung und ähnlicher Berufserfahrung die Gesetze und die Praxis ihrer Anwendung mindestens genauso gut kennt wie Richter und Staatsanwälte. Aber herrscht zwischen Anklage, Gericht und Verteidigung hinreichende Waffengleichheit?
- Der Rechtsweg, wie es so schön heißt, ist niemals ausgeschlossen. Jedes Urteil kann mindestens einmal angefochten werden. Doch was ist, wenn dieser Rechtsweg schlicht zu kurz ist?
- Glaubt ein Verurteilter, auch nach Ausschöpfung des Rechtswegs Opfer eines krassen Fehlurteils zu sein, kann er die Wiederaufnahme seines Verfahrens betreiben. Theoretisch jedenfalls. Wa-

rum allerdings ist es in der Geschichte der Bundesrepublik im Falle von Schwurgerichtsurteilen erst neun Mal gelungen, eine solche Wiederaufnahme zu erreichen?

- Verletzt ein Urteil einen Bürger in seinen Grundrechten, bleibt als letzter Weg der Gang zum Bundesverfassungsgericht. Tatsächlich hat das Verfassungsgericht Hunderte von Strafurteilen aufgehoben und viele richtungsweisende Grundsatzurteile zu Fragen der Grund- und Bürgerrechte gefällt. Aber das Bundesverfassungsgericht ist keine Tatsacheninstanz. Mit Fehlurteilen, die aufgrund schwerer Mängel bei der Beweiswürdigung zustande gekommen sind, befasst es sich nicht. Selbst dann nicht, wenn ein solches Fehlurteil eine staatlich sanktionierte Freiheitsberaubung darstellt.

Wer also korrigiert die Verfahrensfehler, die Irrtümer unserer scheinbar unfehlbaren Gerichtsbarkeit? Und was ist, wenn ein Fehlurteil gar kein Irrtum, sondern eine ganz bewusste Entscheidung war? Zum Beispiel, weil ein Gericht abschreckende Härte zeigen wollte. Dann erfüllt es vielleicht den Straftatbestand der Rechtsbeugung, und wir haben das Recht, den fraglichen »Richter Gnadenlos« anzuzeigen! Versuchen Sie es ruhig, aber glauben Sie mir auch dies: Verurteilungen von Richtern wegen Rechtsbeugung müssen Sie mit der Lupe suchen. Hätte es den inzwischen ausgewanderten Herrn Schill nicht gegeben, die meisten wüssten nicht, dass dieser Straftatbestand überhaupt existiert. Nicht einmal das Gros der Nazirichter, die nach allen verfügbaren juristischen Maßstäben offen und mit verbrecherischen Zielen das Recht gebrochen haben, ist dafür zur Rechenschaft gezogen worden. Die Mehrheit konnte die Karriere nach 1945 unbehindert fortsetzen und danach friedlich die Pensionen kassieren.

Dieses Buch zeigt, dass es der deutschen Strafjustiz zwar nicht an Mechanismen der Kontrolle und der Selbstkorrektur fehlt, die schöne Theorie aber nur allzu häufig von der Praxis ad absurdum geführt wird. Denn unser Rechtssystem, in das wir als Bürger solch großes Vertrauen setzen, ist an den entscheidenden Stellen lücken-haft. Die Machtfülle der Richterinnen und Richter wird nicht hin-reichend begrenzt. Schwere Irrtümer und Fehler bei der Urteils-findung können nicht in dem Maße korrigiert werden, wie es ei-gentlich möglich und nötig wäre. Den Gerichten stehen zu viele Möglichkeiten offen, ihre Macht für Zwecke zu missbrauchen, die nicht ausschließlich der Verwirklichung von Recht und Gerechtig-keit dienen. Die Leidtragenden sind stets die Angeklagten, für die es um Kopf und Kragen geht. Vielen meiner Mandanten konnte ich in Fällen skandalösen Justizunrechts allein deshalb nicht helfen, weil unser Rechtssystem es nicht zuließ.

## Wie ein Urteil entsteht

Um zu erkennen, wo die Quellen von Irrtum und Willkür lie-gen, muss man zunächst verstehen, wie ein Strafurteil zustande kommt, um dann die Theorie mit der Realität des Justizalltags zu konfrontieren. In Kurzfassung: Hat die Staatsanwaltschaft – ent-weder durch Anzeige oder auf dem Wege polizeilicher Erkennt-nisse – von einem Verbrechen erfahren und wird ein Verdächti-ger ermittelt und verhaftet, erhebt sie beim zuständigen Gericht Anklage. Grundlage dieser Anklage sind die polizeilichen Ermitt-lungen. Faktisch beginnen diese zwar meist vor dem Tätigwerden des Staatsanwaltes, aber die »Herrin des Ermittlungsverfahrens« ist die Staatsanwaltschaft. Drei Viertel aller Fälle, mit denen die-se sich befasst, kommen nie vor Gericht. Vor allem im Bereich der Bagatelldelikte und der Kleinkriminalität werden die meisten Verfahren schnell wieder eingestellt. Es kann aber auch ganz an-ders kommen. Schon im nächsten Kapitel werden wir sehen, wie ein unbescholtener Beamter namens Otmar Schuster aufgrund gravierender Fehler der Ermittlungsbehörden in die Mühlen der

Justiz geriet und unschuldig zum Vergewaltiger abgestempelt wurde.

Kommt es zur Anklage, entscheidet das Gericht über deren Zulässigkeit. Dabei prüfen die Richter, ob in ihren Augen die von der Staatsanwaltschaft vorgebrachten Verdachtsmomente ausreichend sind. Das sind sie laut Gesetz immer dann, wenn eine Verurteilung wahrscheinlicher ist als ein Freispruch. Auf den förmlichen Eröffnungsbeschluss des Gerichts folgt dann die Hauptverhandlung, deren wichtigster Teil die Beweisaufnahme ist. In deren Verlauf prüft das Gericht alle Indizien, vernimmt den Angeklagten und die von der Staatsanwaltschaft oder der Verteidigung geforderten Zeugen, und es hört Gutachter und Sachverständige. Bei der Bewertung der Beweise sind die Richter »unabhängig«, das heißt: an keine festen Regeln gebunden. Ob ein Indiz, eine Aussage oder ein Gutachten für oder gegen die Schuld des Angeklagten sprechen, entscheiden sie nach eigenem Ermessen. Das geschieht nicht zwangsläufig im Sinne der Gerechtigkeit. Der schier unglaubliche Fall des Josef Peters[2], der die Gerichte über viele Jahre und mehrere Instanzen beschäftigte, nahm schon in dieser frühen Phase eine skandalöse Wendung. Kapitel 3 erhellt an seinem Beispiel, warum die Richter bei ihrer »freien Beweiswürdigung« nicht nur gewaltige Ermessens-, sondern leider auch ziemliche Gestaltungsspielräume haben, deren Rechtmäßigkeit kaum nachzuprüfen ist.

Mit etwas Glück bringt die Beweisaufnahme tatsächlich die Wahrheit ans Licht. Die nächste Frage für die Richter lautet nun: Wie ist die Tat rechtlich zu bewerten? Das heißt: Welches Gesetz muss im vorliegenden Fall angewendet werden? Das ist keineswegs immer jenes Gesetz, gegen das verstoßen zu haben die Staatsanwaltschaft dem Angeklagten vorwirft. Gerade bei Tötungsdelikten ist die Frage der rechtlichen Bewertung besonders brisant. Ob die

---

2 Die Namen aller Beschuldigten, Angeklagten, Tatopfer, Zeugen und weiterer Betroffener wurden in diesem Buch, soweit nicht anders vermerkt, geändert. Mit Absicht wurden dagegen die Namen jener Richter und Staatsanwälte *nicht* verändert, die für die geschilderten Fälle von eklatantem Justizunrecht verantwortlich sind oder waren.

versuchte oder vollendete Tötung eines Menschen als Mord oder Totschlag, als fahrlässig, vorsätzlich oder im Affekt begangen zu werten ist, ob es sich vielleicht »nur« um eine gefährliche Körperverletzung oder gar um pure Notwehr handelt, das ist in den Strafverfahren meist höchst umstritten. Bei Josef Peters haben sich die Richter genau daran die Zähne ausgebissen.

Ist die Kontroverse entschieden, schreitet das Gericht zur Strafzumessung. Die Grundregeln dafür, festgelegt in Paragraph 46 des Strafgesetzbuches, klingen einfach, erweisen sich aber als so vielgestaltig, dass die Spielräume groß wie Scheunentore sind. Das liegt nicht zuletzt an den zum Teil sehr großen Strafrahmen, die das Gesetz für einzelne Verbrechen vorsieht. Im Extremfall können diese zwischen fünf und fünfzehn Jahren liegen. Hinzu kommt: Während die Frage der rechtlichen Bewertung einer Tat anhand ihrer Tatmerkmale, die so genannte Dogmatik, in der Rechtswissenschaft und in der Rechtsprechung mit großer Präzision, ja Spitzfindigkeit behandelt wird, ermitteln die Richter die Strafmaße eher über den Daumen gepeilt. Zwar gibt es Erfahrungswerte, so genannte »Straftaxen«, die beinahe wie Geheimformeln von Richtergeneration zu Richtergeneration weitergegeben werden – übrigens mit erheblichen Unterschieden von Gericht zu Gericht. Hinzu kommen gewisse Richtlinien aus der höchstrichterlichen Rechtsprechung. Trotzdem bleibt die Strafzumessung ein weites Feld – häufig für gewissenhafte, gründlich abgewogene Entscheidungen, manchmal aber eben auch für Urteile nach Gutsherrenart.

Das Grundproblem ist: Wie bewertet man die »Schwere« einer Schuld? Je nach der Straftheorie, der er anhängt, je nach seinem individuellen moralischen Empfinden und je nach seinem eigenen Eindruck von der Person des Angeklagten und den Hintergründen der Tat wird jeder Richter das anders beurteilen. Gleiches gilt für die Frage der Schuldfähigkeit. Und so tastet sich jedes Gericht in vier Schritten an ein konkretes Strafmaß heran:
- Als Erstes muss die Tat rechtlich bewertet werden. Handelt es sich etwa um fahrlässige Tötung oder um vorsätzlichen Mord?

Dabei gilt die Faustregel: Je schwerer das Verbrechen, desto größer der gesetzliche Strafrahmen.

- Dann wird geprüft, ob ein Ausnahmestrafrahmen zur Anwendung kommen kann. Handelt es sich vielleicht um einen minder schweren oder um einen besonders schweren Fall?
- Innerhalb des so gefundenen Strafrahmens wird sodann der »Unrechts- und Schuldgehalt der Tat« bewertet. Nach der so genannten Spielraumtheorie versucht das Gericht, eine untere, der Schuld *schon* angemessene, und eine obere, der Schuld *noch* angemessene Grenze für die Strafe zu finden. Irgendwo dazwischen wird dann das Urteil landen – je nach Geschmack eher an der oberen oder der unteren Grenze.
- Schließlich sind noch die Folgeentscheidungen zu überlegen, etwa eine mögliche Aussetzung der Strafe zur Bewährung, eine eventuell auf die Haft folgende Sicherungsverwahrung, die Anordnung von Therapien, von Besserungsmaßnahmen oder die mögliche Einziehung von Sachen und Vermögenswerten.

Das Strafgesetzbuch schreibt für diesen Prozess der Strafzumessung eine Reihe von grundsätzlichen, entlastenden und strafverschärfenden Gesichtspunkten vor: »Die Beweggründe und die Ziele des Täters, die Gesinnung, die aus der Tat spricht, und der bei der Tat aufgewendete Wille, das Maß der Pflichtwidrigkeit, die Art der Ausführung und die verschuldeten Auswirkungen der Tat, das Vorleben des Täters, seine persönlichen und wirtschaftlichen Verhältnisse sowie sein Verhalten nach der Tat« (§ 46, 2 StGB). Mildernd berücksichtigen muss ein Gericht die Tatsache, dass ein Angeklagter nicht oder zumindest nicht einschlägig vorbestraft ist. Ungünstige Herkunftsverhältnisse, Gewalt in der Familie oder eine Heimerziehung können ebenso strafmildernd wirken. Weitere mildernde Umstände sind eine unverschuldete Notlage, eine Tat unter erheblichem Alkoholeinfluss, ein Mitverschulden des Opfers oder ein erheblicher Eigenschaden. Und natürlich ein rückhaltloses Geständnis oder das Bemühen um Wiedergutmachung. Auf der anderen Seite gibt es eine lange Reihe strafverschärfender Umstände: einschlägige Vorstrafen, Bewährungsversagen, Brutalität, besondere Rücksichtslosigkeit oder emotionale Kälte bei der Tatausführung. Schärfend wirken auch Versuche, die Tat zu vertuschen, fehlende Reue und Einsicht in das Unrecht der Tat oder bleibende Schäden aufseiten des Opfers. Schließlich gibt es noch die so genannte ungünstige Sozialprognose, etwa das Fehlen jeglicher fester Beschäftigung oder ein Mangel an familiärem und sozialem Rückhalt.

## Die Lücken im System

Diese Spielräume bei der Urteilsfindung existieren aus gutem Grund. Denn jede Tat und jeder Täter sind individuell verschieden und würden sich niemals in ein feststehendes Raster allzu exakter Strafmaße zwingen lassen. Doch wo es unvermeidliche Unschärfen und Ermessensentscheidungen gibt, sind Irrtümer vorprogrammiert und Irrtumskontrollen umso wichtiger. Das ist denn auch einer der Grundgedanken des Geschworenenprozesses: Die Entscheidung über die Schuldfrage und über das Strafmaß nur in die eine Hand des Richters zu legen, heißt ihm viel Macht zu verleihen. Deshalb entschieden im 19. Jahrhundert die Geschworenen über das Erstere und die Berufsrichter über das Letztere. Dieses Modell wiederum hat andere große Schwächen, etwa die fehlende Rechtskenntnis, die mangelnde Erfahrung und die leichte Manipulierbarkeit von Laienrichtern – weshalb wir uns in Deutschland aus guten Gründen schlussendlich gegen die Geschworenengerichtsbarkeit entschieden haben.

Das zentrale Kontrollinstrument gegen Justizirrtum und Justizwillkür ist heute die prinzipielle Anfechtbarkeit jedes Gerichtsurteils. Die Entscheidung über das Ausmaß der Einspruchsmöglichkeiten und damit über die »Länge« des Rechtsweges ist stets das Resultat einer grundsätzlichen Abwägung zwischen dem möglichst optimalen Schutz der Rechte eines Beschuldigten und der möglichst zügigen Durchsetzung des staatlichen Strafanspruchs. Es versteht sich von selbst, dass dies eine eminent politische Frage ist. Die insgesamt eher obrigkeitsstaatlichen Traditionen der deutschen Justiz haben im Laufe der Geschichte zu einer gewissen Favorisierung des Strafanspruchs geführt. Um die Rechte von Beschuldigten und Angeklagten muss deshalb meist hart gerungen werden.

Mit dem Urteil des Richters, das dieser in einer Urteilsbegründung ausführlich und schriftlich darlegt, ist ein Prozess in der Regel beendet – zunächst jedenfalls. Denn nicht selten regt sich Widerspruch, und nicht selten ist dieser berechtigt. Was aber können Mandant und Verteidiger tun, wenn sie ein Urteil nicht akzeptieren wollen, weil es in ihren Augen nicht der Wahrheit entspricht? Sie können entweder in Berufung oder in Revision gehen. Im vierten Kapitel wird wieder die Geschichte von Josef Peters zeigen, dass, obwohl sich die Gerichte in seinem Fall gleich in Serie irrten, dieser Rechtsweg für ihn schlicht zu kurz gewesen ist.

Wie ist so etwas möglich? Wo Menschen nach eigenem Ermessen über Fakten und über die Handlungen und Motive von anderen Menschen entscheiden, ist die Dokumentation des Entscheidungsprozesses ein entscheidendes Mittel der Kontrolle. Vor Gericht geht es da leider kaum besser zu als bei manchem häuslichen Streit. Oft streitet man sich viel erbitterter darum, wer wann was gesagt hat, als um die Sache selbst. Um gleich mit diesem letzten Punkt zu beginnen: Der Umfang und die Beweiskraft der gerichtlichen Protokolle ist meiner Meinung nach völlig unzureichend – besonders bei Verfahren über schwere und kapitale Verbrechen. Während beim Amtsgericht, also immer dann, wenn keine schwere Kriminalität auf der Tagesordnung steht, über die mündliche Verhandlung ein Protokoll geführt wird, das alle Aussagen wenigstens dem Sinn nach wiedergibt, kennen die Straf- und

Schwurgerichtskammern der Landgerichte nur ein formelles Verlaufsprotokoll, aus dem sich keinerlei inhaltliche Aufschlüsse über den Gang der Verhandlung gewinnen lassen. Die Ergebnisse der Beweisaufnahme sind daher einzig und allein in der späteren Urteilsbegründung zu finden. Die aber wird vom Gericht, zumeist vom Vorsitzenden Richter verfasst. Dieser entscheidet also letztlich, wie welche Aussagen wiedergegeben werden oder welche eventuell ganz unter den Tisch fallen. Resultat: Am Ende passt das Ergebnis der Beweisaufnahme immer genau zum gefällten Urteil. Mögliche Fehlinterpretationen, Verdrehungen oder gar bewusste Verfälschungen lassen sich später kaum noch feststellen, geschweige denn korrigieren.

Das sind keine günstigen Voraussetzungen für eine Berufung oder eine Revision. Zumal die meisten Richter bei der Formulierung ihrer Urteilsbegründungen – mithin der einzigen Grundlage für späteren Widerspruch – äußerst geschickt vorgehen, potenzielle Einwände des Strafverteidigers antizipieren und elegant jede Hürde nehmen, die Anhaltspunkte für einen erfolgreichen Einspruch liefern könnte. Das Ziel eines Richters ist das »revisionssichere« Urteil – auch wenn es womöglich ein Fehlurteil ist. Sabahattin Yalman sitzt wegen eines solchen wasserdichten Unrechtsurteils hinter Gittern. In Kapitel 5 werde ich von meinen vergeblichen Versuchen erzählen, ihn über eine Revision wieder auf freien Fuß zu bringen. Und auch wenn der Berufung oder der Revision stattgegeben wird und es zur Wiederaufnahme eines Verfahrens kommt, bedeutet dies noch lange nicht, dass es im wiederholten Fall gerechter zugeht als zuvor. Diese Erfahrung musste wieder einmal mein Mandant Josef Peters machen, der, so berichtet es das sechste Kapitel, zu guter Letzt als Opfer einer beispiellosen Kumpanei unter Richterkollegen trotz Revision und Wiederaufnahme des Prozesses fast doch noch lebenslänglich ins Zuchthaus gegangen wäre.

Ausgerechnet bei schweren Straftaten, wenn es um hohe Freiheitsstrafen für den Beschuldigten geht, ist der Rechtsweg durch die Instanzen schlicht unzureichend. Gegen ein Urteil des Amtsgerichts kann man in Berufung gehen. Die nächste Instanz, das Landgericht, wird den Fall völlig neu verhandeln, sowohl die Sach- als auch die Rechtslage aufs Neue prüfen. Dagegen werden Kapitalverbrechen sogleich vor einer Schwurgerichtskammer des Landgerichts verhandelt. Diese ist die einzige Instanz, die die Sachlage, den Tathergang und die Motive beurteilt. Kommt es hier zu Fehlurteilen, ist als Rechtsmittel nur die Revision vor dem Bundesgerichtshof möglich. Und dort wird das Urteil nur noch auf formale Rechtsfehler überprüft. Das heißt: Sachliche Fehlurteile wie die Urteilssprüche gegen Josef Peters oder Sabahattin Yalman sind in Fällen schwerer Kriminalität kaum mehr aus der Welt zu schaffen. Denn es fehlt an weiteren, unabhängigen Kontrollinstanzen, die diese prüfen und gegebenenfalls aufheben könnten.

Alles dreht sich also um die Person des Richters, ist er es doch, der das Strafmaß festlegt, das Urteil begründet und die Fakten, die er zu dessen Begründung heranzieht, nach seinem Ermessen bewertet. Der Angeklagte und die Verteidigung sind und bleiben daher in allen Instanzen des Rechtsweges auf seine Objektivität, seine ungebrochene Urteilskraft und seine Art der Auslegung der Gesetze angewiesen. Die »Grundlage für die Zumessung der Strafe«, sind »die Schuld des Täters« und die »Wirkungen, die von der Strafe für das künftige Leben des Täters in der Gesellschaft zu erwarten sind«. So steht es im Paragraph 46 des Strafgesetzbuches. Es gehört zu den Prinzipien unserer Strafrechtsordnung, dass jede Strafe in einem angemessenen Verhältnis zur Schwere der Schuld des Täters stehen muss. Übermäßige und grausame Bestrafungen sind strikt verboten. Das gilt namentlich in jenen Fällen, in denen das so genannte gesunde Volksempfinden zu drastischen Strafen neigt: nämlich dann, wenn sich ein Täter als außerordentlich gefährlich erwiesen hat. In solchen Fällen ist im Anschluss an die Haft noch an eine mögliche Sicherungsverwahrung zu denken. Außerdem kann man den Täter während der Haft zur Teilnahme an therapeutischen Maßnahmen verpflichten. Oberster Grundsatz aber bleibt die Schuldangemessenheit. Das schließt jede Art von Abschreckungsurteilen aus. Wie Kapitel 7 am Beispiel einer lange Jahre während Fehde zweier Sinti-Familien vor Augen führt, ist die Realität jedoch auch hier leider eine ganz andere. Die Richter bestraften Eugen Siebert für seine Tat unangemessen hart, damit, so deren Kalkül, die übrigen Beteiligten der Streits angesichts der »abschreckenden Wirkung« in Zukunft endlich Ruhe geben würden.

Um die Gerechtigkeit ist es also nicht zwangsläufig gut bestellt. Und für gewöhnlich trifft das Unrecht den Angeklagten. Der Strafverteidigung sind allzu oft rechtlich die Hände gebunden, auch wenn die Fehlentscheidung des Richters offenkundig ist. Somit hängt alles davon ab, wie stark die Position der Verteidigung gegenüber dem Gericht ist. Die Grundfrage hierbei ist und bleibt: Wie kann zwischen Staatsbeamten mit sehr weitreichenden hoheitlichen Befugnissen und freiberuflichen Anwälten so etwas wie Waffengleichheit hergestellt werden? Es dürfte kaum verwundern, dass viele Richter und auch Rechtsgelehrte im Anwalt vor allem einen Prozessverschlepper sehen, der eher zu viel als zu wenig Sand in die Mühlen der Justiz streut – zum Beispiel in Form zahlloser Beweis- oder Befangenheitsanträge. Und am Ende legen wir Verteidiger dann nicht nur Rechtsmittel ein, sondern betreiben auch noch rüde Urteilsschelte! Nicht umsonst gehören die Anwälte zu den bevorzugten Zielgruppen von Beleidigungsklagen. In Kapitel 8 werde ich aus eigener Erfahrung berichten und begründen, dass die anwaltliche Meinungsfreiheit aus diesem Grund noch erheblich gestärkt werden müsste.

Von einem Extrem ins andere, vom Freispruch über Notwehr zum vorsätzlichen Mord und umgekehrt. Alles scheint möglich, wie auch der Fall Korkmaz/Koprulu im neunten Kapitel zeigt, der einen Bogen zurück schlägt zu den Anfängen eines jeden Strafprozesses: zum Ermittlungsverfahren. Strafvereitelung im Amt nennt man so etwas: Gleich mehrere Gerichte weigerten sich hartnäckig, die triftigen Gründe der Staatsanwaltschaft anzuerkennen und Anklage gegen einen nachweislich gefährlichen Gewaltverbrecher zu erheben. Dass die Klage schon im Vorfeld abgeschmettert wurde, schürte die Rachegelüste zweier verfeindeter kurdischer Familien und provozierte letztlich einen brutalen Mord, der mit 22 gezielten Schüssen einer Hinrichtung glich.

## Eine fragwürdige Tradition

Im Zweifel für den Angeklagten: Die Chancen dafür stehen eher schlecht. Warum ist das so? Sicher, es sind die berüchtigten Lücken im System, die aus dem berechtigten Wunsch nach der Unabhängigkeit der Gerichte erwachsen sind. Aber es gibt noch einen weiteren Grund, und das ist der in meinen Augen bei weitem skandalöseste Umstand. Das Justizunrecht in Deutschland hat unrühmliche historische Wurzeln: den Missbrauch der Gerichte und die völlige Entstellung des Rechts in der Zeit des Nationalsozialismus. Zwölf Jahre lang verschrieb sich die Justiz mit Haut und Haaren dem verbrecherischen Naziregime und fällte hinter der Maske rechtsstaatlicher Gesten Abertausende von Willkür- und Unrechtsurteilen. Die Urteile der Nazirichter dienten nicht der Gerechtigkeit, sondern nur allzu häufig außerjuristischen, vornehmlich politischen Zielsetzungen. Niemand hat sie je dafür zur Rechenschaft gezogen. Eine Stunde Null in der Justizgeschichte gab es nicht, stattdessen hat man weiter »Recht« gesprochen.

Die Hypothek der Nazizeit wurde nie getilgt. Niemals hat die bundesdeutsche Justiz, niemals hat der bundesdeutsche Rechtsstaat das perverse Unrechtsgebaren von Richtern in der Zeit des Nationalsozialismus konsequent und institutionell aufgearbeitet, bestraft oder gesühnt. Und niemals haben die Richter im historischen Bewusstsein der eigenen Fehlbarkeit am schönen Schein ihrer vermeintlichen Un-Fehlbarkeit gerüttelt. Statt historisch notwendiger Selbstkritik ist das richterliche Standesbewusstsein aus dieser Tradition heraus ins Unantastbare gewachsen. Dass Richter auch nur Menschen sind und wie alle Menschen nicht nur Irrtümern aufsitzen, sondern in ihren Ansichten auch manipulierbar sein können, wagt kaum einer in den eigenen Reihen zu denken – und erst recht nicht offen auszusprechen.

So gibt es, wie wir in Kapitel 10 sehen werden, bis heute eine traurige Kontinuität. Natürlich wird das Recht in der Bundesrepublik nicht mehr im Sinne staatlicher Willkür oder gar totalitärer Unterdrückung gebeugt. Aber es hat sich in der Nazizeit ein übler Hang unter den deutschen Juristen eingebürgert, Urteile nicht ausschließlich auf der Grundlage von Wahrheit und Gerechtigkeit zu fällen, und darauf hat man 1945 (wieder) aufgebaut. Achtzig Prozent der »furchtbaren Juristen« Hitlers wurden in den Staatsdienst der Bundesrepublik übernommen und rückten zum Teil in höchste Positionen auf – meist ohne dass ihre Verbrechen auch nur vor einem Gericht verhandelt worden wären. Ihren Ungeist haben sie offen oder verdeckt an große Teile der nachfolgenden Juristengeneration weitergereicht. Wohl hat dieses schmutzige Erbe der Nazirichter mittlerweile seine biologische Lösung gefunden. Aber das Schlimme ist, dass die deutsche Justiz diese schreckliche Erblast niemals institutionell abgeworfen hat. Der Ruf des »Nie wieder!« ist in Deutschlands Justizpalästen, wenn überhaupt, nur sehr verhalten erschallt. Willkür und Zweckmäßigkeit anstelle von Wahrheit und Gerechtigkeit konnten so in der Rechtsprechung untergründig fortleben.

## Im Zweifel für den Angeklagten!

Die viel beschworene »deutsche Gründlichkeit« scheint sich in den großen, kontroversen Fragen des Justizsystems und seiner

Geschichte demnach nicht bewährt zu haben. In den kleinen Fragen des Alltags dagegen jedoch schon: Die Deutschen sind Weltmeister im Prozessieren. Wenn nur die Blautanne des Nachbarn zwei Zentimeter aufs eigene Grundstück ragt, dann ist Herr Müller oft schneller vor Gericht, als Herr Meier brauchen würde, um den fraglichen Ast abzusägen. In kaum einem Land wird schneller nach dem Gesetzgeber gerufen als in der Bundesrepublik. Jedes noch so unbedeutende Detail des täglichen Handels und Wandels soll juristisch möglichst genau geregelt sein. Neben einem gewissen Hang zur Kleinlichkeit offenbaren die Bürger mit dieser Haltung vor allem ihr ausgeprägtes Vertrauen in den Rechtsstaat. Mag der Klageweg noch so zeitraubend und kostspielig sein, am Ende wird es das Amtsgericht schon richten.

Doch unsere juristische Detailverliebtheit beschränkt sich im Wesentlichen auf die Gebiete des zivilen und des öffentlichen Rechts. Wenn es ums Strafrecht geht, denken viele Bürger leider weit weniger differenziert. Zwar ruft die berüchtigte schweigende Mehrheit längst nicht mehr so schnell »Rübe ab!« wie noch eine oder zwei Generationen zuvor. Aber je kapitaler das Verbrechen, umso stärker ist das Verlangen nach harter Bestrafung, umso schneller ist die öffentliche – und die veröffentlichte – Meinung mit Vorverurteilungen bei der Hand. Der Wert eines so heiligen Rechtsstaatsprinzips wie der Unschuldsvermutung fällt bedauerlich schnell im Kurs, wenn es um Raub, Totschlag, Vergewaltigung oder Mord geht.

Wer wie ich überwiegend Menschen vor Gericht vertritt, denen schwere und schwerste Strafen vorgeworfen werden, der hat also wohl Aussicht auf einige Bekanntheit, aber kaum auf einen der vorderen Plätze in der öffentlichen Beliebtheitsskala. Warum also setze ich mich für »Verbrecher« ein? Natürlich vertrete auch ich am liebsten Mandanten, von deren völliger Unschuld ich zutiefst überzeugt bin. Doch als Strafverteidiger hat man es leider nur selten mit Heiligen zu tun. Oft haben meine »Kunden« leider wirklich eine Bank überfallen oder einen Menschen erschossen. Aber auch der Bankräuber hat das unbedingte Recht auf eine bestmögliche Verteidigung. Die Umstände und die Hintergründe seiner Tat müssen vor Gericht genauestens ermittelt werden. Ebenso genau gilt es, seine Motive und die Schwere seiner Schuld zu wägen und nach Recht und Gesetz zu beurteilen. Selbst wer einen Menschen getötet hat, ist nicht automatisch ein Mörder. War es Notwehr? Hat der Täter im Affekt gehandelt? Mindern irgendwelche anderen Umstände seine Schuldfähigkeit? Solche Fragen muss ich als Strafverteidiger immer wieder in aller gebotenen Gründlichkeit und Schärfe stellen.

Um es noch deutlicher auszudrücken: Selbst so abscheuliche Verbrecher wie Kinderschänder oder Sexualmörder brauchen vor Gericht eine Stimme, die ihre Rechte verteidigt. Denn ein psychopathischer Triebtäter mag vielleicht für den Rest seines Lebens in eine geschlossene Anstalt gehören. Das allerdings ist etwas völlig anderes als eine Verurteilung zu lebenslanger Haft. Wenn ich davon überzeugt bin, dass ein solcher Täter aufgrund seiner psychischen Erkrankung im juristischen Sinne nicht schuldfähig ist, werde ich mit allen verfügbaren rechtlichen Mitteln für seinen Freispruch kämpfen – und danach für die bestmögliche ärztliche Behandlung in der geschlossenen Psychiatrie.

Die Meinungsfreiheit ist nicht deshalb ein Grundrecht, damit Menschen sagen oder schreiben dürfen, was die meisten gerne hören. Sie schützt nicht die Mehrheit, sondern die Minderheit, nicht die logischsten, überzeugendsten oder populärsten Ansichten, sondern zur Not den größten Unsinn, das abseitigste Geschwätz und die radikalste Außenseiterposition. Nur die Würde und die Freiheit des Anderen können dieses Recht beschränken. In gleicher Weise offenbart sich der Wert der rechtsstaatlichen Ordnung nicht in erster Linie in seinem Umgang mit dem unschuldigen, gesetzestreuen Bürger. Seine wahre Belastungsprobe besteht der Rechtsstaat immer erst im Angesicht des Verbrechens. Auch wer das Recht bricht, besitzt unveräußerliche Rechte, die gegenüber Polizei und Justiz verteidigt werden müssen. Gewiss müssen schwere Verbrechen hart bestraft werden. Doch so lange bis ein gerechtes Urteil gefällt ist, muss jeder Beschuldigte als unschuldig gelten. Nur eine starke und freie Advokatur kann auf dem Weg zu diesem Urteil die Rechte des Angeklagten und die Vermutung seiner Unschuld im Prozess verteidigen. Mit dieser Überzeugung übe ich meinen Beruf als Strafverteidiger aus, und mit diesen Gedanken im Hinterkopf habe ich auch dieses Buch geschrieben.

Vielleicht vermissen Sie darin etliche meiner so genannten »spektakulären Fälle«, etwa den des Kindermörders Jürgen Bartsch, für den ich 1971 in einem Aufsehen erregenden Gutachterprozess die Anerkennung einer strafmildernden schweren psychosexuellen Störung erkämpfen konnte. Oder den Fall des Gladbecker Geiselgangsters und Mörders Dieter Degowski, den ich 1989 verteidigte, weil er im Grunde »nur« ein einfältiger und psychisch abhängiger Gefolgsmann des Gewohnheitsverbrechers Hans-Jürgen Rösner war. Vielleicht suchen Sie aber auch nach jenen Mandanten, denen ich den eher zweifelhaften Ruf eines »Promi-Anwaltes« verdanke: nach der Schauspielerin Ingrid van Bergen zum Beispiel, die 1977 ihren Lebensgefährten Klaus Knaths im Affekt erschoss, oder nach der Leinwandlegende Romy Schneider, dem Showmaster Vico Torriani und dem Jazzmusiker Chet Baker, die ich in den Siebzigerjahren vertrat. Warum ich diese Fälle und Mandanten nicht erwähne? Nun, dieses Buch ist keine Juristenbiografie, und mir geht es nicht um eitle Selbstbespiegelung. Mir geht es um die Beseitigung gravierender Missstände in der deutschen Strafjustiz. Und diese Missstände offenbaren sich viel eher in jenen aktuellen, im Übrigen nicht minder skandalösen und aufrüttelnden Schicksalen »kleiner Leute«. Da diese sonst keine Stimme haben, sind ihnen die folgenden Kapitel gewidmet.

# 2. MOBBING UNTER JURISTEN

*Unschuldig angeklagt: Wie Kollegen und Gutachter einen*
*unschuldigen Staatsanwalt zum Vergewaltiger abstempeln*

*Ein Staatsanwalt aus Stendal wird 1998 nach einem heftigen Tren-*
*nungsstreit von seiner Partnerin der Körperverletzung, bald darauf*
*der Vergewaltigung bezichtigt. Die Kollegen in der Staatsanwalt-*
*schaft, offenbar bemüht, alle Vorurteile über Justizkumpanei zu*
*widerlegen, ermitteln schlampig gegen den wenig beliebten Otmar*
*Schuster. Skandalöse Verfahrensfehler und ein haltloses Gutachten*
*zwingen den Beschuldigten auf eine achtmonatige Odyssee durch*
*die Gefängnisse. Bei der Staatsanwaltschaft versagen alle Kontroll-*
*mechanismen der Dienstaufsicht, ja wenden sich geradezu gegen*
*den Beschuldigten. Während der Hauptverhandlung diagnostizie-*
*ren zwei Gutachter bei Schusters Freundin eine schizotype Per-*
*sönlichkeitsstörung. Es wird immer deutlicher, dass ihre Anwürfe*
*frei erfunden sind. Am Ende wird der Angeklagte freigesprochen –*
*doch seine Gesundheit und sein Ruf sind ruiniert. Ein Nichtjurist*
*ohne guten Anwalt wäre für zwölf Jahre ins Gefängnis gewandert.*

Täuschen Sie sich nicht: Unschuldig angeklagt zu werden, das
kann jedem Bürger passieren. Besonders im Zusammenhang mit
Sexualdelikten werden immer wieder Menschen schrecklicher Taten beschuldigt, die sie nie begangen haben. Die *ZEIT* berichtete
im Juni 2003 ausführlich über den Fall einer Familie im Saarland.
Eine Nachbarin bezichtigte den Vater, seine achtjährige Tochter zu
misshandeln und sexuell zu missbrauchen. Wie sich später herausstellte, war die Frau selbst als Kind missbraucht worden und hatte
ihr Trauma auf die Nachbarstochter projiziert. Was als tragisches
Missverständnis begann, endete mit der Zerrüttung einer Familie:
Zwei Jahre und 50.000 Euro mussten die Eltern aufwenden, um
gegen eine Übermacht von Kinderschützern, Jugendamt, Gutach-

tern und Gerichten die völlige Haltlosigkeit der Vorwürfe zu erweisen. Am Ende ordnete ein Gericht zwar an, dass die Tochter von den amtlich bestellten Pflegeeltern nach Hause zurückkehren solle. Aber das Kind war seiner Familie völlig entfremdet und verweigerte den Kontakt mit den Eltern.

Im Sommer 2004 ging ein Fall aus Frankreich durch die Presse, bei dem 13 ehrbare Bürger, unter ihnen ein Gerichtsvollzieher und ein Priester, beschuldigt wurden, über Jahre hinweg zahlreiche Kinder misshandelt und vergewaltigt zu haben – ausgerechnet von einer der Angeklagten, die dadurch ihre eigene Schuld vertuschen wollte. Die Medien waren eiligst auf die Story vom angeblichen Kinderpornoring angesprungen und lösten damit eine beispiellose Hetzjagd aus. Zwar hat man alle unschuldig Angeklagten inzwischen freigesprochen, aber ihre bürgerliche Existenz ist ruiniert. Einer der Beschuldigten nahm sich während der Untersuchungshaft sogar das Leben.

Der folgende Fall, in dem ich einen Angeklagten vor dem Landgericht Stendal verteidigt habe, macht mit beinahe schon zynischer Schärfe deutlich, wie absurd und zugleich furchtbar es ist, wenn ein Mensch grundlos eines Verbrechens bezichtigt wird. Denn der Beschuldigte war ausgerechnet ein Mann, dessen Job es sonst ist, Kriminelle vor Gericht zu bringen: der Staatsanwalt Otmar Schuster.

Im Gegensatz zu den Gerichten, die an keinerlei Weisungen – etwa des Justizministeriums – gebunden sind, ist die Staatsanwaltschaft eine absolut hierarchische Behörde. Von ganz oben bis nach ganz unten, vom Generalstaatsanwalt eines jeden Bundeslandes über die Oberstaatsanwälte bis zum kleinen Referenten herrscht Weisungsbefugnis. Ebenso üben die übergeordneten Stellen gegenüber den untergeordneten die Dienstaufsicht aus. Diese lückenlose bürokratische Kontrolle soll Fehler ausschließen und Fehlurteile unterbinden. Doch im Fall des Staatsanwalts Otmar Schuster hat sie nicht nur völlig versagt, sondern sich auf geradezu perverse Weise über alle Hierarchiestufen hinweg gegen den »Kollegen« gewendet.

Rein äußerlich ist Schuster eine eher unscheinbare Person: mittelgroß, untersetzt, Halbglatze, gepflegter Schnurrbart. Wenn er lächelt, blitzt ihm ein wenig der Schalk aus den Augen. Seine Anzüge von der Stange scheinen ihm immer ein wenig zu groß zu sein, einzig sein Hang zu pittoresken Krawatten steht in Kontrast zur Durchschnittlichkeit seiner Erscheinung.

Eigentlich wollte Schuster wie sein Großvater Polizist werden. Aber da man ihm beim Bewerbungsverfahren keine Stelle bei der Kripo garantieren konnte, entschied sich der redliche Pfälzer für ein Jurastudium. Aufgrund seines eingewurzelten Empfindens für Recht und Ordnung stand für ihn fest, dass er Staatsanwalt werden wollte. Sein Zweites Staatsexamen legte er mit Prädikat ab. 1994 trat Schuster den Dienst bei der Staatsanwaltschaft Stendal an. Dass sich die Rechtspflege in den neuen Bundesländern noch in der Phase des Aufbaus und der Orientierung befand, schien ihm eine reizvolle Herausforderung zu sein.

Die Aussicht, überdies auch schneller Karriere machen zu können, lockte nicht nur Schuster nach Sachsen-Anhalt. Nach der Wende waren die Justizbehörden voll von jungen, strebsamen Juristen, die im Aufbau Ost vornehmlich einen Laufbahnexpress sahen. Und so belauerten sich die Wessis in den Amtsstuben nicht immer frei von Argwohn. Eher still, in sich gekehrt, aber fleißig und korrekt, wurde Schuster von seinen Kollegen und Vorgesetzten respektiert. Beliebt allerdings war er nicht gerade. Statt auch mal auf ein Bier mitzugehen, entschwand er nach Dienstschluss meist sofort auf seinen reichlich renovierungsbedürftigen Bauernhof in einem Dorf bei Stendal – für Außenstehende insofern verwunderlich, als Schuster als Junggeselle galt. So handelte er sich schnell den Ruf eines verklemmten Sonderlings ein.

Was niemand in seiner Behörde wusste: Schuster war zwar unverheiratet, lebte aber mitnichten allein. Lange war zwischen ihm und seiner Freundin Gabi Klein, die er während seiner Referendarzeit kennen gelernt hatte, sogar von Heirat die Rede gewesen. Doch die Beziehung zwischen dem introvertierten Pedanten und der gut aussehenden, aber seelisch offenbar labilen Frau bewegte sich seit einiger Zeit auf einen unsichtbaren Abgrund zu. Bevor sie im Sommer 1997 zu Schuster nach Stendal gezogen war, hatte sich Gabi Klein nacheinander mit ihrer eigenen und mit Schusters Familie überworfen. In kurzen Abständen zog sie immer wieder um, brach mehrfach den Kontakt zu ihrer Umwelt ab, floh vor der Beziehung mit ihrem Freund, um ihn im nächsten Moment wieder mit Liebesschwüren zu bestürmen. Doch keiner von beiden konnte es dem anderen für mehr als kurze Momente recht machen. Tränenreiche Streitereien wurden schließlich zum Normalfall.

Zehn Monate nach ihrem Einzug in Stendal wollte Otmar Schuster sich erstmals von seiner Freundin trennen. Da hatte Gabi Klein gerade eine Schwangerschaft vorgetäuscht. In ihrer Panik, ganz allein dazustehen, drohte sie Schuster, wenn sie mit ihm »fertig« wäre, werde er sich »nicht mehr auf die Straße trauen« können. Seitdem steuerte die Beziehung unkontrolliert in die Katastrophe. Schuster begann zu erkennen, dass seine Partnerin psychologische Hilfe brauchte. Mehrfach schlug er ihr vor, eine Therapie zu machen – worauf sie erst recht tobte. Im Oktober 1998 war Schuster am Ende. Mit juristischer Kühle forderte er Gabi Klein schriftlich auf, binnen acht Tagen auszuziehen.

Die Frist ist gerade abgelaufen, da bleibt sie eine Nacht lang aus. Als sie heimkommt, schreit Schuster sie an und will wissen, wo sie war. Gabi Klein gibt zu, die Nacht mit einem anderen Mann verbracht zu haben. Schuster packt ihre Sachen und schmeißt sie raus. Es kommt zu einer wüsten Schlägerei, Klein geht mit einem Messer auf ihn los. Nur mühsam kann er sie dank seiner körperlichen Überlegenheit bändigen. Am nächsten Morgen versöhnen sich die beiden noch einmal. Schusters Ärztin diagnostiziert eine Nierenprellung, eine Hodenquetschung und mehrere Blutergüsse.

Am 21. Oktober wird Schuster von seinem Vorgesetzten einbestellt. Eine Frau, die offenbar seine Lebensgefährtin sei, habe ihn wegen Körperverletzung und Bedrohung angezeigt. Ob er einen guten Anwalt habe? Von seinem Stendaler Rechtsbeistand erfährt er kurz darauf, dass Gabi Klein ihre Anzeige inzwischen um den Vorwurf der Vergewaltigung erweitert hat. Daraufhin ruft er den Leiter seiner Staatsanwaltschaft an: Natürlich schenke niemand den Beschuldigungen Glauben, versichert ihm dieser. Gleichwohl müsse ermittelt werden. Schuster sei beurlaubt und solle erst mal nach Hause fahren.

## Mittelamerikanische Ermittlungsmethoden

Dort angekommen, wird der völlig konsternierte Staatsanwalt von einer Zivilstreife mit gezogener Pistole gestoppt. Wenig später stürmt ein schwer bewaffnetes Sondereinsatzkommando sein Haus. Ohne Angabe von Gründen wird Schuster verhaftet. Während seine Kollegen über den Hof aus der Mittagspause zurückkehren, sitzt er eine Stunde auf dem Präsentierteller, gefesselt in einem Polizeiwagen, bevor man ihn endlich in eine Gewahrsamszelle des Polizeipräsidiums Stendal bringt.

Schuster leidet unter schweren Nierenschmerzen. Nachts wird er mit Verdacht auf Herzinfarkt ins Krankenhaus eingeliefert. Schwer bewacht und mit Handschellen ans Bett gefesselt, muss er der weiteren Entwicklungen harren. Obwohl die Ärzte ihm Haftunfähigkeit attestieren, wird noch im Krankenhaus der Haftbefehl verkündet. Angeblich habe der Generalstaatsanwalt persönlich entschieden, dass die Staatsanwaltschaft Stendal Schusters Verhaftung betreiben solle. Das ist der nächste in einer Kette unfassbarer und skandalöser Justiz- und Ermittlungspannen. Denn eigentlich scheidet die eigene Behörde in solchen Fällen automatisch wegen Befangenheit aus. Selbst wenn an den Vorwürfen gegen den Kollegen etwas dran gewesen wäre, die Ermittlungen hätten sofort an eine andere Staatsanwaltschaft übergeben werden müssen.

Den Vogel schießt unterweilen Schusters direkter Vorgesetzter ab. Er ruft bei den Eltern in Ludwigshafen an und teilt ihnen mit, ihr Sohn sei wegen Vergewaltigung seiner Freundin verhaftet und der Tat bereits überführt worden. Dabei ist dieser bis dahin weder vernommen worden, noch wurden die Aussagen Gabi Kleins durch weitergehende polizeiliche Ermittlungen überprüft. Ein solches Vorgehen hätte einem totalitären Militärregime gut angestanden. In einem auch nur halbwegs funktionierenden Rechtsstaat ist es ein Grund zur sofortigen Amtsenthebung. Doch niemand zieht den Abteilungsleiter zur Verantwortung.

In der Zwischenzeit gibt Gabi Klein immer fantastischere Beschuldigungen zu Protokoll: Schuster habe magische Kräfte, verhexe die Menschen, spreche geheimnisvolle Verwünschungen aus. Außerdem bunkere er in seinem Haus Waffen, die er bedenkenlos gegen jeden einsetze, der sein Grundstück zu betreten versuche. Zum Teil sind die Vorwürfe so absurd, dass bei den Ermittlern sofort alle Alarmglocken klingeln müssten. Und auch für den an sich denkbaren Waffenbesitz findet sich später nicht das mindeste Indiz. Immerhin erklärt Gabi Kleins Aussage im Nachhinein den massiven Polizeieinsatz bei Schusters Verhaftung. Aber was die Vorwürfe tatsächlich auslösen müssten, nämlich massive Zweifel an der Glaubwürdigkeit der angeblich Geschädigten – Fehlanzeige. Niemand kommt auf die Idee, dass Gabi Klein vielleicht einfach spinnt.

Zunächst wird Schuster ins Gefängniskrankenhaus von Naumburg verlegt. Der nächste unverantwortliche Fehler. Denn dort sitzen gefährliche Straftäter ein, gegen die er noch vor kurzem Haftbefehle erlassen hat. Genauso gut hätte man einen enttarnten Spitzel in eine Zelle voller Mafiosi sperren können. Für seine Verlegung nach Leipzig drei Tage später muss Schuster im Nachhinein eine Rechnung über 3.500 DM begleichen. Sieben Wochen verbringt er im dortigen Haftkrankenhaus, ohne vernünftige medizinische Betreuung. Dann verlegt man ihn nach Plauen, in Einzelhaft. Im Dezember 1998 greift ihn ein Mithäftling an und verletzt ihn schwer: Netzhautablösung. Doch statt der dringend nötigen fachärztlichen Behandlung folgen erst einmal die schriftlichen Anträge und die Weihnachtsfeiertage. Heute ist Schuster auf dem betroffenen Auge blind.

Die Ermittlungsbehörden wüten derweil munter weiter, als sei Sachsen-Anhalt eine mittelamerikanische Bananenrepublik der Siebzigerjahre. Acht Mal durchsuchen sie Schusters Haus, davon sieben Mal ohne richterlichen Durchsuchungsbefehl. Mit Spürhunden suchen sie nach Drogen, Sprengstoff und Waffen. Das Resultat ist gleich Null, aber Zweifel an Schusters Schuld kann auch das nicht wecken. Nach acht Wochen ist er immer noch nicht rechtmäßig und unter Hinzuziehung seines Anwalts vernommen worden. Die zuständige Referentin in Dessau – immerhin hat man das Verfahren an die benachbarte Staatsanwaltschaft übergeben – meint, als Jurist könne er sich ja schriftlich angemessen zu den erhobenen Vorwürfen äußern. Da versteht es sich fast von selbst, dass die Kollegen nicht im Traum daran denken, vielleicht einmal die von Schuster benannten Entlastungszeugen zu befragen. Dabei ist die Staatsanwaltschaft gesetzlich verpflichtet, nicht nur belastende, sondern auch entlastende Fakten zu ermitteln. Aber diese Praxis hatte sich bei den anhaltinischen Strafverfolgungsbehörden damals anscheinend noch nicht flächendeckend durchgesetzt.

Am 29. Dezember 1998 erhebt die Staatsanwaltschaft Dessau Anklage gegen den Kollegen Schuster. Natürlich ist es die Aufgabe dieser Behörde, Straftäter anzuklagen. Allerdings soll sie dies normalerweise nur dann tun, wenn gründliche Ermittlungen einen hinreichenden Tatverdacht begründet haben. In der Praxis bedeutet das: Eine spätere Verurteilung sollte weitaus wahrscheinlicher sein als ein Freispruch. Kommt es sodann zur Anklageerhebung, wird die Unschuldsvermutung für den Staatsanwalt wohl oder übel zu einem hehren juristischen Ideal. Denn von Amts wegen muss er ja gerade von der Schuld des Angeklagten überzeugt sein. Im vorliegenden Fall jedoch wurde schlampig bis gar nicht ermittelt, überdies völlig einseitig zulasten des Beschuldigten. Und wie sich im Verlauf der Gerichtsverhandlung zeigen sollte, hatten einige der beteiligten Damen und Herren nicht einmal die lückenhaften Ermittlungsakten wirklich gelesen.

Einen Beschuldigten anzuklagen ist das eine. Etwas völlig anderes, nämlich ein unglaublicher Skandal ist es, wenn ein Staatsanwalt noch vor der Eröffnung des Hauptverfahrens eine öffentliche Vorverurteilungskampagne lostritt. Der zuständige Dessauer Oberstaatsanwalt tut nun genau dieses. In einem *Bild*-Interview erklärt er, die Staatsanwaltschaft gehe davon aus, der Angeschuldigte habe die Geschädigte vermutlich jahrelang sexuell missbraucht. Diesen unglaublichen Vorwurf hatte nicht einmal Gabi Klein selbst erhoben.

## Die Gutachtenfalle

Als die 1. Große Strafkammer des Landgerichts Stendal am 9. April 1999 die Klage gegen Otmar Schuster zulässt, sitzt dieser bereits seit fünfeinhalb Monaten unschuldig in Untersuchungshaft. Zusammen mit dem Eröffnungsbeschluss ordnet das Gericht gleichwohl die Fortsetzung der U-Haft an. Dabei stützt es sich vor allem auf ein Gutachten der Psychologin Professor Elisabeth Müller-Luckmann. Sie bescheinigt Gabi Kleins Aussagen uneingeschränkte Glaubwürdigkeit. Ihren schlüssigen Angaben zufolge ergebe sich bei Otmar Schuster das Bild eines brutalen, egoistischen und bindungsunfähigen Menschen. Keinesfalls dränge sich dagegen der Verdacht auf, die Frau wolle ihm lediglich etwas anhängen.

Unsere Kanzlei kennt Frau Müller-Luckmann seit über 30 Jahren als bewährte, sachverständige Gutachterin. Die große Mehrzahl ihrer früheren Urteile, unter anderem im Fall Jürgen Bartsch, war fachlich fundiert und in der Sache abgewogen. Doch zur Zeit des fraglichen Verfahrens ist die Dame bereits achtzig. Nach meinem Eindruck, der von meinem Sozius Professor Ulrich Ziegert, einem Juristen und Diplom-Psychologen, geteilt wird, hinkt ihr fachliches Wissen mittlerweile der Zeit etwas hinterher, und mir scheint, sie habe mit den Jahren auch mental ein wenig abgebaut. Überdies erfahre ich, dass Müller-Luckmann Gabi Klein lediglich sieben Stunden untersucht hat. Angesichts der Schwere der Vorwürfe gegen meinen Mandanten und der teilweise wirklich haarsträubenden Einlassungen Kleins ist das viel zu kurz und oberflächlich. Mit allem gebotenen Respekt, aber deutlich lege ich meine Bedenken dem Gericht und auch der Gutachterin selbst schriftlich dar. Mit Erfolg: Schon drei Tage später entbindet das Gericht die Sachverständige von ihrer Gutachterpflicht. Aber Zweifel an der Rechtmäßigkeit des ganzen Verfahrens wollen immer noch nicht aufkommen. Trotz des inzwischen fragwürdigen Gutachtens bleibt Schuster in Haft. Es ist wie verhext: Irgendwie scheinen Staatsanwaltschaft und Gericht wider alle Fakten einfach glauben zu wollen, dass Schuster ein sadistischer Vergewaltiger ist.

Hier ist ein Wort zur Rolle und zur Bedeutung von Gutachten angebracht. Schon die Wahl eines Gutachters, erst recht aber dessen Gutachten selbst kann einen Prozess entscheiden. Das gilt vor allem für psychiatrische und psychologische Expertisen, denen die leidenschaftslose Kühle von gerichtsmedizinischen, kriminaltechnischen oder ballistischen Befunden naturgemäß abgeht. Immer wieder erlebe ich es, wie Gerichte den Meinungen von Nerven- und Seelenärzten selbst dann Glauben schenken, wenn ihre methodischen oder sachlichen Fragwürdigkeiten geradezu ins Auge springen. Erfahrene Richter mögen Menschenkenntnis und ein gewisses psychologisches Erfahrungswissen gewonnen haben – in aller Regel fehlt ihnen die wissenschaftliche Kompetenz, den Inhalt eines Gutachterurteils im Einzelnen zu bewerten. Häufig vertraut ein Gericht deshalb immer auf dieselben Gutachter, ganz nach dem Motto: »Einmal recht, immer recht«. Kammern, die kein allzu ausgeprägtes Faible für mildere Urteile oder gar Freisprüche aufgrund von eingeschränkter oder fehlender Schuldfähigkeit haben, entwickeln eine fatale Schwäche für solche psychologischen Gutachter, die den Angeklagten schneller und öfter volle Schuldfähigkeit attestieren. Will man als Anwalt ein Zweit- oder Gegengutachten durchsetzen, sind die Gerichte oft vorschnell mit der Entscheidung bei der Hand, der geforderte Sachverständige verfüge gegenüber dem vom Gericht bestellten nicht über neue oder »überlegene« Forschungsmethoden – Antrag abgelehnt. Gerne werden auch in Urteilsbegründungen aus an sich soliden Gutachten steile, aber völlig unbegründete Schlussfolgerungen gezogen – und das mit der souveränen Geste des Fachgelehrten. Selbst wenn sich ein Gericht mehr oder weniger ungeprüft und nicht selten auch unverstanden das Urteil eines Gutachters zu Eigen macht, gibt es dafür eine juristisch wasserdichte Standardformulierung: Man habe die Feststellungen des Gutachters »in eigener Würdigung nachvollzogen«, heißt es dann in der Urteilsbegründung – eine Leerformel, deren Wahrheitsgehalt in einer Berufung oder Revision leider oft kaum zu erhellen, geschweige denn zu erschüttern ist.

Die entscheidende Bedeutung gerade psychologischer Gutachten hat deshalb eine ganz praktische Konsequenz: Ein guter Strafverteidiger braucht entsprechende Kompetenz in der eigenen Kanzlei, um jedes Gutachten Punkt für Punkt in wirklich »eigener Würdigung« unter die Lupe nehmen zu können. Und für jeden Fall muss eine Kanzlei nicht nur den oder die am besten geeigneten Gutachter kennen, sie muss auch über das nötige Wissen und über schlüssige Argumente verfügen, um diese Gutachter vor Gericht durchzusetzen.

## Das Gericht als Therapiegruppe

Hätten die Stendaler Richter wenigstens ihre Akten mit gesundem Menschenverstand gelesen, hätte dies schon helfen können. Denn dort türmten sich immer absurdere Anschuldigungen Gabi Kleins auf: Schuster klaue seit Jahren überall Klopapier, horte in seinem Büro alte DDR-Pornos und verseuche die Türklinken des Landgerichts mit lebensgefährlichen Viren. Eigentlich fehlt nur noch die Behauptung, Schuster stünde mit Außerirdischen in Kontakt, die sie zu Sexorgien in ferne Galaxien entführen wollen. Peinlich, peinlich: Die Kammer muss nun den Landgerichtspräsidenten vernehmen, der natürlich erklärt, derartige Vorfälle habe es nie gegeben. Auch die Pornobibliothek und das rätselhafte Großlager an Hygienepapieren lassen sich weder im Haus noch im Büro meines Mandanten auffinden. Der Gerichtssaal droht endgültig zum Tollhaus zu werden. Doch statt Gabi Klein endlich in die Mangel zu nehmen und die Glaubwürdigkeit ihrer Aussagen so gründlich zu prüfen, wie es ihrer Absurdität entspräche, bittet man zunächst Frau Müller-Luckmann, ihr Gutachten nachzubessern. Zum Glück erklärt diese sich für emotional unfähig. Zu tief fühle sie sich von meinen persönlichen Angriffen und von den Zweifeln des Gerichts getroffen.

Also beauftragt die Kammer die Bremer Psychologin Dorothea Pierwoß. Diese nimmt sich endlich einmal die nötige Zeit: Parallel zur Hauptverhandlung untersucht und beobachtet sie die Frau über 38 Stunden. Zusätzlich setze ich den renommierten Stuttgarter Psychiater Professor Reinmar du Bois als Gutachter durch. Zwar weigert sich Gabi Klein, sich auch von ihm befragen zu lassen. Aber du Bois studiert – wohl als Erster – gründlich die Akten und beobachtet Gabi Klein während der Gerichtsverhandlung, die am 22. April 1999 beginnt.

Schon bald erheben beide Sachverständige massive Zweifel an der Glaubwürdigkeit der Frau. Mit Recht: Später wird du Bois bei

Gabi Klein eine schizotype Persönlichkeitsstörung mit paranoidem Einschlag diagnostizieren. Sie ist unfähig, mit anderen Menschen normal und vertraut zu kommunizieren, und sie ist unfähig, die Realität von der Welt ihrer Vorstellungen und Fantasien klar abzugrenzen. Seit ihrer Jugend kämpft Gabi Klein um ihre Identität, die sie in immer stärkerem Maße total von ihrer Umgebung abhängig macht. Die Trennung von Schuster hat sie deshalb aus ihrer Sicht in ein Loch fallen lassen. Nur in ihrer Rolle im Strafverfahren gegen ihren Exfreund kann sie wieder Halt für ihre Persönlichkeit, so etwas wie eine fest definierte Rolle, gewinnen. Mit dieser Diagnose und ihrer im vorliegenden Verfahren zutage getretenen Gemeingefährlichkeit – ein anderes Wort kann es angesichts der von ihr ausgelösten Treibjagd auf Otmar Schuster nicht geben – ist Gabi Klein ein Fall für die geschlossene Psychiatrie.

Obwohl die Unschuld meines Mandanten mittlerweile auf der Hand liegt, zieht das Gericht den Prozess über 64 quälende Verhandlungstage hin. Manche Sitzungen, in denen Gabi Klein befragt oder mit Schuster konfrontiert wird, geraten zu öffentlich ausgetragenen, hochnotpeinlichen Therapiesitzungen. Mehrfach bittet sogar der Angeklagte, auf weitere Befragungen seiner ehemaligen Lebenspartnerin zu verzichten, obwohl diese nur noch die Funktion haben, deren Glaubwürdigkeit aktenkundig zu erschüttern. Der Richter aber setzt den Prozess fort, als befände man sich in einer absurden privaten Gruppentherapie, in der die Beteiligten alles »rauslassen« sollen.

Am 18. August 2000 wird Otmar Schuster endlich freigesprochen. Für die U-Haft erhält er entsprechend den gesetzlichen Bestimmungen eine Entschädigung. Selbstverständlich verzichtet die Staatsanwaltschaft, die sich in diesem Verfahren bis auf die Knochen blamiert hat, auf die Einlegung von Rechtsmitteln. Binnen einer Woche wird das Urteil rechtskräftig.

Nicht auszudenken, was passiert wäre, wenn Schuster nicht selbst Jurist oder an einen unerfahrenen Anwalt geraten wäre. Möglicherweise hätte das Gericht das zweifelhafte Gutachten einer angeblich erfahrenen Sachverständigen durchgehen lassen. Abzüglich einiger – angesichts ihrer »Leiden« vielleicht sogar »nachvollziehbarer« – Übertreibungen hätte man den Aussagen Gabi Kleins Glauben geschenkt. Ein paar forsche Staatsanwälte und ein wankelmütiges Gericht hätten Otmar Schuster wegen fortgesetzter Vergewaltigung in Tateinheit mit Körperverletzung und Bedrohung für zwölf Jahre hinter Gittern verschwinden lassen. Gegen die in einem solchen kafkaesken Verfahren getroffenen Feststellungen zum äußeren und inneren Tathergang hätte am Ende vielleicht nicht einmal eine Revision etwas ausrichten können. Die Richter hätten die absurde Anklage nur in eine handwerklich einigermaßen saubere Urteilsbegründung überführen müssen. Und die Presse wie die Öffentlichkeit hätten den Verantwortlichen sicher auf die Schultern geklopft, ist ein hartes Urteil gegen einen notorischen Vergewaltiger doch in jedem Falle politisch korrekt. Schließlich hätte die Justiz mit einem Schlag auch noch das böse Vorurteil widerlegt, gegen ihre eigenen Angehörigen nicht genauso konsequent vorzugehen wie gegen jeden anderen Straftäter. Das alles auf dem Rücken des vermeintlichen Täters, der in Wirklichkeit das Opfer war.

Heute arbeitet Otmar Schuster wieder als Staatsanwalt in Stendal. Der sächsisch-anhaltinische Generalstaatsanwalt von damals ist nicht mehr im Amt, Schusters Vorgesetzter verstorben, der Leiter seiner Behörde pensioniert. Die Kollegen sind höflich und korrekt wie einst, niemand im Dorf hegt auch nur den Rest eines Verdachts gegen ihn. Schuster ist wieder der geachtete Bürger, der er vor dem Prozess war.

Ende gut, alles gut? Nie hat sich irgendeiner der Beteiligten bei ihm entschuldigt, weder offiziell noch privat. Otmar Schusters Karriere hat einen nicht zu kittenden Knick erlitten. Gabi Kleins brutale Attacken sowie die Untersuchungshaft mit all ihren skandalösen Zumutungen haben seine Gesundheit ruiniert. Und auch die seelischen Wunden, die dieser Justizskandal bei ihm geschlagen hat, werden wohl niemals völlig verheilen.

# 3. TÖDLICHE VERSÖHNUNG

*Fehlendes Wortprotokoll: Warum ein Schwurgericht ein
tragisches Unglück zum Mord erklären kann*

*Ein arbeitsloser Sonderling erschießt bei einem idiotischen Sex-
spielchen versehentlich seine langjährige Lebensgefährtin, die
Mutter der gemeinsamen 15-jährigen Tochter. In erster Instanz
wird er wegen fahrlässiger Tötung zu einer Bewährungsstrafe verurteilt. Dann aber landet das Verfahren auf Betreiben des Bruders
der Getöteten, der als Nebenkläger auftritt, vor dem Schwurgericht. Eine lange zurückliegende Vorstrafe und die völlige Verdrehung der Zeugenaussage seiner eigenen Tochter werden dem Angeklagten zum Verhängnis – er wird wegen Mordes zu lebenslanger
Haft verurteilt. Ein Skandalurteil mit nicht minder skandalöser
Nachgeschichte, das den größten Verfahrensmangel im Strafprozess lehrbuchartig demonstriert: Weil es vor dem Schwurgericht
kein Wortprotokoll gibt, können Richter in ihrer Urteilsbegründung den Verhandlungsverlauf und die Zeugenaussagen nach eigenem Gusto so wiedergeben, wie es ihrer Urteilsfindung entspricht.
Widerspruch ist damit chancenlos.*

Stellen Sie sich vor, Sie nehmen an einer Besprechung teil, sagen wir
in einer Werbeagentur, die eine Kampagne für einen neuen Scho-
koriegel entwirft. Natürlich wird jemand Protokoll führen, damit alle Beteiligten später nachlesen können, was besprochen und
beschlossen wurde. Was würden Sie da von folgendem Protokoll
halten?

»Herr Dr. Müller erkundigte sich nach dem Konzept zur Markt-
einführung des neuen Schokoriegels. Der zuständige Produktma-
nager trug den Stand der Vorbereitungen vor. Herr Dr. Müller fragte nach den Erkenntnissen der Marktforschung. Herr Schmidt trug
die Ergebnisse der Kundenbefragungen vor. Herr Meier verteilte

den vorläufigen Werbeplan. Herr Dr. Müller verwies auf die Kürzung des Budgets …«

Ganz recht: Dieses Protokoll ist zu nichts zu gebrauchen. Es gibt zwar den Verlauf der Besprechung formal korrekt wieder, aber was die Werbefachleute im Einzelnen gesagt haben, lässt sich ihm nicht einmal im Ansatz entnehmen. Die Pointe? Das Protokoll der Verhandlung vor einem deutschen Schwurgericht sieht genau so aus. Nur dass es dort um Mord und Totschlag und nicht um Werbekampagnen geht.

## Wie Strafrichter Aussagen auslegen

Solange Beweismittel wie Tatwaffen, Kleidungsstücke oder Fotos vom Tatort zum Gegenstand der gerichtlichen Beweisaufnahme gemacht werden, mögen Aufzeichnungen wie diese ja in Ordnung sein:

»Das Lichtbild Blatt 123 der Akten soll in Augenschein genommen werden. Das Lichtbild wurde in Augenschein genommen. Das Gutachten des Landeskriminalamtes Nordrhein-Westfalen vom 26. 08. 2004, Blatt 567 ff. der Akten soll gemäß § 256 StPO verlesen werden. Das Gutachten wurde verlesen …«

Wenn ich später Zweifel an der Beweisführung des Gerichts habe, existieren neben den entsprechenden Feststellungen in der Urteilsbegründung immerhin das Lichtbild, die Waffe und das Gutachten. Durch obige Protokolleinträge sind sie als Beweismittel rechtmäßig in die Verhandlung eingeführt worden. Deshalb kann ich mich, wenn ich gegen das Urteil vorgehen will, auf die genannten Dinge und Unterlagen beziehen.

Sachliche Beweismittel allein entscheiden allerdings kaum einen Prozess. Ausschlaggebend sind fast immer die Aussagen der vernommenen Zeugen. Auch diese werden in einem Schwurgerichtsprotokoll leider nur im Telegrammstil wiedergegeben. Etwa so:

»Die Zeugin Schmitz wurde aufgerufen. Die Zeugin Schmitz wurde vernommen.«

Wo aber kann ich nachlesen, was diese Zeugin genau ausgesagt hat? Das steht allenfalls in der Urteilsbegründung des Gerichts. Und eben nur dort. Für den Inhalt einer Aussage gibt es darüber hinaus keine weitere Quelle. In dieser jedoch gibt das Gericht alle Zeugenaussagen so wieder, wie es sie verstanden hat, oder vielmehr: so, wie es sie verstehen will – falls es sie überhaupt für erwähnenswert hält. Ein Gericht kann nämlich durchaus zu der Auffassung gelangen, die Aussage der Zeugin Schmitz sei für das abschließende Urteil nicht relevant. Dann wird es sie in die Urteilsbegründung nicht aufnehmen und somit schlichtweg unter den Tisch fallen lassen. Was, wann und wie in einer Gerichtsverhandlung gesagt wird, ist also objektiv kaum nachprüfbar. Es bleibt abhängig von der Sichtweise des Richters.

Im Prinzip ist damit der Willkür Tür und Tor geöffnet. Richter können Zeugenaussagen ignorieren, missverstehen, verdrehen und in einzelnen Fällen sogar bewusst verfälschen, ohne dass es ihnen nachzuweisen wäre. Zwar schwant einem erfahrenen Strafverteidiger schon bei der mündlichen Urteilsbegründung, welche fragwürdigen Auslegungen welcher Zeugenaussagen zu einem Fehlurteil geführt haben. Doch im Detail kann man das erst Wochen später nachlesen, wenn die schriftliche Urteilsbegründung vorliegt. Dort werden die Inhalte aller Zeugenaussagen dann so referiert, dass sie zum Urteilsspruch des Gerichts passen – und zwar als wären sie in Stein gemeißelt. Es gibt praktisch keine Möglichkeit, diese schriftliche Darstellung einer Schwurgerichtskammer in Zweifel zu ziehen oder gar zu widerlegen.

Dabei wäre die lückenlose Nachprüfbarkeit eines Urteils gerade in dieser Instanz besonders wichtig. Vor den Schwurgerichtskammern der Landgerichte werden Mord, Totschlag und andere Gewaltverbrechen wie Raub, Geiselnahme, Vergewaltigung oder

Körperverletzung verhandelt, sofern sie mit dem Tod eines oder mehrerer Opfer enden, und vor den Großen Strafkammern der Landgerichte alle übrigen Verbrechen, für die das Gesetz Haftstrafen von mehr als vier Jahren vorsieht. Vor dem Amtsgericht dagegen verhandelt ein Einzelrichter alle Strafsachen mit einem Strafrahmen von bis zu zwei Jahren und ein Schöffengericht alle übrigen Fälle. Sehr salopp gesagt: Die Amtsgerichte beschäftigen sich mit der Kleinkriminalität, die Landgerichte mit den schweren Jungs und die Schwurgerichtskammern beim Landgericht nur mit dem schlimmsten aller Verbrechen, der Tötung eines Menschen.

Vor dem Schwurgericht geht es für einen Angeklagten also stets um alles: um hohe oder lebenslange Freiheitsstrafen. Da sollte man meinen, dass nicht nur dem Inhalt, sondern sogar dem genauen Wortlaut von Zeugenaussagen ein besonderes Gewicht zukommt. Erstaunlicherweise ist es im deutschen Strafprozessrecht genau umgekehrt. Nur beim Amtsgericht, also während der Prozesse gegen Taschendiebe, Autoknacker und Junkies, wird von einem Urkundsbeamten ein Inhaltsprotokoll geführt. Dies gibt alle wesentlichen Aussagen, die der Angeklagte, die Zeugen oder ein Sachverständiger in der Hauptverhandlung gemacht haben, ihrem Gehalt nach wieder. In allen anderen Gerichtsprotokollen geht es hingegen nur um juristische Formalien. Woher kommt dieses für den gesunden Menschenverstand so seltsame Missverhältnis zwischen der Bedeutung und der Genauigkeit des Verfahrens?

## Das Protokoll und seine »Beweiskraft«

Um das zu verstehen, muss man sich klarmachen, wozu das Protokoll einer Gerichtsverhandlung eigentlich dient. Nach herrschender Rechtsauffassung ist es nämlich gar kein Hilfsmittel der Wahrheitsfindung, sondern nur der Beleg für eine formal nach

Recht und Gesetz durchgeführte Verhandlung. Juristisch formuliert ist es der ausschließliche »Zweck des Protokolls, den höheren Instanzen mit seiner Beweiskraft die Nachprüfung der Gesetzmäßigkeit des Verfahrens zu erleichtern«.[3] Einfacher gesagt: Man soll sehen können, ob es im Prozess mit rechten Dingen zugegangen ist. In einem Gerichtsprotokoll muss deshalb nichts drinstehen, was darüber hinausgeht.

In welchem Umfang sich ein Gerichtsurteil anfechten lässt, hängt nun davon ab, welches Gericht das Urteil in der ersten Instanz gesprochen hat: Gegen Urteile der Amtsgerichte kann man in Berufung, gegen Urteile der Landgerichte dagegen nur in Revision gehen. In einer Berufung kann es zur sachlichen Neubewertung des Falles kommen, die Revision bleibt auf Verfahrensfragen beschränkt. Damit ist einleuchtend, was welches Protokoll enthalten muss: Die Protokolle beim Amtsgericht berücksichtigen inhaltliche Aspekte, die Land- und Schwurgerichte dürfen von Rechts wegen darauf verzichten.

Ein Beispiel: Mein Mandant wird von einem Einzelrichter fälschlich wegen Diebstahls zu einer Bewährungsstrafe von neun Monaten verurteilt. Selbstverständlich gehe ich in Berufung. Unter anderem werfe ich dem Richter vor, er habe eine Zeugenaussage zuungunsten meines Mandanten ausgelegt und eine andere, entlastende Aussage gar nicht berücksichtigt. Vor einer Kleinen Strafkammer des Landgerichts wird der Fall daraufhin neu verhandelt. Hier überprüfen die Richter nicht nur das erstinstanzliche Urteil, sondern sie führen eine neue Beweisaufnahme durch: Sie vernehmen erneut Zeugen, sichten Beweismittel oder holen Gutachten ein. Am Ende fällen sie ein neues, eigenständiges Urteil, das an die Tatsachenfeststellungen der vorherigen Instanz nicht gebunden ist. Kurz gesagt, die Berufungsinstanz prüft nicht allein die Rechtsgründe, sondern auch die Sachgründe des angefochtenen Urteils.

3 Löwe/Rosenberg, Die Strafprozessordnung und das Gerichtsverfassungsgesetz, Großkommentar, Berlin/New York, 25. Aufl. 1999 ff., § 273,3

Natürlich wird mein Mandant in zweiter Instanz freigesprochen, denn nur selten irren sich die Richter gleich in Serie. Welche Rolle spielen dabei die Protokolle? In erster Instanz wurde vorschriftsmäßig ein Inhaltsprotokoll angefertigt, und zwar »um dem Berufungsgericht die Beweisaufnahme zu erleichtern«[4]. Die Richter der zweiten Instanz können also neben der Urteilsbegründung des Kollegen auch das Protokoll seiner Verhandlung zu Rate ziehen: einerseits um nachzuvollziehen, wie er zu seinem Urteil gekommen ist, andererseits um sich selbst ein Bild vom Sachverhalt zu machen. So könnten die Berufungsrichter etwa zu der Ansicht gelangen, der Kollege habe die fragliche Zeugenaussage zwar richtig wiedergegeben, allerdings falsche Schlüsse aus ihr gezogen. In diesem Fall würden sie auf die erneute Vernehmung des Zeugen verzichten und die Aussage lediglich neu bewerten. Ihre Darstellung der Zeugenaussage in der Urteilsbegründung müsste sich dann allerdings auf die schriftliche Urteilsbegründung des Kollegen und nicht auf das Protokoll stützen. Denn was den Inhalt der Aussage betrifft, hat das Protokoll keine Beweiskraft. Streng genommen beweist es nur, dass der Zeuge X überhaupt vernommen wurde.

Die Berufungsrichter könnten aber auch die Meinung vertreten, die protokollierte Zeugenaussage und deren Darstellung in der angefochtenen Urteilsbegründung sei widersprüchlich. Dann würden sie den Zeugen neu vernehmen und sich aufgrund dieser Aussage ein eigenes Bild vom fraglichen Sachverhalt machen. Keinesfalls dürften sie aus dem Widerspruch den Schluss ziehen, dass die Aussage in den Urteilsgründen falsch, im Protokoll aber richtig wiedergegeben sein sei. Fazit: Für die gesetzliche Aufgabe eines Berufungsgerichts ist das Inhaltsprotokoll der Vorinstanz sehr nützlich. Deshalb ist es in der Strafprozessordnung auch vorgesehen.

So weit scheint der Rechtsweg für eine objektive Rechtsfindung ausreichend lang zu sein. In der nächsten Instanz allerdings ändern

---

4 Karlsruher Kommentar zur Strafprozessordnung, 5. Auflage, München 2003, S. 1540

sich die Verhältnisse. Obwohl in unserem Fallbeispiel eine neue Beweisaufnahme durchgeführt und also in der Sache neu verhandelt wurde, wird in der Berufung kein weiteres Inhaltsprotokoll, sondern lediglich ein rein formales Verlaufsprotokoll angefertigt. Warum? Weil für die Zwecke der nächsten Instanz mehr nicht nötig ist. Denn nach der Berufung ist – wenn überhaupt – allein die so genannte Revision möglich. Und die prüft das Urteil ausschließlich auf eventuelle Rechts- und Verfahrensfehler. Die Revisionsinstanz stellt nur fest, ob das Gericht alle gesetzlichen Bestimmungen zur Regelung des Strafverfahrens beachtet hat. Mit der Sache selbst, mit dem konkreten Fall, dem tatsächlichen Geschehen, den Hintergründen der Tat und den Motiven des Täters setzt sich diese Instanz nicht mehr auseinander. Kurz: Die Revision ist keine Tatsachen-, sondern eine reine Rechtsinstanz.

Auf diesen Unterschied kommen wir im nächsten Kapitel noch ausführlich zu sprechen. Wichtig ist hier zunächst einmal Folgendes: Eben weil sie keine Tatsachenentscheidung mehr trifft, muss die Revisionsinstanz nach herrschender Rechtsauffassung vom Inhalt der Beweisaufnahme in der Vorinstanz nur das wissen, was diese Instanz in ihrer Urteilsbegründung festgestellt hat. Denn an der sachlichen Argumentation der dortigen Richter ist ohnehin nicht mehr zu rütteln. Ein Inhaltsprotokoll der Verhandlung vor einem Landgericht wäre deshalb nicht nur überflüssig, sondern geradezu widerrechtlich – könnte es die Verfahrensbeteiligten doch ermuntern, die Urteilsfindung kritisch zu durchleuchten und gegebenenfalls doch noch einmal in die Beurteilung des Sachverhaltes einzusteigen. Das aber ist im gegenwärtigen System der Strafjustiz schlicht verboten.

Äußerst problematisch wird diese ganze Konstruktion, wenn sich wie bei den Schwurgerichten nur eine einzige Instanz mit den Tatsachen auseinandersetzt. Gegen deren Entscheidungen ist nur noch die Revision beim Bundesgerichtshof zulässig. Kommt es demnach in einer Schwurgerichtsverhandlung zu Fehleinschätzungen oder böswilligen Verdrehungen von Tatsachen oder Zeugenaussagen, gibt es keine höhere Instanz mehr, die dies in der Sache korrigieren könnte. Mit anderen Worten: Wer eines schweren Verbrechens angeklagt ist und eine schwere Strafe vor einem Schwurgericht zu erwarten hat, hat nur einmal das Recht auf eine Verhandlung in der Sache, deren Überprüfung in einer weiteren Instanz nicht nur rechtlich verboten, sondern aufgrund des gesetzlich »nicht notwendigen« Wortprotokolls auch schlicht unmöglich ist. Gerade bei den schwerwiegendsten Entscheidungen entzieht sich das Gericht so einer weiteren Kontrolle durch Dritte und pocht per Gesetzesregelung auf seinen Unfehlbarkeitsanspruch, indem es die Anfechtbarkeit des Urteils in der entscheidenden Phase auf Verfahrensfragen reduziert.

## Die heilige »freie Beweiswürdigung«

Vor diesem Hintergrund erscheint es mir unerlässlich, dass es vom Amtsgericht bis zum Schwurgericht in jeder Instanz wenigstens ein exaktes Wortprotokoll gibt, das in keiner Weise manipulierbar und in vollem Umfang, also auch hinsichtlich des Inhaltes der Beweisaufnahme, beweiskräftig ist. Damit könnten auch die Missverständnisse, Verdrehungen oder gar Verfälschungen von Zeugenaussagen vor einem Schwurgericht zum Thema einer Revision gemacht werden. Denn in meinen Augen beugt ein Gericht auch da das Recht, wo es die Tatsachen auf den Kopf stellt – mag es dabei formaljuristisch noch so korrekt zu Werke gehen.

Ein derart verbindliches Wortprotokoll kann man mit den heute zur Verfügung stehenden technischen Mitteln leicht herstellen. Längst hat der Laptop in die Gerichtssäle Einzug gehalten. Digitale Sprachaufzeichnung beherrscht heute der billigste Heimcomputer. Die Software zur Spracherkennung, mit deren Hilfe sich Tonaufzeichnungen in geschriebene Wortprotokolle überführen lassen, ist technisch zwar noch nicht perfekt, aber mit etwas redaktioneller Nachbearbeitung kommt man schneller zu verlässlichen Texten als mittels stenografischer Aufzeichnungen. Alle juristischen Skrupel, hier würden fragwürdige technische Hilfsmittel an die Stelle richterlicher Souveränität gesetzt, offenbaren deshalb in Wahrheit nur einen Geist, der in den tintenfleckigen Ärmelschonern unbestechlicher Beamter nach wie vor den Gipfel dokumentarischer Präzision sieht. In vielen ehrwürdigen Gerichtsgebäuden scheint nicht nur die Technik, sondern auch die Gesinnung noch in jenem 19. Jahrhundert zu stecken, dem wir unsere Strafprozessordnung verdanken.

Das Problem hinter dem Hickhack um die Frage der angemessenen Protokollierung von Gerichtsverhandlungen ist nämlich – fast muss man sagen: leider – sehr grundsätzlicher Natur. Es hängt mit einem der wesentlichen Verfahrensgrundsätze des modernen Strafprozesses zusammen: dem der so genannten »freien Beweiswürdigung«. Nach Paragraph 261 der Strafprozessordnung entscheidet das Gericht »über das Ergebnis der Beweisaufnahme (...) nach seiner freien, aus dem Inbegriff der Verhandlung geschöpften Überzeugung«. Das war nicht immer so. Noch bis ins 19. Jahrhundert hinein existierten feste Beweisregeln. Vor allem das Geständnis eines Angeklagten galt, selbst wenn es erpresst oder erzwungen worden war, als ausreichender Beweis seiner Schuld. Auch polizeiliche Ermittlungsergebnisse wurden nicht selten umstandslos zu gesicherten Schuldbeweisen umfunktioniert. Um der daraus erwachsenden Willkür einen Riegel vorzuschieben, erhob man die freie Beweiswürdigung zum Grundsatz.

Danach sollen die Strafgerichte alle Tatsachen, die sie im Rahmen ihrer Beweisaufnahme ermitteln, eigenständig, unabhängig und frei von allen feststehenden Regeln bewerten. Das heißt: Ein Gericht muss selbst zu dem Schluss kommen, dass bestimmte Indizien einen Angeklagten belasten. Es muss alle Zeugenaussagen und ihre Bedeutung für das Urteil eigenständig prüfen und werten. Es muss, wie es so schön heißt, »in eigener Würdigung nachvollziehen«, warum ein Sachverständiger einem Angeklagten die volle Schuldfähigkeit attestiert. Selbst von der Glaubwürdigkeit eines Geständnisses müssen sich die Richter persönlich überzeugen.

Alle Tatsachenfeststellungen, Überlegungen, Meinungen und Schlussfolgerungen, die zum Urteil geführt haben, müssen sodann in der Urteilsbegründung niedergelegt werden. Somit ist in der Sache allein dieses Schriftstück der Ausweis dafür, dass das Gericht alle Beweise eigenständig und frei gewürdigt hat. Das Protokoll beweist demgegenüber nur, dass das Verfahren formal korrekt durchgeführt wurde. Rein rechtlich nämlich darf es die »freie Beweiswürdigung« und damit die unabhängige Urteilskraft des Richters keinesfalls infrage stellen. Würde aber ein Inhalts- oder gar ein Wortprotokoll nicht nur formal, sondern in der Sache volle Beweiskraft erhalten, könnte dessen Inhalt im Zweifelsfall mehr gelten als der richterliche Urteilsspruch. Nach vorherrschender Meinung würde das bedeuten, den ehernen Grundsatz der freien Beweiswürdigung zu unterlaufen.

Dass die im Protokoll niedergelegten Inhalte von Zeugenvernehmungen keine Beweiskraft besitzen, entschied deshalb schon das Reichsgericht 1909 in einem Grundsatzurteil. Der Bundesgerichtshof hat öfter in gleicher Weise geurteilt. Speziell in der Revisionsinstanz, so das oberste Bundesgericht, seien »für die Feststellung des Sachverhalts allein die schriftlichen Gründe des angefochtenen Urteils maßgebend«. Das Revisionsgericht habe »nicht zu prüfen, ob die Feststellungen im Urteil mit dem übereinstimmen, was die Sitzungsniederschrift über den Inhalt der Aussagen angibt«.[5] So hat die Tradition der höchstrichterlichen Rechtsprechung zwei Prinzipien in ihr Gegenteil verkehrt, die ursprünglich fortschrittlich waren und der unbehinderten Wahrheitsfindung dienten: Aus der rechtsstaatlichen Unabhängigkeit der Gerichte hat man eine Machtvollkommenheit abgeleitet, die in vielen Fällen zur reinen Willkür entartet. Und die Freiheit der Beweiswürdigung

---

5 ebenda

wurde in die Möglichkeit zur Erfindung höchst eigener Wahrheiten verwandelt.

Das einzige Regulativ wäre ein Wortprotokoll, das keinen rechtlichen Beschränkungen unterliegt. Aber das, wie gesagt, ist in unserem Rechtssystem nur bedingt vorgesehen. Nur einmal gab es in der bundesdeutschen Justizgeschichte für zehn Jahre die Pflicht, bei allen als Tatsacheninstanz urteilenden Gerichten ein Inhaltsprotokoll zu führen, also auch bei den Großen Strafkammern und den Schwurgerichtskammern der Landgerichte. Mit dem Ersten Strafprozessänderungsgesetz (StPÄG) von 1964 wurde diese Bestimmung in die Strafprozessordnung aufgenommen. Allen Prozessbeteiligten wurde damals das Recht eingeräumt, die Protokollierung sowohl bestimmter Verfahrensvorgänge als auch des genauen Wortlauts bestimmter Aussagen zu beantragen. Während die zweite Regelung bis heute gilt, wurde die erweiterte Protokollierungspflicht ausgerechnet von der sozialliberalen Koalition wieder kassiert. Mit dem Ersten Gesetz zur Reform des Strafverfahrensrechts (1. StVRG) von 1974 wollte diese die Strafprozesse beschleunigen und entbürokratisieren. Nicht nur in Bezug auf das Protokoll ist dieser Schuss leider nach hinten losgegangen. Denn statt das Verfahren durchsichtiger und damit gerechter zu gestalten, wurde dem Angeklagten und der Verteidigung ein wichtiges Kontrollinstrument wieder aus der Hand genommen.

Seitdem gibt es immer wieder Bestrebungen, die Pflicht zur Erstellung eines Inhaltsprotokolls sogar völlig abzuschaffen. Der Hintergrund ist so schnöde, wie er nur sein kann: Angesichts ihrer durchweg misslichen Haushaltslage forschen die Finanzminister auch in den entlegendsten Etatposten nach Einsparmöglichkeiten. Und da die Erstellung von Inhaltsprotokollen nun mal Arbeit macht, vor allem auf der Ebene des beamteten mittleren Justizdienstes, würde man deren Abschaffung natürlich liebend gerne zum Stellenabbau nutzen – oder wenigstens zur Vermeidung zusätzlicher Planstellen. Diese Bestrebungen waren bisher so erfolgreich, dass seit Juli 2004 der Vorsitzende Richter entscheiden darf, ob er einen Urkundsbeamten hinzuzieht oder ob er das Protokoll lieber selbst führen will.

Entbürokratisierung, Kostenersparnis, Stellenabbau – das sind politisch korrekte Schlagworte, denen man sich heute kaum entziehen kann. Aber dürfen solche Argumente auch ins Feld geführt werden, wenn es um Schuld oder Unschuld, um Wahrheit oder Unwahrheit vor Gericht geht? Oder wehrt sich hier das althergebrachte Standesbewusstsein der Richter schlichtweg gegen die Überprüfbarkeit des richterlichen Handelns? Wird hier die heilige »freie Beweiswürdigung« als Argument missbraucht, damit man sich nicht in die Karten blicken lassen muss?

Meines Erachtens ist in diesem Punkt eine grundlegende Kurskorrektur längst überfällig. Richterliche Unabhängigkeit und freie Beweiswürdigung sind hohe, unbedingt zu verteidigende Rechtsgüter. Aber dasselbe gilt für die Freiheits- und Persönlichkeitsrechte eines Angeklagten. Beide, die Souveränität des Gerichts und die Rechte des Angeklagten, können ihre Grenze nur in Wahrheit und Gerechtigkeit finden. Wenn also exakte Gerichtsprotokolle die nackten Tatsachen gegen die Deutungsmacht einzelner Richter in Schutz nehmen, dann ist das keine Einschränkung der genannten Prinzipien und Verfahrensgrundsätze. Im Gegenteil: Es würde die Wahrheit befördern helfen. Es wäre eine rechtsstaatliche Selbstverständlichkeit, die den Angeklagten vor Übel wollenden Unterstellungen, Missdeutungen und Verfälschungen von Zeugenaussagen durch das Gericht schützte. Wie nötig das bisweilen ist, zeigt der folgende Fall, der sich über zwölf Jahre durch sieben Instanzen der saarländischen Justiz gequält hat, auf geradezu himmelschreiende Weise.

Josef Peters ist das, was man gemeinhin einen einfachen Mann nennt. 1951 geboren, wächst er zusammen mit drei Brüdern und einer Schwester im Elternhaus in Saarbrücken auf. Mit fünfzehn macht er seinen Hauptschulabschluss, anschließend absolviert er eine dreijährige Lehre als Fliesenleger, die er mit dem Gesellenbrief abschließt. Nach der Scheidung der Eltern 1967 lebt der Junge zunächst bei seiner Mutter. Als diese schwer erkrankt, wird er kurzzeitig in einem Heim untergebracht. Doch schon bald zieht er zusammen mit seinen Geschwistern zum Vater und dessen zweiter Frau. Unterbrochen lediglich von 15 Monaten Wehrdienst arbeitet Josef Peters ab 1969 gut 16 Jahre in seinem erlernten Beruf. Eine Familie, die das Bild kleinbürgerlicher Normalität abrunden würde, gründet er nicht.

Schließlich ruiniert die schwere körperliche Arbeit seine Knochen. 1985 wird Peters zu 50 Prozent als berufsunfähig anerkannt und bezieht zunächst eine Rente von 1.000 DM. Dass er fortan alle zumutbaren Arbeitsangebote ablehnt, spricht zwar weder für einen übertriebenen beruflichen Ehrgeiz des damals gerade 35-Jährigen noch für allzu hehre sozialpolitische Maßstäbe. Doch kriminelle Energie offenbart sich in dieser Haltung wohl kaum. Immerhin passt es, dass sich Peters nach der Sperrung seiner Erwerbsunfähigkeitsrente die Arbeitslosenhilfe durch mehr oder weniger regelmäßige Schwarzarbeit aufbessert.

Freunde und Kollegen beschreiben Josef Peters als anständig, ehrlich, offen, hilfsbereit. Der gläubige Katholik ist der typische gute Kumpel. Von seiner Rolle als liebevoller und fürsorglicher Vater beziehungsweise Nennvater wird noch zu sprechen sein.

Dennoch ist Peters alles andere als ein Heiliger. Sein Vorstrafenregister umfasst bis 1989 immerhin vier Bewahrungs- und Geldstrafen. Allerdings weisen ihn diese Verurteilungen eher als groben Macho denn als potenziellen Verbrecher aus. Bei der Bundeswehr verweigert er 1972 den Gehorsam und legt sich mit einem Vorgesetzten tätlich an. 1979 wird er wegen fahrlässiger Trunkenheit im Verkehr zu vier Monaten auf Bewährung verurteilt. 1989 brummt ihm das Amtsgericht Saarbrücken 50 Tagessätze wegen Widerstands gegen die Staatsgewalt, Körperverletzung und Beleidigung auf. Dass ihm eine siebenmonatige Bewährungsstrafe wegen gefährlicher Körperverletzung und unerlaubten Waffenbesitzes zehn Jahre später zum Verhängnis werden wird, kann Peters 1985 noch nicht ahnen.

Eine vielleicht eigentümliche, doch kaum justiziable Auffassung hat Josef Peters bezüglich seiner Beziehungen zum anderen Geschlecht. Er liebt die Frauen, aber er tut es nicht in der von bürgerlicher Moral oder modernem Partnerschaftsverständnis vorgesehenen Weise und Abfolge. Auch in seinen festen Beziehungen – Heirat kommt für ihn nicht infrage – reklamiert er das Recht auf andere, durchaus wechselnde Liebschaften. Aus dieser Haltung macht er kein Geheimnis. So wissen die betroffenen Frauen wenigstens, woran sie sind.

1980 lernt Peters Paola Santini kennen, eine überaus attraktive gebürtige Sizilianerin, und die beiden beginnen eine intime Beziehung. Damals lebt Peters allerdings noch mit einer anderen Frau zusammen. Karin Neumann unterhält ihrerseits wechselnde Männerbekanntschaften, treibt sich in Bars und Kneipen herum und trinkt zu viel. Wiederholt kommt es zu Eifersuchtsszenen zwischen ihr und Peters, der im Hinblick auf den Lebenswandel seiner Freundinnen deutlich weniger tolerante Ansichten hegt als bezüglich seines eigenen. Ihre Tochter, aus einer anderen Beziehung stammend, vernachlässigt Karin Neumann zeitweise schwer. Umso aufopferungsvoller kümmert sich Peters um sie. Über drei Jahre hinweg bringt er das Mädchen bei seiner Cousine unter und zahlt ihr von seinem wenigen Geld Unterhalt. Noch 1993 richtet er in seinem Gartenhäuschen ein Fest zu ihrem 18. Geburtstag aus. Bis auf den heutigen Tag bezeichnet Barbara Neumann Peters als ihren Vater.

Anfang 1981 wird Paola Santini schwanger. Peters mietet eine neue Wohnung und zieht mit ihr zusammen. Nach der Geburt der gemeinsamen Tochter Janine bittet die Frau ihn, sie zu heiraten. Er lehnt ab – und schenkt seiner neuen Partnerin reinen Wein ein: Er wolle seine Freiheit nicht verlieren und auf intime Beziehungen zu anderen Frauen auch in Zukunft nicht verzichten. Mit der ihm eigenen Konsequenz setzt Peters nebenbei das Verhältnis zu Karin Neumann fort. Doch auch diese verlangt nun, er solle sich zwischen beiden Frauen entscheiden. Daraufhin gibt er vor, sich von Paola zu trennen. Als Karin Neumann dahinter kommt, dass Peters sie belügt, macht sie mit ihm Schluss.

Es muss offen bleiben, wer durch diese Abfuhr mehr in Rage gerät: der aufopferungsvolle Pflegevater eines fremden Kindes, der aus dieser Sorge offenbar gewisse »Rechte« ableitet, oder der Weiberheld und Macho, der sich nicht von einer Frau vor die Tür setzen lassen will. Jedenfalls rastet Peters aus. Er lauert Karin Neumann ständig auf, dringt in ihre Wohnung ein, verprügelt sie mehrmals brutal und zwingt sie zum Sex. Im Juni 1984 schreibt er ihr einen Brief, in dem er ihr unverhohlen droht: »Du kennst mich, ich gebe dich nicht auf.« Und: »Warum ich dich geschlagen habe, ich hoffe, du weißt es.«

Karin Neumann zeigt Peters an, worauf er sie mit einer Schusswaffe bedroht, um die Rücknahme ihrer Strafanzeige zu erzwingen. So kommt es schließlich zu besagter Verurteilung wegen gefährlicher Körperverletzung in drei Fällen und unerlaubten Waffenbesitzes, die Peters sieben Monate auf Bewährung einbringt. Ein Jahrzehnt später werden ihn die Schilderungen seiner Exgeliebten vor Gericht schwer belasten.

Die Beziehung zwischen Paola Santini und Josef Peters funktioniert 15 Jahre lang, wenngleich nach seinen eigenen, reichlich gewöhnungsbedürftigen Regeln. Peters tobt durch Saarbrückens Betten, ignoriert die ständigen Vorhaltungen seiner Lebensgefährtin und stellt bald auch den Umgang mit ihrer Familie ein. Vor allem wegen der gemeinsamen Tochter Janine, die ihren Vater mindestens so abgöttisch liebt wie ihre Mutter, schickt sich Paola Santini in ihre undankbare Rolle und akzeptiert Peters' Affären. Immerhin verstehen sich die beiden ansonsten menschlich sehr gut. Auch ihre erotische Beziehung liegt wohl nur phasenweise auf Eis. Und Josef Peters bleibt über all die Jahre ein fürsorglicher und liebevoller Vater.

Das ändert sich selbst dann nicht, als er 1989 einen kleinen Schrebergarten pachtet und offiziell in das zugehörige Gartenhäuschen zieht. Immerhin erhält Paola Santini dadurch mehr Wohngeld, was ihren bescheidenen Lohn als Fachkraft in einer Reinigung spürbar aufbessert. Im Übrigen ist Peters' neue Meldeadresse mehr eine Notunterkunft. Tisch, Bett und Bad teilt er weiterhin mit seiner Lebensgefährtin, von der er sich auch unverdrossen weiter die Wäsche waschen und die Hemden bügeln lässt.

## Todesschuss beim Liebesspiel

Im August 1995 beginnt Josef Peters wieder einmal eine Affäre. Seine neue Geliebte, eine ehemalige Kundin des Fliesenlegers, besucht ihn öfter in seinem nach wie vor nur notdürftig eingerichteten Häuschen. Anfang September wird das Pärchen in flagranti erwischt: Paola und Janine Santini kommen unangemeldet zu Besuch. Statt seiner Geliebten einen diskreten Abgang zu gestatten, fordert Peters sie zum Bleiben auf und weist seiner langjährigen Partnerin und seiner Tochter barsch die Tür: »Wenn hier jemand geht, dann nicht du, sondern die da.« In Tränen aufgelöst verlassen Paola und Janine Santini den Schrebergarten. Peters erklärt gegenüber seiner Geliebten, nach diesem Vorfall sei die Beziehung zu Paola wohl endgültig beendet. Seine Tochter allerdings, seinen »ganzen Stolz«, werde er sich unter keinen Umständen wegnehmen lassen.

Zwei Zeuginnen, darunter ihre Schwester, werden später aussagen, Paola Santini habe nach diesem Vorfall klare Trennungsabsichten geäußert. Janine, die eine Trennung ihrer Eltern radikal ablehnt, bestreitet dagegen nachdrücklich, dass ihre Mutter entsprechende Pläne gehegt habe. Die tatsächlichen oder vermeintlichen Trennungsabsichten werden später vor Gericht zu einer der entscheidenden Auslegungsfragen werden. Auf jeden Fall zieht Peters nicht, wie einige Zeugen später behaupten, sofort bei seiner Lebensgefährtin aus. Vielmehr lässt er weiter bügeln und fährt zunächst einmal für acht Tage mit einem Freund auf Montage.

Am 22. September 1995 bahnt sich die Katastrophe an. Tagsüber macht sich Peters in seinem Gartenhaus zu schaffen und baut unter anderem einen Kaminofen ein – eine schweißtreibende Arbeit. Den Flüssigkeitsverlust gleicht der trinkfeste Arbeiter mit einem Dutzend Flaschen Bier aus. Für den Tatzeitpunkt ergibt sich dadurch ein Blutalkoholwert von knapp 1,7 Promille.

Zwischen 21 Uhr und 22 Uhr ruft er bei Paola Santini an. Auch hier werden später zwei Versionen kursieren: Einer zufolge will er sie zur Besichtigung des neuen Kamins, der anderen zufolge zu einer Aussprache eingeladen haben. Dass es dabei explizit um die Frage einer möglichen Trennung gegangen sei, wird die 1. Große Strafkammer des Landgerichts Saarbrücken später in dichterischer Freiheit ausmalen. Dass auch über die Affären, unter anderem zwischen Peters und seiner aktuellen Geliebten Heike Wolf, geredet wurde, dürfte hingegen wahrscheinlich sein.

Gegen 23 Uhr trifft Paola Santini im Gartenhaus ein, wie immer hübsch geschminkt und zudem in ein sehr apartes Kleines Schwarzes gewandet. Wie üblich ruft sie zunächst Janine an. Deren mehrfach wiederholter Aussage zufolge kündigt sie ihrer Tochter bei diesem – einzigen – Telefonat an, die Nacht beim Vater zu verbringen. Sie bittet Janine, die Tür abzuschließen, das Licht zu löschen und ins Bett zu gehen. Außerdem solle sie noch das Wasser im Bad abstellen. Sechs Zeugen, darunter Peters' Saarbrücker Rechtsanwalt und eine Vertreterin der Staatsanwaltschaft, werden mehrmals bestätigen, dass Janine Santini stets in diesem Sinne ausgesagt hat.

Was in der Nacht vom 22. auf den 23. September 1995 in der Zeit zwischen 23.15 Uhr und 2.20 Uhr geschieht, lässt sich nur aus den Aussagen von Josef Peters erschließen, und zwar sowohl aus den Aussagen direkt nach seiner nächtlichen Verhaftung als auch bei den Verhören und Gerichtsverfahren. Darüber hinaus gibt es nur wenige, keineswegs eindeutige Indizien. Diese aber werden die Gerichte später ganz nach ihrem jeweiligen Gusto auslegen.

Josef Peters hat die Geschehnisse so geschildert: Bei Bier und Wein an einem Klapptisch im Erdgeschoss sitzend, unterhalten sich er und seine Partnerin zunächst »über alles Mögliche«. Später lassen sich die beiden in dem karg möblierten Haus auf einem Bretterstapel nieder und beginnen zu schmusen, einige Zeit darauf sich gegenseitig zu entkleiden. Zu vorgerückter Stunde beschließt man endlich, auf ein Matratzenlager im ersten Stock umzuziehen und miteinander zu schlafen.

Dabei rückt Peters mit einer verhängnisvollen Idee heraus. Nach seinen Worten will man nach 14 Jahren »mal was anderes machen«, etwas, das zunächst nur wie »ein Spielchen« aussieht. Von einem Freund hat Peters günstig eine Partie Handschellen erworben, offenbar in der Absicht, diese mit Gewinn auf dem Trödelmarkt zu verkaufen. Er schlägt Paola Santini vor, sich beim Liebesakt fesseln zu lassen. Die Frau willigt, so jedenfalls Peters' wiederholte Aussage, ein.

Das Verhängnis nimmt seinen Lauf, als der Mann mit einem alten Revolver herumzufuchteln beginnt, den er zusammen mit den Handschellen vom Firstbalken des Hauses heruntergeholt hat. Den Colt Marke Texas Scout Kaliber 22, für den Peters selbstredend keinen Waffenschein besitzt, behauptet er in der abgelegenen Gartensiedlung als Schutz vor Einbrechern zu benötigen. Obwohl er also wissen müsste, dass die Waffe geladen ist, zielt er im Verlauf des vermeintlich erotischen Gerangels mehrfach auf seine Partnerin. Ob aus Scherz oder Übermut, plötzlich sagt Paola Santini lachend : »Drück doch ab!« Zu allem selbst verschuldeten Übel ist Peters entgangen, dass der Hahn des Revolvers sich irgendwann versehentlich gespannt hat. Gegen 2.20 Uhr fällt ein Schuss.

## Eine fahrlässige Tötung

Um 2.25 Uhr geht bei der Saarbrücker Polizei ein Notruf ein. Peters behauptet, er habe seiner Lebensgefährtin »bei einem Spiel« versehentlich in den Kopf geschossen. Ein Rettungswagen müsse die Frau dringend ins Krankenhaus bringen. Schon um 2.32 Uhr trifft ein zufällig in der Nähe befindlicher Streifenwagen vor dem Gartengrundstück ein. Doch weder auf das laute Martinshorn oder das grelle Blaulicht noch auf die Rufe der Beamten reagiert Josef Peters. Hört und sieht er diese vom 25 Meter hinter der Grundstücksgrenze liegenden Haus aus nicht? Ist er, mit der tödlich getroffenen Lebensgefährtin neben sich, zu panisch oder zu verstört, um irgendetwas um sich herum wahrzunehmen? Oder ist er noch mit dem Verwischen von Tatspuren beschäftigt, da er nicht mit einem derart schnellen Eintreffen der Polizei in der abgelegenen und unübersichtlichen Schrebergartensiedlung gerechnet hat?

In kurzen Abständen treffen weitere Streifenwagen, endlich auch der Notarztwagen ein. Weil Peters' Schäferhund aggressiv bellend am Gartenzaun herumspringt, traut sich niemand, das Grundstück zu betreten. Erst nach zehn Minuten taucht Peters an der Haustür auf, ruft den Hund zurück und führt die Beamten an den Ort des furchtbaren Geschehens.

Folgt man den Aussagen der beiden Polizisten, die Peters als Erste am Tatort antreffen, steht er in diesem Moment unter Schock. Undeutlich, bruchstückhaft und am ganzen Körper zitternd schildert er den Ablauf der Ereignisse. Ein Unfall. Nur Spaß gemacht. Wusste nicht, dass die Waffe geladen ist. Seine Frau.

Oben. Wahrscheinlich tot. Sichtlich verzweifelt verlangt er von einem der Polizisten, er möge ihn erschießen. Auf dem Revier äußert Peters dann mehrmals Selbstmordabsichten.

Der Notarzt kann um 2.45 Uhr nur noch feststellen, dass Paola Santini einem tödlichen Kopfsteckschuss erlegen ist. Weitere gerichtsmedizinisch verwertbare Befunde, die Rückschlüsse auf den exakten Todeszeitpunkt erlaubt hätten, erhebt der Unfallchirurg nicht. Vom ersten Moment an kommt es zu folgenschweren Beweisverlusten, die während der Odyssee durch die Instanzen von Jahr zu Jahr zunehmen.

Josef Peters wird vorläufig festgenommen und noch in der Nacht auf der Polizeidienststelle verhört. Er schildert den Tathergang in völliger Übereinstimmung mit seinen ersten Einlassungen. Außerdem gibt er an, nach dem tödlichen Schuss Paola Santini die Handschellen abgenommen zu haben. Ja, er habe wirklich nicht gewusst, dass der Revolver geladen gewesen sei. Die Waffe besitze er als Schutz gegen Einbrecher. Auf Nachfrage gibt er dann allerdings zu, dass sie eben deshalb immer geladen sei. Ist Josef Peters verwirrt? Wirft er eine geladene Schusswaffe mit einem versehentlich gespannten Abzugshahn durcheinander, ohne den sich bei diesem Colt kein Schuss lösen kann? Oder verstrickt er sich bei dem Versuch, ein Verbrechen zu vertuschen, hastig in Widersprüche?

Jedenfalls wiederholt er seine Version der Ereignisse in der Nacht noch ein drittes Mal, nämlich im Gespräch mit einem befreundeten Saarbrücker Rechtsanwalt. Der wird später aussagen, Josef Peters habe auf ihn einen zutiefst verstörten Eindruck gemacht. Seine Aussagen hätten glaubhaft geklungen und seine Verzweiflung über das Geschehene und das tiefe Bedauern seiner Tat völlig aufrichtig gewirkt.

Der vom zuständigen Ermittlungsrichter gehegte Anfangsverdacht, es handle sich bei der Tötung Paola Santinis möglicherweise um ein Sexualdelikt, wird rasch ausgeräumt. Gegen Josef Peters ergeht Haftbefehl wegen des Verdachts der fahrlässigen Tötung. Für sieben Wochen sitzt er in Untersuchungshaft. Da Gericht und

Staatsanwaltschaft eine Fluchtgefahr ausschließen, wird er aus dieser am 10. November 1995 entlassen. Seine Tochter Janine muss zutiefst davon überzeugt sein, dass der Tod ihrer Mutter ein tragisches Unglück war. Denn die vierzehnjährige Halbwaise zieht sofort zu ihrem Vater.

Im Sinne der bisherigen Ermittlungen erhebt die Staatsanwaltschaft beim Amtsgericht Saarbrücken Anklage wegen fahrlässiger Tötung. Die Oberstaatsanwältin Kremer, eine überaus berufserfahrene Juristin, die kurz vor ihrer Pensionierung steht, plädiert auf eine Freiheitsstrafe von zwei Jahren auf Bewährung. (Schon deshalb sollte der Verdacht ausscheiden, männliche Juristen hätten hier einen ungebührlich milden Blick auf die brutale Beziehungstat eines Geschlechtsgenossen geworfen.)

In der Verhandlung verzichten Gericht, Anklage und Verteidigung auf die Hinzuziehung von Zeugen oder Sachverständigen. Seinen bisherigen Aussagen entsprechend legt Josef Peters erneut ein umfassendes Geständnis ab, was ihm als mildernder Umstand angerechnet wird. Die grobe Fahrlässigkeit im Umgang mit der Schusswaffe geht dagegen voll zu seinen Lasten. Aufgrund seines Geständnisses sowie der vorliegenden Ermittlungsergebnisse, darunter das gerichtsmedizinische Gutachten über die Obduktion der Leiche von Paola Santini, wird Peters zur beantragten Freiheitsstrafe von zwei Jahren verurteilt.

In der Sache folgt die Urteilsbegründung im Wesentlichen seiner Aussage. Das Gericht kommt zu dem Schluss, dem Angeklagten könne »nicht widerlegt werden, dass er nicht wusste, dass der Revolver geladen war. Damit konnte dem Angeklagten auch kein Tötungsvorsatz nachgewiesen werden, sodass er sich nur der fahrlässigen Tötung schuldig gemacht hat«. Ohne jeden Zweifel hat Josef Peters seine Lebensgefährtin und die Mutter ihrer gemeinsamen Tochter bei einem abgeschmackten Sexspiel erschossen. Da mag solches Juristendeutsch furchtbar steril klingen. Aber die Aufgabe des Gerichts war es nicht, die menschliche Tragik und die moralische Fragwürdigkeit eines derart riskanten »Spiels« mit einer Waffe zu bewerten. Gerichte befinden allein über die juristische Strafwürdigkeit einer Tat. Und hier muss das Urteil der ersten Instanz – die Glaubwürdigkeit des Geständnisses vorausgesetzt – denn wohl als »tat- und schuldangemessen« gelten. Mit seiner inneren Schuld, der Folge seiner grenzenlosen Unverantwortlichkeit, muss Josef Peters ohnehin bis ans Ende seiner Tage leben.

## Das Landgericht sät Zweifel

Die Freiheitsstrafe wird aufgrund einer günstigen Sozialprognose zur Bewährung ausgesetzt. Zudem zeigt sich das Amtsgericht »überzeugt, dass die verbüßte Untersuchungshaft von eineinhalb Monaten so stark auf den Angeklagten eingewirkt hat, dass er in Zukunft vorsichtiger sein wird und es der Vollstreckung der Freiheitsstrafe nicht bedarf, um weitere, vergleichbare Taten zu verhindern«. Josef Peters verlässt den Gerichtssaal im März 1996 als freier Mann.

Vor diesem Hintergrund sind Fragezeichen hinter dem Urteil erlaubt. Da ich Peters in den ersten Instanzen nicht vertreten habe, kann ich zu den Verhandlungsverläufen nur so viel sagen, wie ich aus Gesprächen mit den Beteiligten und den Akten weiß. Vielleicht war die Beweisaufnahme vor dem Amtsgericht tatsächlich zu oberflächlich. Was aber noch wichtiger ist: Wohl bin ich zutiefst davon überzeugt, dass Josef Peters seine Lebensgefährtin fahrlässig getötet hat. Dennoch meine ich, das Gericht hätte von der Möglichkeit Gebrauch machen sollen, eine Freiheitsstrafe von mehr als zwei Jahren zu verhängen. Denn dann hätte diese nicht zur Bewährung ausgesetzt werden können, und Peters wäre wenigstens für zwei oder drei Jahre ins Gefängnis gewandert. Das hätte durchaus der Schwere seiner Schuld entsprochen. Und im Übrigen hätte dies vielleicht die folgende Prozesslawine verhindert, die Paola Santinis

Bruder Sergio nun lostrat. Der »Mörder« seiner Schwester spazierte unbehelligt aus dem Gerichtssaal! Das war für ihn natürlich unerträglich. Und da Sergio Santini als Nebenkläger das Recht hatte, das Urteil anzufechten, kam es am 21. und 25. Oktober 1996 zur Berufungsverhandlung vor der 9. Kleinen Strafkammer des Landgerichts Saarbrücken.

Hier war man offenbar der Ansicht, das Amtsgericht habe sich etwas zu leichtfertig allein auf das Geständnis des Angeklagten verlassen. Also lud man erstmals Zeugen, unter anderem die in der Nacht am Tatort anwesenden Polizisten, den Notarzt, Peters' letzte Geliebte Heike Wolf sowie die Schwester und einige Freundinnen und Kolleginnen Paola Santinis. Außerdem zog das Gericht weitere Sachverständige hinzu, darunter einen Rechtsmediziner und einen Waffenexperten.

Was den äußeren Tathergang betrifft, hielt sich auch die zweite Instanz weitgehend an die Aussagen von Josef Peters. Dessen Version wurde durch die Aussagen der Zeugen am Tatort weitgehend bestätigt, zumindest aber nicht widerlegt. Allerdings finden sich in der entsprechenden Urteilsbegründung bereits erste Hinweise auf Indizien, unter anderem auf die Lage der Waffe, der Handschellen und der Kleidungsstücke von Paola Santini am Tatort, die die späteren Instanzen sämtlich gegen den Angeklagten auslegen werden:

Als schwerer Fallstrick erweist sich ein in der Tat eklatanter Widerspruch: der zwischen der ersten Aussage von Josef Peters, er habe nicht gewusst, dass seine Waffe geladen sei, und seiner späteren Einlassung, diese sei zum Schutz vor möglichen Einbrechern eigentlich immer geladen gewesen, »da man sie ja nicht laden kann, wenn die Einbrecher bereits da sind«. Peters' erste Aussage stempelt das Gericht zur reinen Schutzbehauptung ab und sieht schon deshalb »den hinreichenden Verdacht (begründet), der Angeklagte habe Paola Santini vorsätzlich und nicht fahrlässig getötet«.

Die eigentliche Wende leiten die Richter jedoch mit ihrer Darstellung der Motive von Josef Peters ein, also des so genannten inneren Tathergangs. Das Landgericht strickt eine Version, die die Beziehungskonflikte zwischen Peters und Santini in den Mittelpunkt rückt. Schließlich, so das Gericht, habe Peters selbst ausgesagt, es sei »in den letzten Jahren häufiger zu Streitigkeiten gekommen, und von seiner Seite sei das Verhältnis eigentlich nur noch freundschaftlich und kameradschaftlich gewesen«. Nun, so etwas kommt in den besten Familien vor, führt aber nicht zwangsläufig zu Mord und Totschlag. Aufbauend auf Heike Wolfs Aussage retuschiert das Gericht deshalb auch am Bild jener peinlichen Begegnung zwei Wochen vor dem Tod Paola Santinis. Dass seine Lebenspartnerin und ihre gemeinsame Tochter Peters mit einer anderen Frau quasi im Bett erwischte, habe, so suggeriert es die Kammer, zum endgültigen Zerwürfnis geführt. Nach Aussage von zwei Kolleginnen habe Paola Santini klare Trennungsabsichten geäußert. Santinis Schwester, in diesem Prozess schwerlich neutral, setzt bei ihrer Vernehmung sogar noch eins drauf und sagt aus, Paola habe ihr gegenüber erklärt, dass der Schlussstrich mit Peters definitiv gezogen sei.

Merkwürdig: Fünfzehn lange Jahre akzeptiert eine Frau die Seitensprünge ihres Partners, und plötzlich soll ein solcher Fehltritt zum unüberwindlichen Zerwürfnis einer »eigentlich nur noch kameradschaftlichen« Verbindung führen? Würdigt das Gericht hier Tatsachen oder buchstabiert es nur die Volksweisheit vom Kruge nach, der so lange zum Brunnen geht, bis er bricht?

Zunächst fast unmerklich beginnt nun auch die Verdrehung der Aussage der wichtigsten Entlastungszeugin, nämlich der von Peters' Tochter Janine. Zur Erinnerung: Schon bei der Polizei sagte sie aus, ihre Mutter habe sie in der Tatnacht, und zwar unmittelbar nach dem Eintreffen bei Peters, angerufen und ihr mitgeteilt, sie werde die Nacht beim Vater verbringen. Das ist eindeutig. Die Berufungsrichter jedoch versuchen sich in ihrer Urteilsbegründung als Hobbypsychologen: Janine sei »ganz offensichtlich bemüht, ihren Vater zu entlasten«. Sodann verwandelt eine unsichtbare Richterhand das einzige Telefonat zwischen Paola Santini und ihrer Tochter in zwei Anrufe. Im ersten Gespräch soll die Mutter lediglich ihre Ankunft im Gartenhaus vermeldet und dann der Vater kurz mit seiner Tochter gesprochen haben. Von einer Übernachtung sei keine Rede gewesen. Erst in einem zweiten Telefonat habe Paola Santini ihrer Tochter mitgeteilt, sie bleibe über Nacht beim Vater.

Janine selbst erwähnt das vermeintlich zweite Telefonat zu keinem Zeitpunkt. Und bei der Telekom liegen natürlich längst keine Aufzeichnungen mehr vor, die diesen kreativen Einfall der Richter bestätigen oder widerlegen könnten. Muss man sich als Verteidiger da nicht pausenlos verzweifelt die Haare raufen? Der Angeklagte, mehrere Zeugen, ja sogar die Staatsanwältin versichern, die Tochter habe stets ausgesagt, dass die Mutter am Telefon gesagt habe, sie wolle beim Vater übernachten. Doch die Gerichte wollen dieses Faktum einfach nicht zur Kenntnis nehmen. In den diversen Urteilsbegründungen finden sich immer wieder absurde und verdrehte Versionen der eindeutig entlastenden Aussage. Aber man kann schlicht nichts dagegen tun. Denn es gibt ja keine Inhaltsprotokolle der Gerichtsverhandlungen in den weiteren Instanzen, von einem wörtlichen ganz zu schweigen, da dort Beweisaufnahmen über den Inhalt von Zeugenaussagen höchstrichterlich verboten sind. Richter behaupten, eine Zeugin habe dies und das gesagt. Ich weiß, dass das Gegenteil der Fall war. Trotzdem bleiben die Urteilsgründe die heilige Schrift und als solche unumstößlich. Das ist der Stoff, aus dem Alpträume entstehen.

Der Wille der Tochter, einen Vater zu entlasten, der die eigene Mutter erschossen hat, wird vom Landgericht nicht etwa als starker Anhaltspunkt für einen verhängnisvollen Unfall gewertet. Gerade dieser Wille nähre vielmehr »Zweifel an ihrer Glaubwürdigkeit«. Wenig diplomatisch bezichtigen die Richter am Ende ihrer Urteilsbegründung Janine Santini schlicht der Lüge. Schlussendlich machen sich die Vertreter des Landgerichts dann sogar noch ihren eigenen Reim auf den Grund für Josef Peters' nächtliche Einladung. Der Mann habe seine Lebensgefährtin zwei Wochen vor ihrem Tod auf denkbar unsanfte Art brüskiert – und das in Gegenwart der gemeinsamen Tochter. Eine Aussprache schien in dieser Lage nicht nur wahrscheinlich, sondern fast selbstverständlich zu sein. Allerdings übersieht das Gericht nonchalant, dass solche Aussprachen über 15 Jahre stets mehr oder weniger einvernehmlich endeten. Ganz offenbar rauften sich Josef Peters und Paola Santini in vergleichbaren Situationen immer wieder zusammen, und zwar gerade im Hinblick auf die gemeinsame Verantwortung für die Tochter Janine.

Aber nichts, nicht einmal der lauschige neue Kaminofen, den Josef Peters zum Ort für ein versöhnliches Rendezvous wählte, kann das Gericht von dieser Sicht der Dinge überzeugen. Stattdessen versteigt es sich zu der Auffassung, der Grund für Paola Santinis abendlichen Besuch sei zwar »eine beabsichtigte Aussprache gewesen«, der Angeklagte habe jedoch »allen Grund (...), dies zu verschweigen«. So rückt am Ende die Deutungshoheit des Landgerichts Saarbrücken die Tat in ein völlig neues Licht: in das Zwielicht einer vorsätzlichen Tötung.

## Skandalurteil beim Schwurgericht

Da damit der Verdacht auf ein Kapitalverbrechen begründet ist, verweist die Kleine Strafkammer das Verfahren gegen Josef Peters ans Schwurgericht und erlässt erneut Haftbefehl, der mangels Fluchtgefahr allerdings schon nach zwei Wochen aufgehoben wird. Vierzehn Monate dreht man die Akte Peters durch die Mühlen der saarländischen Justiz. Im Mai 1997 weist das Oberlandesgericht Saarbrücken die Revision des Angeklagten gegen das Berufungsurteil der 9. Kleinen Strafkammer des Landgerichts zurück. Derweil lebt der Beschuldigte zusammen mit seiner Tochter Janine just in jenem Gartenhaus, in dem er Paola Santini in der Nacht vom 22. auf den 23. September 1995 erschossen hat.

Am 21. Januar 1998 beginnt das Strafverfahren gegen Josef Peters vor der 1. Großen Strafkammer des Landgerichts Saarbrücken. Allzu lange vor Prozessbeginn können der Vorsitzende Gerd Chudoba, die Richter Wolfgang Radtke und Udo Kuklik sowie die beiden Schöffen sich keine Meinung zur Tat gebildet haben. Ihr gewiss intensives Aktenstudium allein begründet jedenfalls keinen zwingenden Mordverdacht, aufgrund dessen eine erneute Verhaftung des Angeklagten im Vorfeld des Prozesses unvermeidlich wäre. Erst mit dem zweiten Verhandlungstag am 23. Januar erlässt die Kammer Haftbefehl. Warum? Person und Aussage des Angeklagten selbst müssen den folgenschweren Meinungsumschwung bewirkt haben.

Der Umgang des Gerichts mit Zeugenaussagen und Indizien spricht leider eine allzu klare Sprache: In den Köpfen der Juristen kommt es offenbar recht bald zu einer Vorverurteilung von Josef Peters, die mit einer völligen Verdrehung aller entlastenden Aussagen, vor allem der von Janine Santini endet. Das Gericht nimmt Kurs auf ein Urteil, dessen Begründung in Form und Inhalt den Straftatbestand der Rechtsbeugung erfüllt. Wo das Berufungsurteil noch in Zweifeln schwelgte, nehmen die Richter der dritten Instanz dessen Steilvorlagen beherzt auf und verwandeln sie in eherne Gewissheiten.

Aus seinem Hang zur Promiskuität hat Josef Peters nie einen Hehl gemacht. Das gibt, wenn man entsprechende Feststellungen des Gerichts über sein »beziehungswidriges Verhalten« liest, in Saarbrücken schon mal Punktabzug. Dann sei der Angeklagte wohl ein jähzorniger Schläger und Waffennarr, eifersüchtig und kleinlich – nicht wenn es um ihn, aber wenn es um seine Frauen gehe. Hatte er nicht zehn Jahre vor seiner Tat eine Geliebte brutal verprügelt und sexuell genötigt, als diese ihn verlassen wollte? Ausführlich wird aus dem damaligen Urteil zitiert: Schläge mit dem Gürtel, Blutergüsse, Würgemale, Fausthiebe ins Gesicht, Drohbriefe, die vorgehaltene Schusswaffe. Die inzwischen unter anderem Namen verheiratete Karin Neumann breitet als Zeugin weitere unangenehme Details aus.

Auch die Situationen gleichen sich in den Augen der Richter frappant: wieder eine Affäre, wieder Streit mit der Lebensgefährtin. Und wieder, so jedenfalls legt sich das Gericht die Aussagen der Kolleginnen und der Schwester von Paola Santini zurecht, drohte eine Frau, Josef Peters zu verlassen. Da musste er doch wohl oder übel wieder nach demselben Schema reagieren: Besitzansprüche, verletzte Eitelkeit, Drohungen, sexuelle Nötigung, Gewalt und …

Entsprechend liest sich die Version des Schwurgerichts von den Geschehnissen in der Nacht vom 22. auf den 23. September 1995: Demnach lockt Josef Peters unter dem Vorwand einer Aussprache Paola Santini in sein abgelegenes Gartenhaus. Dort bedrängt er sie zunächst verbal, ihn nicht zu verlassen. Zwecklos. Seine Lebensgefährtin bleibt bei ihrem Entschluss. Die an dieser Stelle nach dem Argumentationsmuster des Gerichts eigentlich fällige Prügelorgie muss mangels entsprechender Verletzungsspuren leider entfallen. Stattdessen greift der Angeklagte angeblich gleich zur Waffe, drängt sein Opfer ins Obergeschoss und zwingt sie, sich auszuziehen. Keine Rede von Sex- oder Fesselspielen. Diese hat Peters in den Augen der Richter frei erfunden, fanden sich doch bei der Obduktion der Leiche keine entsprechenden Druckspuren an den Handgelenken. Schließlich, als alles Drängen, alles Fluchen und alle Demütigungen nichts bewirken, hält Peters »zur Untermauerung seiner Forderung, sich nicht von ihm zu trennen«, Paola Santini den Revolver an die Schläfe und droht sie zu erschießen. Auch in dieser Version des Tathergangs, sei es aus Trotz oder Verzweiflung, passt der Satz »Dann drück doch ab!«. Also erschießt Josef Peters seine Partnerin. Jetzt allerdings vorsätzlich, geplant, kaltblütig.

Seine Mordmotive: »verletzte Eitelkeit und krasse Selbstsucht«. Denn die »Entscheidung seiner Lebensgefährtin, daneben möglicherweise auch noch den drohenden Verlust des Kontaktes zu seiner Tochter und die Verschlechterung seiner haushaltstechnischen Versorgungslage war der Angeklagte nicht bereit hinzunehmen«. Entweder du wäschst und bügelst weiter, oder ich leg dich um! In dieser Lesart ist das wahrlich eine »verachtenswerte Gesinnung«.

Das Urteil der Richter Chudoba, Radtke und Kuklik fällt entsprechend aus: Mord aus niederen Beweggründen. Lebenslänglich. Zudem wird »die besondere Schwere der Schuld festgestellt«. Diese kühle juristische Standardformulierung bedeutet nichts anderes, als dass der Verurteilte bis zu seinem Tod im Gefängnis sitzen muss. Eine Entlassung nach 15 Jahren oder später ist so gut wie ausgeschlossen.

Die Richter haben augenscheinlich nur ein Problem: Die Aussagen der Tochter Janine passen so gar nicht zu ihrer Version des Tatgeschehens. Denn auch vor dem Schwurgericht bleibt das inzwischen 17-jährige Mädchen bei seiner anfänglichen Aussage: Direkt nach ihrem Eintreffen bei Peters habe ihre Mutter sie angerufen und gesagt, sie werde über Nacht beim Vater bleiben. Auch die Frage, ob denn eine Trennung der Eltern im Raum gestanden habe, verneint sie mehrmals unmissverständlich. Beide Aussagen würden Josef Peters wesentlich entlasten. Was also hat Janine Santini wirklich gesagt, was genau sind ihre Worte gewesen? Darüber gibt es kein Protokoll, zu entnehmen ist das nur der Urteilsbegründung der Richter. Und deren Urteil scheint längst festzustehen. Eine erfrischende Neudeutung von Janines Aussage, dann ist auch dieses letzte Problem vom Tisch. Etwa so: Affären, Streitereien, Eifersucht, Trennung, das ist ja ein weites Feld für allerlei allzu menschliche Deutungen. Mag also die Tochter noch so oft behaupten, ihre Mutter habe sich nicht von Peters getrennt. Andere Zeugen, wenngleich weit weniger mit den Vorgängen vertraut, behaupten immerhin das Gegenteil. Zudem bekräftigt Janine auf Nachfrage, sie habe eine Trennung der Eltern persönlich immer abgelehnt. Das ist ihr gutes Recht. Aber es ist keine Tatsachenfeststellung. Allein, das Schwurgericht verwandelt diese Meinung dreist in ein Faktum: Alle Aussagen über eine Trennung Paola Santinis von Josef Peters würden »bestätigt durch die Bekundungen der Tochter des Angeklagten, der Zeugin Janine Santini. Diese hat auf die Frage, ob ihre Mutter ihr gesagt habe, dass sie sich von dem Angeklagten getrennt habe, ausdrücklich erklärt, es wäre ihr lieber gewesen, wenn ihre Mutter mit ihrem Vater nicht Schluss gemacht hätte.« Das ist ungeheuerlich. Durch einen, man muss es so offen sagen, miesen redaktionellen Trick verwandelt das Gericht ein klares und wörtliches Nein in ein vages, indirektes Ja.

Noch dreister verdreht das Gericht die entscheidende entlastende Aussage Janine Santinis, die Mutter habe ihr gleich nach ihrer Ankunft bei Peters telefonisch mitgeteilt, die Nacht beim Vater verbringen zu wollen. Denn das liest sich plötzlich wie folgt: »Die Zeugin, die erkennbar bestrebt war, ihren Vater zu entlasten, hat bekundet, ihre Mutter habe ihr nach dem Anruf des Angeklagten gesagt, sie fahre zu ihm, um wegen der anderen Frau mit ihm zu reden. Sofort nach ihrem Eintreffen bei dem Angeklagten habe sie wie üblich angerufen und erklärt, sie sei gut angekommen. Sie hat schließlich auch eingeräumt, dass bei diesem Anruf nicht die Rede davon gewesen sei, dass ihre Mutter bei dem Angeklagten übernachten würde.«

Fakt ist, dass Janine Peters eben dieses niemals »eingeräumt« hat, weder im Verlauf des Schwurgerichtsprozesses noch in einer der beiden vorherigen Instanzen. Gesagt hat sie immer, und zwar in nahezu wörtlicher Wiederholung, das schiere Gegenteil. Mehrere Zeugen, darunter die Staatsanwältin Kremer und Peters' Rechtsanwalt, bezeugen diese Aussagen. Letzterer besitzt darüber sogar schriftliche Aufzeichnungen. Aber es hilft nichts. Die Rechtslage ist ganz auf Seiten der Richter, die auch hier wieder ein perfides redaktionelles Spielchen betreiben: Dass von einer Übernachtung im »ersten« Telefonat nicht die Rede gewesen sei, schreiben sie nur zu gerne von den Kollegen des Landgerichts ab. Doch diese hatten die wahre Aussage von Janine Peters wenigstens noch einem erfundenen »zweiten« Anruf anvertraut. Diesen zweiten Anruf aber, so die Schwurgerichtskammer in einem seltenen Anfall detailgetreuer Wahrheitsliebe, habe es nie gegeben. Folglich war auch nie von einer Übernachtung die Rede.

Schreibe aus einem Schriftsatz etwas ab, das dir in den Kram passt. Kombiniere es geschickt mit den ›Ergebnissen‹ deiner eigenen Beweisaufnahme. Schüttle alles gut durch, und du hast die passende Aussage. Eine ebenso undurchsichtige wie juristisch erfolgreiche Kombinatorik. Denn aus der Zwangsjacke dieser Version kann keine der folgenden Instanzen mehr herausschlüpfen.

Die bittere Wahrheit dieses Justizskandals lautet: Das Gericht unter Vorsitz des Richters Gerd Chudoba hat die Aussage einer eminent wichtigen Entlastungszeugin schlicht falsch wiedergegeben, nur um das Fundament seines Urteils nicht ins Wanken geraten zu lassen. Wie man es dreht und wendet: Das ist ein klassischer, ungeheuerlicher Fall von Rechtsbeugung.

Wenigstens verweigerte sich die Staatsanwaltschaft dieser abenteuerlichen Art der Urteilsfindung. Auch vor dem Schwurgericht wurde die Anklage von der mit dem Fall von Anfang an vertrauten Staatsanwältin Kremer vertreten. Als erfahrene Juristin ließ sie sich durch die Verhandlungsführung des Gerichts nicht beirren. Standhaft machte sie die tatsächlichen und nicht irgendwelche konstruierten Zeugenaussagen zur Grundlage ihres Plädoyers. Die sich abzeichnende kühle Entschlossenheit der Kammer zur Verhängung einer Maximalstrafe stand für die Staatsanwältin am Ende gar in aufwühlendem Kontrast zur menschlichen Tragik des verhandelten Falles. Den Tränen nah plädierte sie wie schon im ersten Verfahren auf fahrlässige Tötung. Ein eher seltener Fall in der deutschen Strafjustiz: Einsicht und Milde der Anklage mussten sich einer geradezu absurden Härte des Gerichts beugen.

Die entscheidende Frage, die sich an dieser Stelle erhebt, lautet wie folgt: Welches Vertrauen soll man in eine Justiz haben, die ein und denselben Sachverhalt einmal als fahrlässige Tötung und ein anderes Mal als heimtückischen Mord mit besonderer Schwere der Schuld beurteilt? Wenn ein Urteil tatsächlich zur untersten, ein anderes aber zur absoluten Obergrenze der Strafzumessung vorstoßen kann, wäre Würfeln wohl die bessere Lösung gewesen.

# 4. FEHLURTEILE AUF DEM PRÜFSTAND?

*Berufung und Revision: Warum der Rechtsweg im*
*»großen« Strafverfahren allzu kurz ist*

*Richter sind Menschen, daher machen sie wie alle Menschen Fehler, unterliegen Irrtümern, sitzen persönlichen Vorurteilen auf und verfolgen ganz eigene, bisweilen auch undurchsichtige Absichten. Aus diesem Grund wird kein Justizsystem der Welt Fehlurteile jemals völlig verhindern können. Doch ein Urteil wie das des Landgerichts Saarbrücken gegen Josef Peters ist ein so außerordentlicher Skandal, dass man ganz grundsätzlich nach den Ursachen und Möglichkeiten der Verhinderung solchen Justizunrechts fragen muss. Welche Kontrollmechanismen besitzt unser Rechtssystem? Wie kann die deutsche Justiz Unrechtsrechtsurteile dieses Kalibers möglichst schnell korrigieren? Kann es das überhaupt?*

Der Skandal in Saarbrücken war und ist zum einen, dass Richter ungestraft und weitgehend unkontrolliert das Recht beugen können, indem sie Tatsachen wie den Inhalt einer zentralen Zeugenaussage einfach auf den Kopf stellen. Zum folgenreichen Justizskandal wird das Urteil aber erst, da die fehlerhaften Tatsachenfeststellungen durch keine weitere Instanz mehr überprüfbar sind. Das wahre Problem ist demnach nicht die Fehlbarkeit der einzelnen Gerichte, sondern die Struktur des Rechtsweges im bundesdeutschen Schwurgerichtsverfahren. Schwere Justizirrtümer sind nicht allein ein individuelles, sie sind auch ein institutionelles Problem.

Die prekäre Situation, in die sich Josef Peters durch seine Tat gebracht hatte, verschärfte sich zunehmend, da sich bei ihm die Richter reihenweise irrten. Denn das Berufungsgericht verdrehte nicht nur die Beweislage (ohne dass es anhand eines Wortprotokolls nachweisbar gewesen wäre), es schuf auch neue Tatsachen.

Mit einer Mordanklage konfrontiert, gehörte der Fall Peters plötzlich zu den Kapitalverbrechen und damit vor eine Schwurgerichtskammer. Kommt es hier – wie bei Peters geschehen: abermals – zu einem Fehlurteil, ist nur noch die Revision vor dem Bundesgerichtshof möglich, wo es allein um formale Rechtsfehler geht. Selbst krasse Justizirrtümer erlangen so schnell den Status der Unfehlbarkeit – vorausgesetzt, der »Rechtsweg« wird bei der »Urteils«findung eingehalten. Die Unfähigkeit der deutschen Strafjustiz zur Selbstkorrektur steckt förmlich im System. Für Josef Peters war und ist sie verhängnisvoll.

## Freispruch – die große Ausnahme

Selbstverständlich sollte jedes Strafverfahren in angemessener Zeit mit einem rechtskräftigen Urteil abgeschlossen werden. Der schuldige Verbrecher muss möglichst schnell nach Begehung seiner Straftat ins Gefängnis wandern, und die juristische Verfolgung eines unschuldig Angeklagten muss so schnell wie möglich beendet werden. Dass Unschuldige nicht verfolgt werden, dafür hat eigentlich schon die Staatsanwaltschaft zu sorgen, indem sie diese gar nicht erst anklagt. Und in der Tat enden ja auch drei Viertel aller Strafverfahren bereits im Büro des Staatsanwalts – einerseits, weil sich in einem Verfahren gegen Unbekannt kein Täter ermitteln lässt, andererseits, weil die Unschuld des Beschuldigten offensichtlich ist oder zumindest die Zweifel an seiner Schuld überwiegen. Kommt es trotzdem zur Anklage, wie der traurige Fall von Otmar Schuster zeigte, kann das Gericht den Fehler durch eine zügige Einstellung des Verfahrens oder einen Freispruch korrigieren.

Allerdings enden nur ganze zwei Prozent aller Strafverfahren in Deutschland mit einem völligen Freispruch. Daraus könnte man zunächst den Schluss ziehen, dass die Staatsanwaltschaften gute

Arbeit leisten und die Erhebung unberechtigter und wackliger Anklagen erst gar nicht betreiben. Bei näherem Hinsehen stimmt das aber nicht so ganz. Die Gerichte bevorzugen – nicht zuletzt aus Kostengründen – die Einstellung des Verfahrens gegenüber dem Freispruch, wenn sich während der Hauptverhandlung die Unschuld eines Angeklagten herausstellt. So wurden 2002 zwar 20 Prozent aller Angeklagten nicht verurteilt, in vier von fünf dieser Fälle wurde das Verfahren aber schlicht eingestellt. Von allen Möglichkeiten, einen Prozess zu beenden, ist ein Freispruch schließlich am aufwändigsten. Für einen notorisch überlasteten Amtsrichter ist es sogar einfacher, einen Angeklagten zu verurteilen als ihn freizusprechen. Denn bei der Verurteilung muss er nur die Anklageschrift abschreiben, außerdem hat er den Fall dann schneller vom Tisch, da er einer Berufung seitens der Staatsanwaltschaft zuvorkommt.

Steht ein Angeklagter erst einmal vor Gericht, ist die Frage oft nicht, ob er eine Tat begangen hat, sondern wie die Tat, die Schuld und die Schuldfähigkeit des Angeklagten juristisch zu beurteilen sind. So war es ja auch im Fall von Josef Peters nie zweifelhaft, dass er seine Lebensgefährtin erschossen hatte. Die Frage war auch nie, ob die Tötung moralisch verwerflich war. Die einzige Frage für die Gerichte lautete: War die Erschießung Paola Santinis eine fahrlässige Tötung, ein im Affekt begangener Totschlag oder ein vorsätzlicher, gar heimtückisch geplanter Mord? Die Ungeheuerlichkeit dieses Falles liegt gerade darin, dass alle möglichen Antworten auf diese Frage nicht nur erwogen, sondern von verschiedenen Richtern auch tatsächlich gegeben wurden. Wenn aber ein und dieselbe Tat einmal mit zwei Jahren auf Bewährung, dann wieder mit sechs Jahren oder gar mit lebenslänglicher Haft bestraft wird, sind die Grenzen des juristisch Vertretbaren an der einen oder anderen Stelle mit Sicherheit überschritten worden. Was ist dieser richterlichen Willkür entgegenzusetzen?

Schon im ersten Kapitel haben wir gesehen, dass es dem deutschen Justizsystem an *Checks and Balances* nicht fehlt. In der großen Mehrzahl aller Fälle kann jede Gerichtsentscheidung in der Bundesrepublik Deutschland mindestens zweimal überprüft werden: in der Sache in der Berufung und im Hinblick auf die formaljuristische Korrektheit in der Revision. Zusätzlich ist gegen bestimmte gerichtliche Entscheidungen, zum Beispiel in Haftfragen, auch noch das Rechtsmittel der Beschwerde gegeben. So wird denn ja auch häufig beklagt, die Gerichtsverfahren in Deutschland dauerten zu lang, die Rechtswege seien zu kompliziert und die Möglichkeiten der Prozessverschleppung seien zu vielfältig.

Doch wer auf extreme Fälle verweist, in denen Prozesse sich über zehn Jahre oder länger hinziehen, übersieht zweierlei. Erstens sind es hauptsächlich Zivil- und Wirtschaftsprozesse mit ihren überaus komplizierten Sach- und Rechtsfragen, die Deutschlands Justiz so schwerfällig aussehen lassen. Zweitens gehen ausgedehnte Strafprozesse häufig allein zulasten des Angeklagten, der je nach Lage der Dinge ständig oder zeitweise in Untersuchungshaft sitzt. Natürlich gibt es gewiefte Strafverteidiger, die es verstehen, Verfahren gegen ihre nicht selten »professionelle« Klientel mit allerlei Tricks und Spielchen in die Länge zu ziehen. Aber glauben Sie mir: Das ist die Ausnahme, nicht die Regel. Die Wahrheitsfindung deshalb institutionell verkürzen, gar rationalisieren zu wollen, würde früher oder später das Prinzip der Rechtsstaatlichkeit aushöhlen. Effizienz kann bestenfalls ein sekundäres, Schnelligkeit dagegen überhaupt kein Kriterium für eine gute Rechtsprechung sein.

Rund 90 Prozent aller Strafverfahren in Deutschland beginnen vor einem Amtsgericht, gegen dessen Urteile das Rechtsmittel der Berufung gegeben ist. Wie wir bereits gesehen haben, rollt das Berufungsgericht, eine Kleine Strafkammer beim Landgericht, als Tatsacheninstanz den fraglichen Fall im Prinzip wieder auf. Sie muss dem Angeklagten erneut die Möglichkeit geben, zum erhobenen Tatvorwurf Stellung zu nehmen, hört erneut Zeugen und lädt gegebenenfalls auch weitere hinzu, prüft erneut alle Indizien oder bestellt weitere Sachverständige. Sehr vereinfacht gesagt, können die Verteidigung und – seltener – die Anklage in der Berufung bezweifeln, dass die Richter der ersten Instanz überhaupt richtig erfasst haben, was bei der fraglichen Tat geschehen ist. Ist es dort also zu einem Fehlurteil gekommen, dann ist die Wahrscheinlichkeit, dass sich dieses in gleicher Weise in der Berufung wiederholt, eher gering.

## Warum die Revision selten etwas revidiert

Kommt es auch in dieser zweiten Instanz zu einer Verurteilung, ist der nächste so genannte »Rechtszug« die Revision beim Oberlandesgericht. Hier wird nur noch formaljuristisch geprüft, ob mit dem Urteilsspruch eine »Verletzung des Gesetzes« vorliegt. Das ist laut Paragraph 337 der Strafprozessordnung der Fall, »wenn eine Rechtsnorm nicht oder nicht richtig angewendet worden ist«. Konkret bedeutet das: Hat die gerügte Instanz die geltenden Gesetze – das der Tat angemessene Gesetz – korrekt auf den gegebenen Einzelfall angewendet? Wurden alle gesetzlichen Vorschriften zum Ablauf des Verfahrens und hinsichtlich der Rechte der Beteiligten eingehalten? Mit den Tatsachenfeststellungen der vorherigen Instanz befasst sich das Revisionsgericht nicht. Der Irrtum eines Richters in der Sache ist laut Strafprozessordnung ausdrücklich kein Revisionsgrund. Seine Version des Tatgeschehens muss demnach nicht objektiv und unzweifelhaft wahr, sie muss nur hinreichend wahrscheinlich sein.

Und weil die Revision keine Tatsacheninstanz ist, sind dort die Profis – Richter, Staatsanwalt und Verteidiger – unter sich. Weder

der Angeklagte noch Zeugen oder Sachverständige nehmen an einer Revisionsverhandlung teil. Nicht selten ist diese zudem ein reiner Papierkrieg: Die Verteidigung legt eine schriftliche Revisionsbegründung vor, der zuständige Generalstaatsanwalt stellt einen ebenfalls begründeten Gegenantrag, und das Gericht entscheidet nach Aktenlage. Das Ergebnis heißt dann nicht »Urteil«, sondern »Beschluss«.

Am besten fährt ein Verteidiger in der Revision stets dann, wenn ein Gericht auf gut Deutsch zu blöd war, ein wasserdichtes Urteil zu fällen, und stattdessen einen so genannten »absoluten Revisionsgrund« produziert hat. Zum Beispiel: Das Gericht war nicht ordnungsgemäß besetzt – was schon dann der Fall ist, wenn ein Beisitzer oder ein Schöffe während der Verhandlung ein Nickerchen eingelegt hat. Ein bereits wegen Befangenheit abgelehnter Richter hat weiter an der Verhandlung teilgenommen. Es wurde ohne Staatsanwalt oder den Angeklagten verhandelt, ohne dass dieser formell vom Prozess ausgeschlossen war. Es wurde ohne entsprechenden Beschluss unter Ausschluss der Öffentlichkeit getagt. Oder, wie es in Paragraph 338 der Strafprozessordnung so schön heißt, »die Verteidigung (wurde) in einem für die Entscheidung wesentlichen Punkt durch einen Beschluss des Gerichts unzulässig beschränkt«. Die wenigsten Richter jedoch machen es der Verteidigung derartig leicht, indem sie solch grobe Verfahrensfehler begehen.

Vor allem auch wegen dieses letzten Punkts hat die Verteidigung in der Revision keinen leichten Stand. Habe ich beispielsweise einen Antrag auf Bestellung eines weiteren Gutachters gestellt und der Antrag wurde vom Gericht mit der Begründung abgelehnt, mein Gutachter verfüge über keine neuen oder »überlegenen« Forschungsmethoden oder könne aus anderen Gründen zur Aufklärung des Sachverhalts nichts beitragen, ist das vor dem Revisionsgericht kaum zu widerlegen. Denn um zu klären, ob ein zusätzliches Gutachten nötig gewesen wäre oder nicht, müsste ich notgedrungen in die Erörterung der Sache einsteigen – was man in der Revision aber gerade nicht soll. Ist also die Begründung einer solchen Ablehnung juristisch einigermaßen schlüssig, wird die Revisionsinstanz darin keinen Rechtsfehler erkennen wollen.

Ohnehin sind in der Praxis Fragen zum tatsächlichen äußeren und inneren Tathergang von Fragen der rechtlichen Beurteilung kaum sauber zu trennen. Am deutlichsten wird das bei Tötungsdelikten: Die Abgrenzung von fahrlässiger Tötung, Körperverletzung mit Todesfolge, Totschlag oder Mord ist ohne genaue Klärung der Tatumstände und -motive nahezu unmöglich. Bei solchen Delikten wird sich auch die Revisionsinstanz zumindest den Akten nach mit der Sache auseinandersetzen müssen. Wenn ich im Rahmen einer Revision, so die juristische Terminologie, nicht nur die Verletzung formalen, sondern auch die »Verletzung sachlichen Rechts« rüge, dann muss geprüft werden, ob die geltenden Strafgesetze korrekt auf den konkreten Fall übertragen wurden.

Dies war der einzig verbliebene Weg, als ich den Fall Josef Peters übernahm: Ich warf dem Landgericht Saarbrücken vor, das falsche Gesetz angewendet zu haben. Denn fahrlässige Tötung (§ 222 StGB), Totschlag (§§ 212, 213 StGB) und Mord (§ 211 StGB) werden nach ganz unterschiedlichen Paragraphen verurteilt. Einer derartigen »Sachrüge« sind jedoch enge Grenzen gezogen. Neue Tatsachen darf ich nach geltender Rechtslage nicht einführen. Das angefochtene Urteil muss in seiner schriftlichen Begründung also schon offensichtliche logische Widersprüche aufweisen oder gegen allgemein gesichertes Wissen verstoßen, damit eine Revisionsinstanz es aus sachlichen Gründen aufhebt. Das Gesetz und die herrschende Meinung unter den Juristen verlangen nämlich nicht, dass die Sicht des Gerichts auf die Tatsachen die einzig mögliche oder dass sie objektiv und unzweifelhaft wahr ist. Nein: Das Gericht muss lediglich von ihrer Wahrheit überzeugt sein und diese Überzeugung in sich schlüssig begründen. Ein Urteil muss demnach nicht zwangsläufig der Wahrheit entsprechen – es muss formaljuristisch nur so aussehen.

Zwangsläufig scheitern dann auch die meisten Revisionen, die sich allein auf eine allgemeine Sachrüge stützen (müssen). Bei einem Rechtsspruch wie dem der Saarbrücker Richter gegen Josef Peters hat man auf dem Wege der Revision so gut wie keine Chancen, den Justizirrtum zu korrigieren. So liegt die Quote der Revisionsverwerfungen am Bundesgerichtshof ausgerechnet bei den schweren Kriminalfällen bei über 90 Prozent. Aber natürlich wirken sich Fehlurteile umso gravierender aus, je schwerer die zugrunde liegenden Verbrechensvorwürfe sind. Da erscheint es logisch, dass gerade bei den schweren und schwersten Straftaten eine zweite Tatsacheninstanz die erhobenen Vorwürfe überprüft. Genau das Gegenteil ist in Deutschland leider der Fall: Der als Mörder Abgeurteilte hat nur eine einzige ziemlich trübe Hoffnung auf die Korrektur eines offenen Justizunrechts: die auf eine erfolgreiche Revision beim Bundesgerichtshof. Nach dem Urteil einer Schwurgerichtskammer in der ersten Instanz befasst sich in aller Regel kein deutsches Strafgericht mehr mit den tatsächlichen Umständen, Motiven und Hintergründen einer Tat. Dasselbe gilt für alle übrigen Verbrechen, die in erster Instanz vor einem Landgericht verhandelt werden – und das sind all diejenigen, die das Gesetz mit Strafen von mehr als vier Jahren bedroht.

## Revisionistische Spitzfindigkeiten

Mit dem skandalösen Fehlurteil der 1. Großen Strafkammer des Landgerichts Saarbrücken saß Josef Peters also in der Falle. Zunächst hatte das Amtsgericht ihn nur wegen fahrlässiger Tötung verurteilt. Auf die Berufung des Bruders von Paola Santini hin, der als Nebenkläger auftrat, war es vor der Kleinen Strafkammer des Landgerichts Saarbrücken zu einer zweiten Hauptverhandlung gekommen. In dieser Instanz hat das Landgericht zwei Möglichkeiten. Entweder kann es in der Sache selbst ein vom Amtsgericht abweichendes Urteil fällen, zum Beispiel den Angeklagten freisprechen oder auf der Basis des gleichen Tatvorwurfs ein anderes Strafmaß festlegen. Oder das Gericht bewertet den gesamten Tatbestand neu. Eine solche Neubewertung kann dann eine ganz neue Zuständigkeit auf dem Weg durch die Instanzen begründen.

Im vorliegenden Fall erhob die Strafkammer in Saarbrücken den Verdacht, Josef Peters habe seine Lebensgefährtin nicht fahrlässig, sondern vorsätzlich, nach einem vorab gefassten Plan getötet. Bei Tötungsdelikten führt eine solche Sicht der Dinge regelmäßig dazu, dass das Berufungsgericht nicht selbst in der Sache entscheidet, sondern das angefochtene Urteil aufhebt und den Fall an das zuständige Gericht – hier die ebenfalls beim Landgericht angesiedelte Schwurgerichtskammer – verweist. Gegen diese Entscheidung ist dann zwar noch eine formaljuristische Revision beim Oberlandesgericht möglich, die allerdings verworfen wurde. Damit war der Rechtsweg im ersten Strafverfahren für Josef Peters ausgeschöpft. Das Schwurgericht musste in der Sache neu verhandeln. Die dritte Hauptverhandlung war also eigentlich eine erstinstanzliche – in einem zweiten Verfahren, das nunmehr ein Mordprozess war.

Jetzt wegen Mordes verurteilt, wandten sich der völlig verzweifelte Peters und sein Verteidiger an mich, da es unserer Kanzlei schon früher gelungen war, auf dem Wege der Revision skandalöse Unrechtsurteile erfolgreich anzufechten. Gegen das Urteil der 1. Großen Strafkammer des Landgerichts Saarbrücken strengte ich Ende Februar 1998 ein Revisionsverfahren beim Bundesgerichtshof an. In der Begründung meines Antrags wies ich deutlich auf die Fragwürdigkeit bestimmter Feststellungen der Schwurgerichtskammer zum Tatgeschehen hin. Ziel der Revision war die Aufhebung des gesamten Urteils und eine völlige Neuverhandlung des Falles vor einem anderen Gericht. Solch eine »Sachrüge« ist, wie gesagt, aller Erfahrung nach nur wenig Erfolg versprechend, für Josef Peters aber war sie die letzte Chance.

So war dann auch der Revisionsbeschluss des Bundesgerichtshofes vom 22. September 1998 ein zweischneidiges Schwert. Einerseits registrierte der 4. Strafsenat sehr wohl die Absurdität des Saarbrücker Mordurteils. Denn er hob es in wesentlichen Punkten auf und gab den Fall zur Neuverhandlung an eine andere als Schwurgericht zuständige Kammer in Saarbrücken zurück. Doch aufgehoben hat das Gericht letztlich nur die Feststellungen des Urteils zum inneren Tatgeschehen – und allein infolgedessen auch das Strafmaß. Seit langem nämlich schon verlangte der Bundesgerichtshof eine eher restriktive Auslegung des Mordparagraphen 211 des Strafgesetzbuches. Unter Verweis auf ihre einschlägigen Grundsatzurteile beanstandeten die Bundesrichter daher vor allem, dass die saarländischen Kollegen den Fall Peters als Mord, als Tötung aus »niedrigen Beweggründen«, bewertet hatten. Ihrer Ansicht nach stellte die Tat bei einer umfassenden Würdigung aller äußeren und inneren Umstände aber lediglich eine »Spontanhandlung« dar. Weiter heißt es in der Urteilsbegründung:

»Das Urteil muss deshalb aufgehoben werden. Die Feststellungen zum äußeren Tatgeschehen können bestehen bleiben, weil sie von dem Rechtsfehler nicht berührt werden. Ergänzende – den getroffenen nicht widersprechende – Feststellungen bleiben zulässig. Für das weitere Verfahren weist der Senat drauf hin, dass bei einem erneuten Schuldspruch wegen Mordes die Feststellung fern liegt, dass eine besonders schwere Schuld gegeben sei.«

Im Klartext wollten die Richter damit Folgendes sagen: Wie wir die Sache sehen, hat Josef Peters seine Lebensgefährtin im September 1995 nicht nach einem vorab gefassten Plan erschossen. Insofern war seine Verurteilung wegen Mordes, ganz zu schweigen von der Feststellung einer besonderen Schwere der Schuld, falsch und euer Urteil eindeutig zu hart. Da wir hier keine Tatsachenentscheidung zu treffen haben, legen wir uns aber natürlich nicht explizit fest, ob wir an eurer Stelle Peters wirklich wegen Totschlags, vielleicht gar in minder schwerem Fall, verurteilen würden. Das müsst ihr entscheiden. Viel größer kann der Zaunpfahl, mit dem die Bundesrichter hier gewunken haben, kaum sein.

Ausdrücklich nicht gefolgt war der Bundesgerichtshof dagegen unserem eigentlichen Ansinnen: nämlich festzustellen, dass das Saarbrücker Schwurgericht auch bei der Beurteilung des äußeren Tatverlaufs wesentliche Zeugenaussagen nicht korrekt bewertet, ja sogar falsch wiedergegeben hatte. Angesichts der eindeutigen revisionsrechtlichen Lage war das leider auch kaum zu erwarten – und ohne ein wortgetreues Gerichtsprotokoll übrigens auch kaum zu beweisen. Also beschieden die Bundesrichter, dass »die Feststellungen zum äußeren Tatgeschehen bestehen bleiben« könnten. Damit war jedoch eine der himmelschreiendsten Rechtsverdrehungen des Saarbrücker Urteils im nächsten Verfahren quasi nicht mehr verhandelbar. Denn würde Janine Santini in einem erneuten Prozess abermals korrekt aussagen (»Meine Mutter hat mich angerufen und mir gesagt, dass sie die Nacht beim Vater schlafen werde«), dann wäre das laut BGH-Beschluss jetzt keine »ergänzende Feststellung« zum äußeren Tatgeschehen mehr, sondern eine, die den im Urteil bereits getroffenen Feststellungen widerspräche. Der Bundesgerichtshof verwarf also im Kern nur die Beurteilung der Motive von Josef Peters durch die Saarbrücker Richter. Bezüglich der Fakten sah der Senat offenbar keinen Anlass für irgendwelche Zweifel.

Durch die Blume der juristischen Formulierung wollten die Bundesrichter ihren Saarbrücker Kollegen eine Verurteilung wegen Totschlags nahe legen. Da sie sich der Faktendarstellung des aufgehobenen Urteils zum äußeren Tatgeschehen anschlossen, war der Rückweg zu einer Verurteilung wegen fahrlässiger Tötung verbaut. Die Wertung der Tötung Paola Santinis als Spontantat versuchte aber immerhin, einem erneuten Mordurteil so weit wie möglich einen Riegel vorzuschieben. Wie sich bald zeigen sollte, biss sich diese Katze allerdings laufend in den Schwanz. Blieben der Angeklagte und seine Tochter bei ihren bisherigen Aussagen, stünden sie den nunmehr auch höchstrichterlich zementierten Tatsachenfeststellungen entgegen. Die Wahrheit wäre also eine nicht mehr zulässige Falschaussage. Würden wir aber den Wink der

Bundesrichter aufgreifen und uns in eine Verurteilung wegen Totschlags fügen, müssten Josef Peters und Janine Santini ihre bislang aufrechterhaltenen wahren Aussagen revidieren. Anders gesagt, sie müssten aus prozesstaktischen Gründen lügen. Ein klassischer Teufelskreis ...

## Wie Justizunrecht besser verhindert werden könnte

Für Josef Peters erwies sich der Rechtsweg als viel zu kurz – zumal er von zahllosen Irrtümern, Verdrehungen und rechtlichen Hürden gesäumt war. Und diese unterbindet das deutsche Rechtssystem nicht etwa. Nein: Sie sind ihm inhärent.

Erstens: Das Missverhältnis zwischen Berufung und Revision ist völlig absurd. Es wird seit Jahrzehnten von allen Strafverteidigern laut beklagt – und hinter vorgehaltener Hand selbst von vielen konservativen Richtern, Staatsanwälten und Rechtswissenschaftlern kritisiert. Dennoch ändert sich nichts. Denn die Beseitigung dieses Missstandes würde eine völlige Neuorganisation der bundesdeutschen Strafjustiz erfordern. Eine zweite Tatsacheninstanz nach den Großen Strafkammern und Schwurgerichtskammern der Landgerichte müsste naturgemäß bei den Oberlandesgerichten angesiedelt werden. Doch diese wären weder institutionell noch personell für die Aufgabe gerüstet. Eine wirklich durchgreifende Reform des Rechtsweges im Strafverfahren würde deshalb weniger an juristischen als vielmehr an politischen, vor allem finanzpolitischen Widerständen scheitern.

Deshalb kann eine Besserung der Situation vermutlich nur dadurch erreicht werden, dass man im »großen« Strafverfahren Sicherungen einbaut, die der Berufung zumindest vergleichbar sind. Dazu müssten zum einen die Möglichkeiten der sachlichen Revisionsrüge erweitert werden. Das wird in Rechtswissenschaft und

Justiz seit vielen Jahren immer wieder diskutiert, doch unverständlicherweise ändert sich nichts. Dabei wäre es dringend geboten, auch die Tatsachenfeststellungen eines Gerichts auf dem Wege der Revision in Zweifel ziehen zu können. Und zwar nicht nur, wenn sie gegen die formale Logik und die Denkgesetze verstoßen, sondern auch dann, wenn sie der allgemeinen Lebenserfahrung Hohn sprechen.

Zweitens: In Fällen offensichtlichen Justizunrechts müsste es möglich sein, das Bundesverfassungsgericht als eine letzte Kontrollinstanz auch in Einzelfällen anzurufen. Bisher weisen die Verfassungshüter nahezu alle Beschwerden in Strafsachen mit dem Hinweis ab, die angefochtenen Entscheidungen der Gerichte würfen weder grundsätzliche Rechtsfragen auf, noch verletzten sie die Grundrechte der Verurteilten. Setzt man die juristische Gültigkeit selbst krasser Fehlurteile erst einmal als gegeben voraus, dann ist das leider nicht einmal verkehrt. Denn das Wesen eines Strafurteils ist es ja gerade, dass eine per Verfassung und durch Gesetze streng geregelte Prozedur es dem Staat gegebenenfalls erlaubt, tief in die Freiheits- und Persönlichkeitsrechte eines einzelnen Bürgers einzugreifen. Aber stellt man Justizirrtümer wie die im Falle Peters zusätzlich auf den Prüfstand sachlicher Wahrheit und Gerechtigkeit, dann muss auch ein formal korrekt zustande gekommenes Urteil als Verstoß gegen elementare Grundrechte, insbesondere gegen das Recht auf Freiheit der Person gelten. Genau deshalb ist das Verfassungsgericht in meinen Augen auch in solchen Einzelfällen gefordert, die keine verfassungsrechtlichen Grundsatzfragen aufwerfen.

Drittens: Mehrfach habe ich gegenüber den Spitzen des Staates und der Justiz, gegenüber den Justizministerinnen und -ministern von Bund und Ländern sowie gegenüber dem Bundestag und den dort vertretenen Parteien die Schaffung eines Bundesbeauftragten zur Verhinderung von Justizunrecht angeregt. Als eine Art Appellationsinstanz und Ombudsmann könnte dieser in letztinstanzlich entschiedenen Fällen immer dann angerufen werden, wenn ein

Verurteilter seine Rechte grob verletzt sieht. Selbst wenn dieser Bundesbeauftragte unmittelbar keine Beschlüsse fassen, Urteile aufheben und die entsprechenden Fälle an die Gerichte zurückverweisen könnte – schon allein die Öffentlichkeit, die er in Fällen groben Justizunrechts herstellen würde, könnte die Gerichte zur Mäßigkeit und vor allem zur Genauigkeit anhalten. Leider waren alle bisherigen Reaktionen auf diesen Vorschlag deprimierend. Beim Thema Justizunrecht scheinen die genannten Stellen allesamt der Illusion anzuhängen, dass nicht sein kann, was in einem Rechtsstaat nicht sein darf: dass Richter sich in Einzelfällen aus ihrer Machtfülle heraus über das Recht und über die Grundsätze von Wahrheit und Gerechtigkeit hinwegsetzen.

## *Erblasten eines politischen Kompromisses*

Skandalöse Missstände also, die daran zweifeln lassen, ob im Zweifel tatsächlich für den Angeklagten Recht gesprochen wird. Missstände zudem, denen auf Seiten der Verantwortlichen offenbar niemand entgegentreten will, ja, die man dort nicht einmal öffentlich diskutiert sehen möchte.

Wie aber kann es sein, dass sich ein Hühnerdieb im Zweifel besser gegen ein ungerechtes Urteil wehren kann als ein Angeklagter, dem ein Schwerverbrechen zur Last gelegt wird?

Wie für vieles, das auf den ersten Blick ungerecht, seltsam und unverständlich erscheint, gibt es auch hier eine historische Erklärung. Eine der wichtigsten Forderungen des aufstrebenden Bürgertums im 19. Jahrhundert war die nach Transparenz und demokratischer Kontrolle der Justiz. Gegenüber der herrschenden Akten-, Geheim- und Kabinettsjustiz verlangte man ein öffentliches, mündliches und auf öffentlicher Anklage beruhendes Gerichtsverfahren. Neben der Unabhängigkeit von staatlichen Weisungen und der Pflicht zur freien Beweiswürdigung durch die Richter sollte eine effektive Kontrolle der Justiz vor allem durch die Hinzuziehung von Laienrichtern gewährleistet werden. Die Errichtung von Geschworenen- oder Schöffengerichten in Strafsachen war denn auch eine der zentralen Forderungen der Revolution von 1848. Sie wurde im Verfassungsentwurf der Frankfurter Paulskirche verankert. Und trotz des Scheiterns der Revolution haben in den Folgejahren alle wichtigen deutschen Einzelstaaten (Bayern 1848 und 1861, Preußen 1849, Baden 1864 oder Württemberg 1868) entsprechende Justizreformen umgesetzt.

Nach der Gründung des Deutsches Reiches 1871 und im Vorfeld der Schaffung einer einheitlichen Strafprozessordnung im Jahre 1877 kam es dann aber vor allem in zwei Fragen zu erbitterten Meinungsverschiedenheiten zwischen der liberalen Mehrheit im Reichstag einerseits und den konservativen Regierungen der Länder wie des Reiches andererseits: in der Frage der Laienjustiz und in der Frage der Berufungsmöglichkeiten. Bis dato wurden Strafsachen zumeist vor Geschworenengerichten verhandelt. Die Liberalen plädierten für deren Beibehaltung, während die Regierung unter Bismarck auf einer Umwandlung in Schöffengerichte bestand. Die Laienrichter sollten zu jenen beisitzenden Statisten der Rechtsprechung degradiert werden, die sie heute faktisch sind. In der Berufungsfrage verliefen die Fronten ähnlich. Die Konservativen zielten auf eine möglichst zügige Umsetzung des staatlichen Strafanspruchs und opponierten gegen die Berufung. Die Liberalen betonten demgegenüber die Notwendigkeit der Überprüfbarkeit staatlicher Rechtsprechung auch und vor allem in der Sachbeurteilung eines Falles.

Die Strafprozessordnung von 1877 – sie gilt in ihrem Kern bis in die Gegenwart – formulierte einen politischen Kompromiss. Da die Geschworenengerichtsbarkeit der liberalen Reichstagsmehrheit deutlich mehr am Herzen lag, ließ sie sich für die Beibehaltung dieser Errungenschaft von 1848 das umfassende Berufungsrecht von den Konservativen abhandeln. Das Ergebnis: Die Schöffengerichte waren fortan für die leichteren Strafsachen zuständig, für die mittelschwere Kriminalität die ausschließlich mit Berufsrichtern besetzten Strafkammern. Kapitalverbrechen wurden von den Schwurgerichten abgeurteilt, in denen die Richterbank mit drei Berufs-, die Geschworenenbank mit zwölf Laienrichtern besetzt war. Die Geschworenen entschieden die Schuldfrage, die Richter über das Strafmaß. Im Gegenzug war das Rechtsmittel der Berufung fortan nur noch gegen Urteile in den leichten Fällen, also gegen solche der Schöffengerichte gegeben. Die zweite Instanz waren dann die Strafkammern, sodass die abschließenden Tatsachenfeststellungen in Strafsachen – ganz im Sinne der konservativen Juristen – stets ausschließlich von Berufsrichtern getroffen wurden.

1924 schaffte die Emminger'sche Reform die Geschworenengerichte ab. Die Entscheidungsbefugnis bei Kapitalverbrechen lag damit ausschließlich bei den Berufsrichtern. Zwar wurden für ein kurzes Intermezzo alle (mittelschweren) Strafkammerverfahren den Amtsgerichten zugewiesen und damit einer Berufung zugänglich gemacht, doch diese vermeintliche Tendenz zu mehr Überprüfbarkeit zugunsten der Angeklagten hob man in den Dreißigerjahren durch eine Notverordnung schnell wieder auf. Seitdem ist der Rechtsweg bei schweren und schwersten Verbrechen wie Mord und Totschlag – also gegen die hier zu erwartenden hohen Haftstrafen – nicht nur um das Regulativ des Geschworenengerichts, sondern auch um die entscheidende zweite Tatsacheninstanz der Berufung verkürzt.

Dieser gravierende Geburtsfehler der Strafprozessordnung wurde zunächst noch durch folgenden Umstand gemildert: In schwerwiegenderen Fällen musste der Tatsachverhalt im Rahmen einer so genannten »gerichtlichen Voruntersuchung« vor Erhebung der Anklage, und damit parallel zu den Ermittlungen des Staatsanwalts, geklärt werden. Obwohl hierfür das gleiche Gericht zuständig war, das später auch die Hauptverhandlung durchführte, bot die Voruntersuchung ein gewisses Maß an Objektivität, so etwas wie eine zusätzliche ›halbe‹ Tatsacheninstanz. Im Vorfeld des eigentlichen Strafprozesses hatte dadurch auch die Verteidigung die Möglichkeit, sich von der Einschätzung eines Falles seitens des Gerichts ein Bild zu machen – und dieses womöglich in bestimmten Grenzen zu korrigieren.

In den knapp 100 Jahren ihres Bestehens verlor die Voruntersuchung dann aber zunehmend an Bedeutung, nicht zuletzt weil die teilweise doppelten Ermittlungen von Staatsanwaltschaft und Gericht die Verfahren übermäßig verzögerten. Wie im Falle des Wortprotokolls waren es wieder die Schlagworte von der Entbürokratisierung und Rationalisierung, die ein unabhängiges Element der juristischen Wahrheitsfindung aushebelten – um diese ausschließlich der richterlichen Macht zu überlassen. 1974 wurde die gerichtliche Voruntersuchung mit dem Ersten Gesetz zur Reform des Strafverfahrensrechts (1. StVRG) endgültig abgeschafft. Seitdem ist die Staatsanwaltschaft die alleinige »Herrin des Ermittlungsverfahrens«. Und seitdem darf jeder Angeklagte, der einer schwereren Straftat beschuldigt wird, nur ein einziges Mal auf eine genaue sachliche Prüfung seines Falles vor einem ordentlichen Gericht hoffen.

# 5. VERLEUMDUNG UND VORURTEIL

*Formelles Recht gegen Gerechtigkeit: Wie ausgefuchste Richter
ein »revisionssicheres Urteil« produzieren*

*Ein türkischer Facharbeiter, von seiner lebenslustigen Frau nach
15 Jahren Ehe ohne Begründung und ohne jede Aussprache verlassen, versucht eines Morgens mit vorgehaltener Pistole ein Gespräch zu erzwingen. Von der Frau im Moment höchster innerer
Anspannung tödlich beleidigt, erschießt er sie im Affekt. Das Gericht macht sich sämtliche verleumderischen Unterstellungen der
Familie der Getöteten – der Mann sei ein Trinker und habe seine
Frau geschlagen, unterdrückt und betrogen – innerlich zu Eigen,
verdreht die Beweislage zum äußeren Tathergang und verurteilt
den Mann als Mörder. Der Vorsitzende Richter, ein erfahrener, aus-
gefuchster Jurist, produziert ein so genanntes revisionssicheres
Urteil. Motto: Je weniger zum Tathergang und zu den Motiven in
der Urteilsbegründung steht, desto schwieriger wird es sein, das
Urteil vor dem Bundesgerichtshof anzufechten.*

»Gott lässt dem Recht widerfahren, der schweigt«, sagt ein per-
sisches Sprichwort. Denn bekanntlich kann alles, was Sie sagen,
gegen Sie verwendet werden. Und meistens wird es auch irgendwann gegen Sie verwendet. Selbst aus Erwiderungen gegen völlig aus der Luft gegriffene Anschuldigungen lässt sich zur Not
ein Vorwurf konstruieren. Aussagen zur Sache können so wahr
sein wie nur möglich, stets werden findige Ermittler oder Richter Lücken oder unmerkliche Widersprüche entdecken, in die
sich selbst ein Heiliger verstricken würde. Die Grundregel einer
aussichtsreichen Verteidigung lautet daher, zu allen erhobenen
Anschuldigungen zunächst einmal gar nichts zu sagen. Und
wenn ein Beschuldigter dann im Zuge polizeilicher Ermittlungen
oder ein Angeklagter vor Gericht zur Sache aussagt, gilt es vor

allem, die wahre Sachlage widerspruchsfrei zu Protokoll zu geben.

Ein wesentlicher Teil der Übung ist, alles nicht zur Sache Gehörige wegzulassen. Wer treuherzig Schwänke aus seinem Leben zum Besten gibt, jedem Einwand und jeder Vorhaltung begegnet und sich auf Nebenkriegsschauplätzen verzettelt, schafft Angriffsflächen. So seltsam es klingt: Gerade die Wahrheit will wohl überlegt sein. Am Ende ist die juristische Wahrheit nämlich nur ein Konstrukt zwischen gerichtsverwertbaren Aktendeckeln.

Nicht umsonst beschäftigt sich die Aussagepsychologie ausführlich damit, wie man Beschuldigte, Angeklagte und Zeugen zum Reden bringt. Je mehr die Befragten erzählen, umso besser lassen sich ihre Aussagen im Zweifelsfall auseinander nehmen. Erfahrene Richter sind auf diesem Gebiet mit allen Wassern gewaschen. Was dagegen kaum jemandem bewusst ist: Wenn es um ihre eigenen Aussagen geht, wissen die Halbgötter in Schwarz aufgrund ihrer täglichen Praxis sehr gut, wie sinnvoll Weglassen und sparsames Argumentieren sein können. Die entscheidenden »Aussagen« eines Richters sind seine Urteilsbegründungen. Während er in der mündlichen Verhandlung Angeklagte und Zeugen zum Reden bringt, geht der erfahrene Strafrichter bei deren Abfassung so ökonomisch wie möglich vor – indem er sich immer dann in Schweigen hüllt, wenn Widerspruch rein rechtlich zu erwarten ist.

## Die Kunst, sich unangreifbar zu machen

Natürlich: Das enorme Arbeitspensum zwingt die Amts- und Landgerichte zur Knappheit. Angesichts von durchschnittlich 100 bis 130 Entscheidungen pro Jahr fehlt jedem Richter für große lyrische Ergüsse schlichtweg die Zeit. Viel entscheidender aber ist Folgendes: Richter unterziehen nicht nur die Aussagen von Angeklagten und Zeugen einer gründlichen Überprüfung, auch ihre eigenen Urteile müssen sich gegebenenfalls einer solchen stellen: in Form der Berufung oder der Revision. Und wo sich Angeklagte oder Zeugen bisweilen in allzu weitschweifigen Einlassungen verstricken, da bieten allzu detailreiche Urteilsbegründungen ebenfalls unnötige Ansatzpunkte für Berufungsanträge oder Revisionsrügen.

Was ist zum Beispiel zu tun, wenn eine bestimmte Zeugenaussage nicht ganz zu den Tatsachenfeststellungen des Gerichts passt? Der Autor der Urteilsbegründung, meist der Vorsitzende Richter, könnte sich natürlich mit der betreffenden Aussage kritisch auseinandersetzen und sie am Ende als widerlegt einstufen. Damit wäre freilich ein Problem aktenkundig geworden. Ein Verteidiger, der unter anderem auf diese entlastende Zeugenaussage gesetzt hatte, würde sich freudig die Hände reiben und in seiner Revisionsbegründung in der offenen Wunde herumbohren. Daraufhin würde der zuständige Strafsenat des Bundesgerichtshofes auf mögliche Untiefen der Urteilsbegründung aufmerksam und könnte womöglich zu dem Schluss kommen, ein anderes Gericht sollte die Beweisführung besser noch einmal überprüfen.

Gut für die Wahrheit und den Angeklagten, eine gerügte Instanz jedoch sieht das anders: Das Urteil war offensichtlich nicht revisionssicher. Beim nächsten Mal wird man es deshalb vorziehen, »kritische« Aussagen nur dann zu referieren und zu zerpflücken, wenn es sich unter keinen Umständen vermeiden lässt. Das allerdings ist meist nur der Fall, wenn es sich um Einlassungen des Angeklagten selbst, eines Augenzeugen oder um die Aussagen von Polizeibeamten oder Sachverständigen handelt. Je weniger eine Aussage um den unmittelbaren Tathergang kreist, desto eher wird man auf eine Auseinandersetzung mit ihr verzichten können.

Ein besonders heikler Punkt ist regelmäßig dieser: Bei schweren Straftaten soll sich die Kammer gründlich mit der Persönlichkeit, der Vorgeschichte und dem Umfeld eines Angeklagten befassen. Vor allem wenn sie dem Tatopfer nahe stehen, pflegen hier die Zeugen, den Angeklagten in ein möglichst finsteres Licht zu rücken. Sind die Richter ein Muster an Objektivität, werden sie derart tendenziöse Aussagen natürlich angemessen gewichten. Doch manchmal passen solch üble Nachreden oder Verleumdungen einfach zu gut zu dem Bild, das man sich bereits von der Person und der Tat des Angeklagten gemacht hat. Oft reicht es schon, dass sie mit bestimmten Klischees harmonieren. Eine blutige Messerstecherei passt eben perfekt zu zwei rivalisierenden Zuhältern und eher weniger zum Streit zweier Konzertkritiker im Anschluss an die Achte Symphonie von Bruckner. Der Vorwurf, er verprügle seit längerer Zeit Frau und Kinder, gilt fast automatisch als glaubwürdig, wenn der Beschuldigte Sozialhilfeempfänger ist. Ganz anders die Unterstellung gegenüber einer promovierten Pädagogin, sie misshandle seit Jahren ihren Mann.

So kommt es leider immer wieder vor, dass Richter aufgrund belastender Aussagen zu Person und Tatumfeld voreingenommen werden. Ein erfahrener Verteidiger bemerkt das in der Regel und bietet entsprechende Entlastungszeugen auf. Wird sein Mandant konkret belastet (»Er hat ein Verhältnis mit Susi S.«, »Er hängt ständig in der Eckkneipe herum«, »Erst neulich hat er mich bedroht«), benennt er Zeugen, die diese Vorhaltungen entkräften: zum Beispiel Susi S., die glaubhaft versichert, kein Verhältnis mit dem Angeklagten zu haben, oder den Wirt der Eckkneipe, der den Angeklagten noch nie gesehen hat. Ist sein Mandant eher allgemeinen Verunglimpfungen ausgesetzt, muss sich der Verteidiger um Zeugen aus seinem näheren Umfeld bemühen, die seinen Lebenswandel als möglichst untadelig beschreiben.

Solange das Gericht die entsprechenden Beweisanträge nicht von vornherein ablehnt (was stets das Risiko einer Revisionsrüge heraufbeschwört), kann es in der Urteilsbegründung alle be- und entlastenden Aussagen zur Person oder zur Vorgeschichte der Tat diskutieren und abwägen. Auf diese Weise dokumentieren die Richter ihr Bemühen, sich vom Angeklagten und dessen Umfeld ein umfassendes und faires Bild zu machen. Wenn aber die Beweisführung nicht wasserdicht ist, kann jede dieser Detailfeststellungen im Rahmen der Revision einen Ansatzpunkt zur Urteilskritik bilden. Vor allem wenn Aussage gegen Aussage steht, verlangt die höchstrichterliche Rechtsprechung besondere Sorgfalt bei der Beweiswürdigung.

Ist also in einzelnen Punkten das Bild weniger eindeutig als erhofft, wird man eben jene Unwägbarkeiten in der Urteilsbegründung besser umschiffen. Für den Angeklagten hat diese juristische Ökonomie freilich eine schreckliche Schattenseite: Denn ob das Bild von ihm durch undokumentierte Belastungsaussagen getrübt wurde oder nicht, müssen die Richter natürlich nicht darlegen – sie sollen schließlich ihr Urteil begründen, nicht ihre Vorurteile. Falls sie diese dennoch hegen, wird das einem gut geschriebenen Urteil »im Idealfall« niemals anzusehen sein.

Wenn »die Urteilsgründe erkennen lassen, dass der Tatrichter alle Umstände, die seine Entscheidung beeinflussen können, erkannt und in seine Überlegungen einbezogen hat«, so heißt es in einem Beschluss des 1. Strafsenats des Bundesgerichtshofes vom 23. Mai 2000, sind dessen Tatsachenfeststellungen schwer angreifbar. Das bedeutet: Das Tatgeschehen selbst und die möglichen Motive der Tat müssen lückenlos und zweifelsfrei dargelegt werden. Je mehr Indizien und glaubhafte Augenzeugenberichte die Richter dafür anführen können, desto »dichter« erscheint ihr Urteil. Vor allem um widerstreitende Zeugenaussagen kann eine Kammer sich hier kaum herumdrücken. Doch alles, was nicht zu diesem Kernbestand der Urteilsgründe gehört, lassen erfahrene Strafrichter im Zweifelsfall lieber weg. Was Juristen schelmisch das »Dichtschreiben« von Urteilen nennen, umfasst deshalb zwei Künste: wesentliche Tatsachen, Indizien und Aussagen ausführlich und detailgenau zu schildern und auszuwerten, kontroverse und zweifelhafte Punkte dagegen nach Möglichkeit zu umgehen.

Im folgenden geradezu klassischen »Verbrechen aus Leidenschaft« waren zum Unglück des Angeklagten ausgebuffte Profis, wahre Künstler der revisionssicheren Urteilsbegründung am Werk.

Während dem türkischen Facharbeiter Sabahattin Yalman[6] hauptsächlich Verleumdungen und Vorurteile zum Verhängnis wurden, die das Gericht erkennbar beeinflussten, ist dem »klinisch reinen« Schriftsatz der Richter in dieser Hinsicht nicht das Mindeste anzusehen.

## Enttäuschte Liebe oder »Kampf der Kulturen«?

Im November 2003 wurde Sabahattin Yalman vom Landgericht Duisburg wegen Mordes an seiner Frau Türel zu lebenslanger Haft verurteilt. Gerade einmal zwei Verhandlungstage nahm sich die 5. Große Strafkammer unter Vorsitz des Richters Renziehausen für diesen Prozess Zeit. Die zwanzigseitige Urteilsbegründung ist ein dramatisches Fehlurteil par excellence, das dennoch als absolut revisionssicher gelten muss.

Auf den ersten Blick scheint der Fall eindeutig zu sein: Ein strenggläubiger Türke, 1968 in einem ostanatolischen Dorf geboren und in einer traditionalistischen, konservativ-islamischen Familie aufgewachsen, erschießt seine Frau. Diese hatte ihn neun Monate zuvor verlassen, betrieb die Scheidung und verweigerte jedes Gespräch. Türel Yalman, von ihren Eltern westlich erzogen, wollte sich nach 15 Jahren Ehe endlich aus der ihr aufgezwungenen Rolle als Hausfrau und Mutter befreien, einen Beruf ausüben und ein unabhängiges, selbstbestimmtes Leben führen. Ihr Mann aber findet sich mit der Trennung nicht ab, fühlt sich in seiner Ehre gekränkt und streckt die Frau, nachdem er ihr mehrere Stunden aufgelauert hat, vor ihrer Wohnung mit acht Schüssen nieder. Soweit die offizielle Kurzversion.

---

6 Da dieser Fall in der Presse breit verhandelt wurde und insbesondere die Familie des Opfers offensiv die Öffentlichkeit gesucht hat, wurden die Namen der Hauptbetroffenen ausnahmsweise nicht geändert.

In dieser Fassung war die Geschichte natürlich ein gefundenes Fressen für eine politisch korrekte Öffentlichkeit und ihre vermeintlichen Gewissheiten – illustrierte sie doch gleich zwei gängige Skandalthemen: Chauvinismus und männliche Gewalt gegen Frauen sowie die Unterdrückung islamischer, hierzulande vor allem türkischer Frauen durch rückständige, in finsteren Traditionen verhaftete Männer. Zweifellos gibt es für diese empörenden Missstände genügend traurige Beispiele. Zwei fielen zeitlich sogar eng mit der Tötung Türel Yalmans zusammen. Wenige Wochen zuvor hatte ein Türke in Voerde auf seine Frau und deren Bruder geschossen – auch hier hatte sich das Opfer vom Ehemann getrennt. Und im Januar 2003 hatte ein Landsmann aus dem westfälischen Telgte die Ermordung seiner Frau in Auftrag gegeben, wobei auch zwei unbeteiligte Frauen erschossen wurden. Besonders dieser Fall hatte tagelang die Presse und die Hauptnachrichtensendungen beschäftigt.

Mit entsprechendem Tenor machte denn auch die *Rheinische Post*, eine der größten Regionalzeitungen Deutschlands, am 27. Juni 2003 eine halbseitige Reportage über den Fall Yalman auf: »Dinslaken, Voerde, Telgte – immer häufiger werden türkische Frauen Opfer brutaler Übergriffe ihrer Ehemänner. In vielen muslimischen Familien tobt der Kampf der Kulturen. Experten sehen darin ein Zeichen abnehmender Integration.« Der Artikel stützte sich ausschließlich auf die schweren Vorwürfe der Brüder Türel Yalmans, die ihren Tod als »geplante Hinrichtung« darstellten. Andere Blätter, darunter die Zeitschrift *Emma*, stimmten in diesen Zorn der Gerechten ein. Damit war Sabahattin Yalman bereits Monate vor seinem Prozess als anatolischer Hinterwäldler, islamischer Fundamentalist und chauvinistischer Killer abgestempelt. Derartigen öffentlichen Vorverurteilungen pflegt allzu oft ein kurzer Prozess zu folgen.

Zwar steht außer Zweifel, dass Yalman seine Frau erschossen hat und es sich dabei um die Beziehungstat eines verlassenen Ehemanns handelte. Doch die Vorgeschichte passt keineswegs in das

Klischee vom »Kampf der Kulturen« – und der Mann nicht in die ihm zugedachte Rolle des brutalen, rückständigen Unterdrückers. Seine Tat war kein geplanter Mord, sondern eine blinde Affekthandlung. Das entschuldigt nicht sein Verbrechen, aber es erfordert ein differenzierteres Urteil.

Als der 19-jährige Sabahattin Yalman und die ein Jahr jüngere Türel Yilmaz sich 1987 auf einer Hochzeit kennen lernen, ist es Liebe auf den ersten Blick. Selbst konservativ erzogen, hat der junge Arbeiter vom ersten Moment an nur noch Augen für die bildhübsche, moderne und lebenslustige Frau. Weil er gut aussieht und nicht mit blöden Sprüchen, sondern mit Charme und großem Respekt um sie wirbt, ist es auch um die junge Frau schnell geschehen.

Ihre Familie ist ein Musterbeispiel gelungener Integration: Die Eltern haben die Tochter und ihre drei Brüder modern erzogen. Alle Mitglieder der Familie sprechen fließend Deutsch, man pflegt einen betont westlichen Lebensstil. Die Brüder nehmen die deutsche Staatsbürgerschaft an, machen Abitur und erlernen qualifizierte Berufe. Der Älteste studiert erfolgreich Maschinenbau. Türel Yilmaz absolviert eine Lehre als Einzelhandelskauffrau.

Da die Familie Yalman vergleichsweise traditionell denkt und lebt, ist es nicht unbedingt verwunderlich, dass man im Hause Yilmaz von Anfang an Vorurteile gegen den »Hinterwäldler« hegt, in den sich die Tochter hoffnungslos verliebt hat. Vergeblich versuchen die Eltern, Türel die Hochzeit auszureden. Sie befürchten, dass ihrer Tochter das Schicksal vieler türkischer Frauen droht, die von ihren Männern in Küche und Kinderzimmer verbannt werden. Doch das Zureden nützt nichts, 1988 heiraten Sabahattin und Türel Yalman, 1989 wird ihr Sohn Ergin[7] geboren.

Über die ersten fünf Ehejahre gibt es zwei entgegengesetzte Versionen. Klar ist nur, dass das Paar in jenes Mehrfamilienhaus in Duisburg zieht, in dem auch die Eltern Sabahattin Yalmans leben. Angeblich verlangen die von ihrer Schwiegertochter, sie solle sich

---

7 Name geändert.

nun ausschließlich der Familie widmen, ihre beruflichen Ambitionen aufgeben und auf ihre gewohnten Freizeitaktivitäten, vor allem den Besuch von Diskotheken, verzichten. Angeblich zwingt man sie auch zum Tragen eines Kopftuches.

Sabahattin Yalman, dem nichts ferner liegt, als seine tote Frau nachträglich in ein schlechtes Licht zu rücken, erzählt eine andere Geschichte: Keineswegs hätten seine Eltern etwas gegen Türels Berufspläne gehabt, vielmehr habe sie diese damals aus völlig anderen Gründen aufgegeben. Aus der höheren Handelsschule, die sie zunächst besucht hatte, sei sie nämlich herausgeflogen, und die Lehre bei Hertie habe sie abbrechen müssen, nachdem sie bei Ladendiebstählen erwischt worden war. Zum Zeitpunkt der Heirat sei ihr Ausbildungsverhältnis längst beendet gewesen. Dann habe sich der Nachwuchs angekündigt, er habe begonnen, sich bei Thyssen hochzuarbeiten und recht gut zu verdienen. Man sei also auf ein Zweiteinkommen nicht unbedingt angewiesen gewesen, deshalb habe sich seine Frau zunächst um das Baby gekümmert.

Im Frühjahr 1993 wird Türel Yalman vom Schicksal schwer getroffen. Sie erkrankt an einer tückischen Form der Arthritis und wird über zwei Jahre mehrfach stationär behandelt. Ein Heilungserfolg ist zunächst nicht abzusehen, die starken Medikamente können ihre Schmerzen lediglich betäuben. Zu Hause ist sie weitgehend auf Pflege angewiesen. Wenn ihre Rheumaanfälle besonders heftig sind, kann sie kaum laufen und sich nicht selbstständig waschen und anziehen. Während Sabahattin Yalman bei Thyssen in der Contischicht arbeitet – also abwechselnd sieben Tage Früh-, Spät- und Nachtschicht schiebt, unterbrochen von einer freien Woche -, versorgt er zusätzlich Frau und Kind. Seine Eltern unterstützen das Paar nach Kräften, helfen im Haushalt und auch finanziell, wo es geht. Yalman liest seiner Frau jeden Wunsch von den Augen ab. Wann immer möglich, reist die Familie in die Türkei, wo man am Meer und in Thermalbädern auf Linderung, vielleicht sogar Heilung der Krankheit hofft. Die Familie Yilmaz scheint dagegen in dieser Zeit keine große Hilfe gewesen zu sein.

Nach über vier Jahren des Leidens wird Türel Yalman 1997 gesund. Ihre Lebensenergie kehrt zurück, die Jahre des Gefangenseins in einem von Schmerzen geplagten Körper versucht sie so schnell wie möglich hinter sich zu lassen. Sie studiert die Stellenannoncen. Nach einigen erfolglosen Bewerbungen findet sie schließlich einen Job als kaufmännische Kraft in einer Rechtsanwaltskanzlei. Im September 1998 erwirbt sie parallel dazu die Fachoberschulreife. Dann beteiligt sie sich an einem Sprachförderungsprojekt des Jugendamtes der Stadt Duisburg für ausländische Kinder. 2001 schließt sie einen IHK-Lehrgang als Callcenter-Agentin ab und belegt mehrere EDV-Kurse. 2002 folgt eine Weiterbildung bei der Handelskammer in Dortmund, die sie im Februar 2003 als Betriebsinformatikerin beendet. Zu diesem Zeitpunkt hat sie sich bereits von ihrem Mann getrennt.

Neben dem beruflichen Ehrgeiz entwickelt Türel Yalman nach ihrer Genesung kostspielige Hobbys: Als wolle sie sich für die Jahre der Immobilität entschädigen, interessiert sie sich plötzlich für schnelle und luxuriöse Autos. Weil er sie abgöttisch liebt und ihre wiedergewonnene Lebensfreude nicht weniger genießt als sie selbst, kauft Sabahattin Yalman seiner Frau einen sündhaft teuren Mercedes CLK. Für die Anzahlung nimmt er einen hohen Kredit auf, und die monatlichen Raten von 1.700 DM zehren gewaltig am Einkommen der Familie. Während Türel stolz mit dem Wagen herumkutschiert, fährt ihr Mann weiterhin mit Bus und Bahn zur Arbeit. Auch ansonsten steht er finanziell ziemlich unter dem Pantoffel: Über Yalmans EC-Karte verfügt ausschließlich seine Frau. Er verlangt keinerlei Rechenschaft über ihre Ausgaben und begnügt sich mit einem Taschengeld. All dies passt wenig zum Klischee des Frauen verachtenden Muftis, der es sich gut gehen lässt, während die Ehefrau daheim als Gebärmaschine, Köchin und Putzfrau versauert.

Gleichwohl behält die alte Volksweisheit, dass Geld und materielle Güter allein nicht glücklich machen, auch hier ihre Gültigkeit. Nicht etwa weil sie sich eingeengt fühlt, versucht Türel Yalman immer stärker aus ihrer Ehe auszubrechen. Eher ist es wohl so, dass sie ihren Mann, den sie wegen seiner ständigen Wechselschichten ohnehin kaum sieht, zunehmend langweilig findet. Schließlich beginnt sie den gutmütigen Arbeiter sogar zu verachten. Während er im Warmwalzwerk für die exorbitanten monatlichen Kosten schwitzt, schwindet die Liebe immer mehr dahin. Türel Yalman führt zunehmend ihr eigenes Leben. Von 8 Uhr bis 4 Uhr geht sie zur Arbeit, dann trifft sie sich mit ihren Freundinnen zum Bummeln und Einkaufen, die Abende verbringt sie im Fitnessstudio oder im Internet.

Still erträgt Yalman die wachsende Entfremdung zwischen ihm und seiner Frau. Dennoch ist er völlig vor den Kopf gestoßen, als sie im April 2001 zum ersten Mal die Koffer packt. Doch bereits nach zehn Tagen kehrt Türel zu ihrer Familie zurück. Ihre Brüder werden später behaupten, der Ehemann, sein Bruder und dessen Eltern hätten sie diesbezüglich unter Druck gesetzt. Laut Aussage ihres Mannes wollte sie damals lediglich seine Liebe auf die Probe stellen.

Ob die Ehe nach ihrer Rückkehr wirklich so harmonisch verläuft, wie es dem Ehemann erscheint, ob Türel und Sabahattin Yalman sich wieder, so seine Worte, »wie verrückt lieben«, das muss dahingestellt bleiben. Er jedenfalls, in dessen Weltbild eine Lebensabschnittsbeziehung in der Tat nicht passt, erkennt die Anzeichen des drohenden Scheiterns seiner Ehe nicht. Ebenso wenig kann er sich vorstellen, dass seine Frau nicht nur beruflich, sondern auch privat neue Interessen entwickelt.

Ohne irgendeine Andeutung zieht Türel Yalman am 25. September 2002 endgültig in Duisburg aus. Als ihr Mann um 21 Uhr von der Schicht kommt, ist sie weg, hat all ihre Sachen mitgenommen und eine heimlich angemietete Wohnung in Dinslaken bezogen. Beim Auszug hat sie, so jedenfalls die Aussage Ergin Yalmans, nicht nur wüste Beschimpfungen über ihren Mann ausgestoßen, sondern auch ihren Sohn verbal niedergemacht. Jedenfalls ist dieser noch am Abend völlig in Tränen aufgelöst. Yalman dagegen ist sich keiner Verfehlung bewusst und fühlt sich, als hätte man ihm »ins Gehirn geschossen«. Er wird depressiv und versucht, sich das Leben zu nehmen.

In der Folgezeit verweigert Türel Yalman jeden Kontakt und jedes Gespräch mit ihrem Mann. Ruft er sie an, legt sie einfach auf, seine wiederholten SMS bleiben unbeantwortet. Ergin bleibt bei seinem Vater. Die Großeltern versorgen ihn, während Yalman arbeitet. Die Mutter hingegen kümmert sich kaum noch um ihren Sohn. Wenn er gelegentlich die Wochenenden bei ihr in Dinslaken verbringt, ist sie kalt und abweisend. »Warum bist du überhaupt gekommen?«, soll sie ihn immer wieder gefragt haben. So wird Ergin immer stiller und in sich gekehrter, seine schulischen Leistungen lassen rapide nach.

Ende März 2003 verkündet Türel Yalman plötzlich den Wunsch, der Sohn solle bei der Mutter leben. Widerspruchslos meldet der Vater Ergin in Duisburg von der Schule ab und schickt ihn nach Dinslaken. Allerdings weiß dieser über die folgenden Wochen nur wenig Gutes zu berichten. Meist sei er den ganzen Tag über allein gewesen, weder habe ihn seine Mutter versorgt, noch habe sie Interesse an seinem schulischen Fortkommen gezeigt. Nicht einmal um die Gesundheit ihres Kindes kümmert sie sich. Als Ergin zum Zahnarzt muss, geht sein Vater mit ihm in Duisburg.

Anfang Juni bekommt Yalman die Rechnung. Da seine Frau nach wie vor kein Wort mit ihm redet, macht er seinem Groll bei dieser Gelegenheit Luft. Er schickt ihr die Zahnarztrechnung, versehen mit einer Notiz auf der Rückseite, die er später bitter bereuen muss:

»Türel, kümmere dich um die Zähne des Kindes, und sei nicht so gottlos. Von jetzt an schicke ihn nicht mehr hierhin. Falls du das Kind nicht willst, dann bring es in ein Heim. Gott hat dich sowieso bereits verdammt. (…) Niemals werde ich dir das Schlechte vergessen, was du mir angetan hast, ich werde immer hinter dir her sein und werde niemals davon abgehen, was ich gesagt habe. Glaube nicht, dass alles in Vergessenheit gerät, es wird dir noch sehr Leid tun.«

Was unter anderen Umständen als verständlicher Wutausbruch gilt, kann angesichts der bald folgenden Bluttat als vage Drohung gelesen werden. Yalmans Richter werden diese Sätze sogar zu einer konkreten Mordankündigung umbiegen.

## Reiz und Primitivreaktion

Für den 25. Juni 2003 ist beim Amtsgericht Duisburg-Ruhrort ein erster Termin im Scheidungsverfahren Yalman gegen Yalman anberaumt. Kein Mensch auf der Welt wird es einem Mann, der seine Frau immer noch liebt, verübeln, wenn er in dieser Situation noch einmal das Gespräch mit ihr sucht. Da Türel Yalman seit Monaten auf Briefe, SMS und Anrufe nicht reagiert, beschließt Sabahattin Yalman, sie unangemeldet in Dinslaken aufzusuchen. Hätte er schlicht und einfach an der Tür seiner Frau geklingelt, er wäre mit Sicherheit abgewiesen worden. Also fasst er den Plan, sie auf dem Weg zur Arbeit vor ihrem Haus abzupassen.

In Yalmans Bauch grummelt eine Mischung aus Wut, Verzweiflung und enttäuschter Liebe. Der Auszug seiner Frau, die miese Art, wie sie ihren gemeinsamen Sohn behandelt, haben sein zugegebenermaßen schlichtes Weltbild ziemlich ins Wanken gebracht. Derart heftige Gefühle treiben manche Menschen zu Dingen, die andere zu Recht als völlig abwegig empfinden. Doch Yalman wünscht sich nichts sehnlicher als eine Versöhnung mit seiner Frau. Zumindest glaubt er, dass sie ihm eine letzte Aussprache schuldig sei. Und dieses »Recht« meint er unter den obwaltenden Umständen nur mit massiven Mitteln erzwingen zu können. Deshalb kauft er sich heimlich eine Neun-Millimeter-Pistole.

Hätte er die Tat lange geplant, sie gar, wie Türels Brüder später behaupten werden, öffentlich angekündigt, ein Freund oder Verwandter hätte sich gewiss gefunden, ihm seine idiotische Idee auszutreiben. So aber überschreitet Sabahattin Yalman unmerklich die schmale Schwelle zwischen Verzweiflung und Verbrechen. Am 17. Juni 2003, morgens gegen 6 Uhr, steht er bewaffnet vor der Wohnung seiner Frau. Mit einer Drittelflasche Wodka hat er versucht, sich ein wenig Mut anzutrinken.

Natürlich will er nicht gesehen werden. Denn dann würde seine Frau das Haus vermutlich erst gar nicht verlassen, vielleicht sogar einen ihrer Brüder holen, um sich des lästigen Fast-Exmannes zu entledigen. Daher braucht es keinen finsteren Mordplan, damit Sabahattin Yalman sein Auto um die Ecke parkt und sich neben einem Müllcontainer versteckt, bis seine Frau das Haus verlässt. Später als erwartet, nämlich erst gegen 10.15 Uhr, macht sich Türel Yalman auf den Weg zur Arbeit.

Für das folgende Geschehen gibt es drei Augenzeugen: die Nachbarinnen Berta Meiner und Anna Brumme sowie deren Mann Herbert[8]. Das Ehepaar macht zum Tatgeschehen unsichere, teilweise sogar widersprüchliche Aussagen. Herbert Brumme wird zudem nur polizeilich vernommen, der Gerichtsverhandlung muss er krankheitsbedingt fernbleiben. Folgt man vornehmlich der in sich schlüssigen, detaillierten und glaubwürdigen Aussage Berta Meiners, dann ist Folgendes geschehen: Türel Yalman verlässt das Haus, geht zu ihrem neuen Peugeot 206 auf dem weitgehend leeren, hauseigenen Parkplatz, schließt den Wagen auf und steigt ein. Im gleichen Moment läuft Sabahattin Yalman auf den Wagen zu, reißt die schon fast geschlossene Fahrertür wieder auf und beginnt auf seine Frau einzureden.

Der Wortwechsel zwischen beiden ist kurz, aber nicht so laut, dass er von einem der Zeugen bemerkt, ja gar im Detail verfolgt werden könnte. Außerdem kann niemand erkennen, was allein Yalman mit ansehen muss: Türel Yalman hebt ihren knappen Minirock, unter dem sie keinen Slip trägt, und zeigt ihrem Mann ihr rasiertes Geschlechtsteil. Dann blafft sie ihn an, was ebenfalls

---

8 Alle Zeugennamen geändert.

keiner außer dem Täter selbst hören kann: »Ich geh jetzt zum Ficken. Du kriegst ja eh keinen mehr hoch.«

Sabahattin Yalman wird in diesem Moment nicht nur schlagartig vor Augen geführt, was er schon die ganze Zeit befürchten musste: Seine Frau hat offensichtlich einen Liebhaber. Er wird zudem auf eine Weise beleidigt, bei der wohl auch mancher halbwegs emanzipierte männliche Westeuropäer ausflippen würde. Für einen Mann mit seinem religiösen und kulturellen Hintergrund muss die heftige Verbalattacke seiner Frau umso schmerzhafter sein. Sein ganzes Selbstverständnis als Mann, Gatte und Vater wird der Lächerlichkeit preisgegeben. Es ist also nicht entschuldbar, aber zumindest erklärbar, dass seine Affektkontrolle für einen Moment völlig versagt. In blinder Raserei schießt er sein Magazin leer.

Dass ist das Einzige, was die Tatzeugen hören: Es fallen mehrere Schüsse, woraufhin die Frau laut aufschreit. Dann taumelt Yalman vom Wagen weg, wirft seine Waffe von sich und beginnt ein lautes Wehklagen. Nach Aussagen der Zeugin Stacey Michaels, die durch die Schüsse auf das Geschehen aufmerksam wird, ruft er mehrfach um Hilfe und bittet lautstark darum, einen Krankenwagen und die Polizei zu holen. Als Michaels aus dem Haus gelaufen kommt, hat Yalman seine Waffe wieder an sich genommen – wie er selbst sagt, um sich eine Kugel in den Kopf zu jagen. Doch die Zeugin redet beruhigend auf den stammelnden Mann ein, sodass er die Pistole wieder wegwirft. Ununterbrochen jammert er: »Meine Frau, meine Frau …«

Minuten später verstirbt Türel Yalman an zwei Kopfschüssen, einem Schuss durch den Hals und vier Schüssen in den Brustkorb, die ihr Mann in blinder Raserei und aus nächster Nähe abgefeuert hat. Moralisch hat der nach eigener Auskunft fromme Täter damit selbst das Urteil über sich gesprochen: Die göttliche Verdammnis, die er Wochen zuvor noch seiner Frau prophezeite, wird im Zweifelsfall nur ihn selbst treffen. Allein, die irdische Gerechtigkeit bedarf anderer Maßstäbe.

Sabahattin Yalmans kriminelle Idee, mit vorgehaltener Waffe eine Aussprache, gar eine Versöhnung mit seiner Frau erzwingen zu wollen, zeugt zweifelsohne von seiner potenziellen Gewaltbereitschaft. Aber seine primitive Gewaltreaktion ist deshalb noch kein kaltblütig geplanter Mord. Wer also nicht ohnehin bei Tötungsdelikten sofort nach der starken Henkerhand ruft, muss Yalmans Affektlage berücksichtigen. Aber dazu würde auch gehören, sich ein faires und ausgewogenes Bild von der hier erzählten Vorgeschichte zu machen. Genau das halten die Richter in Duisburg nicht für nötig.

In völlig unbeirrter moralischer Empörung lassen sie sich stattdessen von einseitigen Verleumdungen und kulturellen Vorurteilen leiten. Für ein Urteil, das sie insgeheim schnell gefällt haben, suchen sie sich einfach die passenden Sachverhaltsfeststellungen aus. All diejenigen Fakten, die ein Leck in ihre wasserdichte Urteilsbegründung schlagen könnten, würdigen sie schlicht mit keinem Wort. Wie hat es dazu kommen können?

Nach dem Tod Türel Yalmans treten ihre Brüder Celalettin, Cengiz und Murat Yilmaz eine beispiellose öffentliche Schmutzkampagne los. Nicht nur, dass sie Yalmans Tat als »geplante Hinrichtung« darstellen. In Leserbriefen und Interviews malen sie überdies das finsterste Charakterbild ihres Schwagers, das man sich vorstellen kann. Von Anbeginn, so behaupten sie, habe er ihre Schwester unterdrückt und eingesperrt. Yalman sei ein jähzorniger Alkoholiker, der Frau und Kind regelmäßig geschlagen habe. Weiterhin wird unterstellt, Sabahattin Yalman habe seine gesamte Freizeit außer Haus verbracht, sich vorzugsweise mit Freunden in Kneipen und Spielsalons herumgetrieben und sich kaum um seine Familie gekümmert. Beweise für diese Behauptungen müssen die Brüder ebenso wenig erbringen wie für all ihre anderen üblen Verleumdungen – etwa die, Yalman habe seine Frau regelmäßig betrogen. In einem achtseitigen Schriftsatz an das Gericht nennt der Anwalt der Nebenkläger sogar Namen angeblicher Geliebter Yalmans. Aber diese Frauen, ja selbst die Lokale, in denen er sich mit ihnen getroffen haben soll, existieren entweder nicht, oder sie sind dem Beschuldigten gänzlich unbekannt. Weder verkehrt er in zweifelhaften Bars noch in irgendwelchen Spielhöllen. Seine Exzesse beschränken sich auf gelegentlichen Alkoholgenuss anlässlich familiärer Feierlichkeiten sowie auf Besuche einer Teestube, in der er die Spitzenspiele der türkischen Liga verfolgt.

Im Verlauf des Prozesses wird mehr als deutlich, dass sich das Gericht die belastende Tendenz dieser Verleumdungen zu Eigen macht. Doch weil das Urteil durch eine dezidierte Parteinahme in derart kontroversen Punkten angreifbar würde, erwähnen die Richter die Schmähungen der Nebenkläger in der Urteilsbegründung mit keinem Wort. Aus demselben Grund werden alle Beweisanträge der Verteidigung zum Familienleben im Hause Yalman verworfen, mit denen wir die Negativpropaganda der Brüder Yilmaz zu widerlegen suchen. Sie seien »für die Entscheidung bedeutungslos«, so das Gericht.

Einzig Ergin Yalman wird zu den Familienverhältnissen vernommen. Aber weil er die Aussagen seines Vaters voll bestätigt und den Behauptungen seiner Onkel auf das Schärfste widerspricht, erscheint seine entlastende Aussage im Urteil mit keinem einzigen Wort. Das ist schlichtweg skandalös. Ganz offenbar geht das Gericht hier uneingestanden der frechen Behauptung auf den Leim, Vater und Großeltern hätten ihn gegen seine Mutter und deren Familie aufgehetzt.

Offen folgt die Kammer einzig der ansonsten unbewiesenen Behauptung von Cengiz und Celalettin Yilmaz, Sabahattin Yalman habe seine Tat ihnen gegenüber im Mai 2003 auf offener Straße angekündigt. Auch habe er damals geprahlt, die strafmildernden Folgen eines Totschlags unter Alkoholeinfluss genau zu kennen. Während sie den übrigen Schmähungen der Brüder keinen einzigen Federstrich widmen, behaupten die Richter, diese hätten in jenem Punkt »ohne erkennbare Belastungstendenz ausgesagt« – ein blanker Hohn.

Was die Urteilsbegründung dann wieder geschickt umschifft: Die Richter haben auch weiteren Aussagen in dieser Richtung insgeheim Glauben geschenkt. So soll Yalman seiner Frau in den Wochen vor der Tat mehrfach telefonisch und per SMS gedroht haben. Eine kriminaltechnische Auswertung seines Handys beweist das schiere Gegenteil. Also findet sich im Urteil kein Wort zu dem Thema. Ferner konnten die Richter den polizeilichen Vernehmungsprotokollen entnehmen, dass Türel Yalmans beste Freundin den Täter beschuldigt hatte, er habe sich die Mordtat eines anderen Türken zum Vorbild genommen. Doch eine Aussage vom Hörensagen ist natürlich ein ziemlich löchriges Indiz, das sich in einer dicht geschriebenen Urteilbegründung schlecht ausnimmt. So wird also auch unser Versuch abschlägig beschieden, diese belastende Aussage durch Ladung des fraglichen Mannes – den Yalman natürlich nie in seinem Leben gesehen hat – zu widerlegen. Begründung: Die Aussage der Zeugin sei eine »bloße Vermutung (…), zu der im Rahmen der Beweisaufnahme keine Feststellungen zum Nachteil des Angeklagten erfolgt sind«. Damit ist eine weitere angreifbare Belastungszeugin aus den Urteilsgründen herausredigiert.

Übrigens muss gar nicht alles, was Zeugen *vor* Gericht erzählen, automatisch zum »Gegenstand der Beweisaufnahme« werden. Solange Richter bloß zuhören und sich nicht erkennbar mit den entsprechenden Behauptungen auseinandersetzen, können sie so tun, als hätten sie nichts gehört. Was sie sich denken, ist ihre Privatsache. Solange sie Aussagen und Indizien nicht in ihrer Urteilsbegründung verwerten, sind sie so gut wie nicht existent. Am Ende bleibt stets die rettende Formel, diese seien »für die in der Anklageschrift vorgeworfene Tat ohne Bedeutung« gewesen. Auf gut Deutsch: Deswegen haben wir ihn schließlich nicht verurteilt …

# Ein wasserdichtes Urteil

So fußt das Urteil der 5. Großen Strafkammer des Landgerichts Duisburg gegen Sabahattin Yalman im Endeffekt auf zwei skandalösen, aller Wahrscheinlichkeit nach sogar böswilligen, juristisch jedoch unangreifbaren Fehleinschätzungen. Erstens folgt das Gericht ohne Einschränkung den Aussagen der beiden Brüder des Tatopfers, Yalman habe ihnen gegenüber angekündigt, er werde seine Frau töten, wenn sie nicht zu ihm zurückkomme. Dabei hat das Gericht auf den in ihren Augen »sehr positiven Eindruck der beiden Zeugen« abgestellt. Dass sie ganz offensichtlich parteiisch sind, muss nämlich nach herrschender Meinung nicht zwangsläufig den Verdacht begründen, sie könnten auch die Unwahrheit sagen. Wenn Richter parteiische Zeugen für glaubwürdig halten, fällt das juristisch in den Bereich der freien Beweiswürdigung. Revisionsrechtlich sind die aus solchen Aussagen abgeleiteten Urteilsgründe damit ebenso wenig angreifbar wie etwa die Auslegung der zitierten Notiz Yalmans an seine Frau als Drohung.

Der zweite heikle Punkt, dem die Urteilsbegründung geschickt ausweicht, ist die Frage, ob Yalmans Tat eine Affekthandlung war, deren Umstände eine verminderte Schuldfähigkeit begründen könnten. Auch hier hätten sich die Richter natürlich detailliert mit den Einzelheiten und den Folgen der verbalen Auseinandersetzung zwischen Yalman und seiner Frau beschäftigen können. Doch jede Bewertung diesbezüglicher Tatumstände wäre eine Einlassstelle für die Revision gewesen. Der Bundesgerichtshof legt nämlich in seiner ständigen Rechtsprechung besonders hohe Maßstäbe an die Begründungspflichten für Mordurteile an. Hinweise, die auf eine mögliche Affekttat oder auf andere Aspekte deuten, die die Schuldfähigkeit eines Angeklagten mindern könnten, führen nicht selten zu deren Aufhebung. Deshalb ist es allemal besser, Indizien für eine Spontantat so weit wie möglich aus der Beweisaufnahme herauszuhalten.

Im vorliegenden Fall gelingt dies den Richtern auf besonders elegante Weise. Zwar verschweigen sie Yalmans Behauptung nicht, seine Frau habe ihn in besagter Form beleidigt. Allerdings sei diese »von den Feststellungen abweichende Einlassung des Angeklagten widerlegt«. In Wahrheit habe Yalman nämlich sofort auf seine Frau geschossen und der behauptete Wortwechsel überhaupt nicht stattgefunden. Vor allem um ihre völlige Arg- und Wehrlosigkeit auszunutzen, habe sich der Angeklagte stundenlang vor ihrem Haus versteckt und sei dann aus diesem Versteck von hinten auf seine Frau zugerannt.

Diese Behauptung stützt die Kammer ausgerechnet auf die unsichere Aussage des Zeugen Herbert Brumme. Der hatte nämlich bei seiner polizeilichen Vernehmung erklärt, Yalman habe sich seiner Frau, die in diesem Moment auch noch nicht in ihrem Wagen gesessen habe, bis auf etwa einen Meter genähert, dann habe sie ihn plötzlich entdeckt und kurz aufgeschrien, worauf der Mann sofort geschossen habe. Doch statt diesen wichtigen Zeugen – notfalls bei einem zusätzlichen Termin – persönlich zu vernehmen, begnügt man sich mit der Wiedergabe seiner Aussage durch den damaligen Vernehmungsbeamten. Denn Brumme selbst, der kurz zuvor am Herzen operiert worden war, bleibt der Hauptverhandlung fern.

So vermeidet es das Gericht, eine Reihe wichtiger Details, an denen die Rekonstruktion des gesamten Tathergangs hängt, genau zu klären: Wie weit war Türel Yalman bereits in ihr Fahrzeug eingestiegen? War zuerst ein Schrei zu hören und dann Schüsse, oder war es nicht doch umgekehrt? Und vor allem: Wie viel Zeit ist genau vergangen zwischen dem Moment, in dem Yalman seine Frau erreichte, und jenem Moment, in dem er schoss? Blieb genug Zeit für einen kurzen Wortwechsel oder nicht? Hierzu hätte das Gericht Herbert Brummes Erinnerungsvermögen unbedingt auf den Prüfstand stellen müssen. Das Gericht hat es demgegenüber vorgezogen, auch die übrigen Augenzeugenberichte lieber im Lichte jener indirekten Aussage zu interpretieren. Denn das fragliche

Wortgefecht, das in der Tat kein einziger Zeuge hatte hören können, ist damit für die Urteilsbegründung aus der Welt geschafft – und mit ihm der ganze Themenkomplex einer möglichen Affektreaktion. Alle übrigen Indizien müssen jetzt nur noch um diesen gewitzten Einfall herumgruppiert werden, und fertig ist »eine richterliche Beweiswürdigung, die mit rechtlichen Mitteln nicht angegriffen werden kann«, so der Revisionsexperte Prof. Dr. Gunter Widmaier, den ich im vorliegenden Fall um eine Begutachtung des Urteils gebeten habe. »Wie man die Sache auch dreht und wendet: Die Revision beißt sich an diesem Urteil die Zähne aus.«

Weiter schreibt Widmaier: »Insgesamt befindet sich das Urteil vollständig im Schutzbereich der ›Revisionssicherheit‹. Es müsste ein Wunder geschehen, wenn der 3. Strafsenat des Bundesgerichtshofes hier eingreifen würde. Solange es keine erweiterte Revisionsrüge gibt, die – jedenfalls in gewissen Grenzen – die Überprüfung auch der Beweiswürdigung und der Sachverhaltsfeststellungen ermöglicht, ist in einem Fall wie diesem schlechterdings nichts zu erreichen. Mir ist klar, dass diese Rechtslage in höchstem Maße unbefriedigend ist. Sie läuft darauf hinaus, dass gerade in den besonders schwierigen und gravierenden Fällen eine Überprüfung der richterlichen Beweiswürdigung praktisch nicht möglich ist. Anderes gilt nur, wenn das Gericht plumpe und handgreifliche Fehler gemacht hat. (…) Doch in rein rechtstechnischer Hinsicht versteht dieses Gericht sein Handwerk.«

Wie zu erwarten, ist das Wunder ausgeblieben. Der 3. Strafsenat des Bundesgerichtshofes hat unsere Revision mit Beschluss vom 30. März 2004 verworfen. Meinen Kollegen Professor Widmaier zitiere ich deshalb so ausführlich, weil er in seltener Prägnanz das Problem auf den Punkt bringt: Ein erfahrener Vorsitzender Richter wird, sofern unbestreitbare Fakten nicht eine gänzlich andere Sprache sprechen, beinahe jedes Urteil »dicht schreiben«, das seine Kammer zu fällen gewillt ist.

Der Volksmund weiß, dass das Gute häufig des Besseren Feind ist. Im Falle Sabahattin Yalmans war das Gute die juristische Routine eines mit allen Wassern gewaschenen Strafrichters. Das Bessere wären freilich strafprozessuale Genauigkeit und der unbedingte Wille zu Wahrheit und Gerechtigkeit gewesen. Aber gerade die Wege zur Gerechtigkeit sind in unserem Rechtssystem mit Spitzfindigkeiten gepflastert. Was kann eine – per Gesetz schon vorsorglich auf formaljuristische Fragen reduzierte – Revision noch gegen Richter bewirken, die eben jene Klaviatur der Formaljuristerei so perfekt beherrschen, dass es ebenso leicht wie bequem für sie ist, »revisionssicher« statt gerecht zu urteilen? Und wenn eine Revision dann doch einmal Erfolg hat, herrscht auch in den Gerichtssälen das Prinzip von der einen Krähe, die der anderen kein Auge aushackt. Mit anderen Worten: Die Kumpanei macht vor Justitia nicht halt.

# 6. IM ZWEIFEL FÜR DEN AMTSKOLLEGEN

*Rechtsbeugung und Justizkumpanei: Wenn Strafrichter auf
Kosten eines Angeklagten zusammenhalten*

*Noch einmal Josef Peters: Der Bundesgerichtshof hat das Saar-
brücker Skandalurteil gegen Peters aufgehoben und statt fahrlässiger Tötung oder vorsätzlichen Mordes einen Mittelweg nahe
gelegt. Doch bei der Neuverhandlung vor einer zweiten Schwurgerichtskammer kommt es zu einem unfassbaren Fall von Justizkumpanei. Um ihre Kollegen – die ich wegen Rechtsbeugung angezeigt
habe – zu schützen, lassen die Richter eine zuvor getroffene Pro-
zessabsprache platzen und bestätigen das aufgehobene Mordurteil.
Erst nach erneuter Revision und einer dritten Verhandlung kommt
es zu dem schweren Herzens akzeptablen Urteil wegen Totschlags.*

Hebt ein Strafsenat des Bundesgerichtshofes das Urteil einer Straf-
oder Schwurgerichtskammer auf, entsteht meist eine absurde Situation. Der Bundesgerichtshof hat als Revisionsinstanz ja keine
Tatsachenentscheidung gefällt. Auch sein Urteil fußt auf den Feststellungen des gerügten Gerichts zum Tatverlauf. Solange diese
nicht gerade haarsträubend unlogisch sind, werden die obersten
Richter sie »bestehen« lassen, standardmäßig erklären, sie würden
von dem gerügten »Rechtsfehler« des aufgehobenen Urteils »nicht
berührt« und den fraglichen Fall zur Neuverhandlung an eine
andere Kammer desselben Gerichts zurückverweisen. Abermals
muss dann eine Tatsacheninstanz den Fall untersuchen. Doch die
Richter sind jetzt an einer wirklich freien Beweiswürdigung gehindert. Denn da die Tatsachenfeststellungen der ersten Instanz
weiterhin gelten, dürfen sie im Grunde nichts herausfinden, was
diesen Feststellungen widersprechen könnte. Das heißt: Erneute
Vernehmungen von Angeklagten, Zeugen oder Sachverständigen
dürfen das bisherige Bild des äußeren und inneren Tathergangs im

Kern nur bestätigen – und bestenfalls in Nuancen korrigieren. Träte plötzlich ein Zeuge auf, der glaubhaft versichert, in Wahrheit sei alles ganz anders gewesen, wären die neuen Richter aus rein juristischen Gründen gezwungen, eine solche Aussage als unwahr zu betrachten. Der Grundsatz von Wahrheit und Gerechtigkeit ist damit in Teilen suspendiert. So entsteht je nach Lage der Dinge ein mehr oder weniger absurder Zwang zu taktischen Aussagen und Argumentationen. Dieses Problem steckt wiederum im System. Dass auch erfolgreiche Revisionsentscheidungen die Feststellungen eines Landgerichts zum Tatverlauf meist bestehen lassen, soll nämlich verhindern, dass durch die Hintertür der Revision faktisch doch noch eine Berufungsinstanz etabliert wird. Bisweilen sind der Justiz ihre höchst eigenen Spielregeln eben wichtiger als die Gerechtigkeit.

Ein zweiter Punkt erschwert nach erfolgreicher Revision das weitere Verfahren nicht minder: Der Fall wird zwar an eine andere Kammer, aber in der Regel an dasselbe Gericht zurückverwiesen. Die jetzt zuständigen Richter sitzen Tür an Tür mit jenen, die das aufgehobene Urteil gesprochen haben. Die Erfahrung zeigt, dass es keiner Busenfreundschaften bedarf, um das milde Lüftchen der Justizkumpanei über die Gänge wehen zu lassen. Schließlich kennt man sich und die Maßstäbe, nach denen der Kollege urteilt, oft seit vielen Jahren. Natürlich wird sich der bisher mit der Angelegenheit nicht vertraute Richter über den fraglichen Fall erst einmal im Nachbarzimmer erkundigen. Und umgekehrt: Warum sollte der von der Revision gerügte Jurist auf dem Weg zur Kantine oder bei einer gepflegten Zigarre nicht ab und an nachfragen, wie »unser Fall« denn gerade steht: Und wenn ich Ihnen einen kleinen Tipp geben darf …

Problem Nummer drei: Vor allem bei spektakulären, von der Presse aufmerksam verfolgten Prozessen ist die Atmosphäre, wie wir im vorangehenden Kapitel gesehen haben, an einem Gerichtsort für den Angeklagten häufig vergiftet. Gleiches gilt nach so genannten konfrontativen Prozessen, in denen zahlreiche strittige

Beweis- oder Befangenheitsanträge die Stimmung im Gerichtssaal verdorben haben. In solchen Situationen fällt es selbst Berufsoptimisten schwer, auf eine faire Neuverhandlung zu hoffen. Kann die Verteidigung die Bundesrichter von der Schwere solcher belastenden Begleitumstände überzeugen oder spricht aus dem aufgehobenen Urteil selbst eine übergroße Voreingenommenheit gegenüber dem Angeklagten, besteht die Möglichkeit, das Verfahren an ein anderes Landgericht im gleichen Bundesland – Justiz ist Ländersache – zu verweisen. So bekommt dann vielleicht ein in Köln von *Bild* und *Express* öffentlich geschlachtetes »Monster von Mülheim« in Düsseldorf oder Münster eine faire zweite Chance. Pech haben allerdings alle Angeklagten in den Stadtstaaten Berlin, Hamburg und Bremen sowie im Saarland. Dort gibt es nämlich nur ein einziges Landgericht. Dieser Umstand hat auch das Verfahren gegen Josef Peters in absurder Weise in die Länge gezogen. Hier musste der Bundesgerichtshof gleich zwei Mal intervenieren, und erst nach der fünften Hauptverhandlung in der Sache kam es zu einem Urteil, das zwar immer noch nicht gerecht war, im Strafmaß aber den besten zu erzielenden Kompromiss darstellte.

## Ein geplatzter Deal

Josef Peters hat einen Menschen getötet. Dabei handelte er unfassbar dumm und unverantwortlich. Trotz allem glaube ich bis heute daran, dass es ein tragischer Unfall war. Als Jurist steckte ich nach dem Revisionsbeschluss allerdings in einer Zwickmühle. In der neuen Hauptverhandlung konnte ich nicht mehr entsprechend meiner wahren Überzeugung auf fahrlässige Tötung plädieren. Vielmehr musste unsere Verteidigungsstrategie wohl oder übel darauf abzielen, dass Josef Peters seine Lebensgefährtin zwar nicht fahrlässig, aber doch im Affekt erschossen habe. Je nachdem wie die Richter den Grad seiner emotionalen Verstörung in der fraglichen Nacht bewerten würden, wäre unter diesen Umständen auch eine Verurteilung wegen Totschlags in minder schwerem Falle möglich. Das Strafmaß dafür liegt unter der für Totschlag vorgesehenen Mindeststrafe von fünf Jahren. Unter Anrechnung der Untersuchungshaft hätte Josef Peters also mit einer vertretbaren Reststrafe davonkommen können. Zudem wäre er in absehbarer Zeit auf Bewährung aus der Haft entlassen worden.

Mit dieser Linie gingen wir in die vierte Hauptverhandlung. In der ersten Sitzung vor der 2. Großen Strafkammer des Landgerichts Saarbrücken bat ich meinen Mandanten zunächst, dem Bruder seiner getöteten Lebensgefährtin, dem Nebenkläger Sergio Santini, nochmals seine persönliche Haltung zur Tat sowie seine Gefühlslage zu schildern. In menschlich überaus eindrucksvoller Weise brachte Josef Peters seine ganze Verzweiflung über das Geschehene zum Ausdruck. Für seine schreckliche Unverantwortlichkeit übernahm er die volle Verantwortung. Zugleich machte er deutlich, wie sehr er selbst seit Jahren unter dem Tod seiner Lebensgefährtin litt. Könnte er seine Tat rückgängig machen, würde er alles nur Denkbare dafür tun. Soweit das überhaupt mit Worten möglich ist, entschuldigte er sich und bat die Familie Santini um Vergebung.

Josef Peters' aufrichtige Erklärung beeindruckte damals ausnahmslos alle Anwesenden. Für einen Moment herrschte im Gerichtssaal eine fast anrührende Atmosphäre. Der Vorsitzende Richter Wolff sah in dieser Stimmungslage eine gute Chance, dem Angeklagten sogleich ein Geständnis zu entlocken, das die Grundlage für eine Verurteilung wegen Totschlags sein könnte. Also fragte er Peters, ob er nunmehr zur Sache aussagen wolle.

Hier muss ich folgende Bemerkung einfügen: Natürlich lag nach der Entscheidung der Bundesrichter der Deal eines Totschlagsurteils mehr als in der Luft. Allen Juristen im Saal war dies vollkommen klar. Schon im Vorfeld des Prozesses hatte Richter Wolff schließlich angeboten, ohne erneute Beweisaufnahme zu verhandeln, wenn der Angeklagte sich zur Sache entsprechend einließe. Anders sah es mit dem Angeklagten selbst aus. Als juristischem Laien, einem recht einfachen Menschen zumal, leuchtete ihm die verwickelte Rechtslage kaum unmittelbar ein. Gerichtserprobten Ganoven ist die Logik von Absprachen zwischen Staatsanwaltschaft, Gericht und Verteidigung häufig ziemlich klar. Josef Peters dagegen hatte bisher nie einen Grund gesehen, sich taktisch zu verhalten. Im Gegenteil: Weil er bereit war, die für seine Tat angemessene Strafe zu akzeptieren, hatte er stets ehrlich und umfassend ausgesagt. Auch ich verzichtete zunächst bewusst darauf, meinen Mandanten im oben angedeuteten Sinne zu präparieren. Denn mir war wichtig, dass er die erneute Hauptverhandlung mit einem aufrichtigen Eingeständnis seiner Verantwortung und seiner Schuldgefühle eröffnen würde. Diese Erklärung sollte von allen prozesstaktischen Hintergedanken frei sein.

Aber ohne Taktik war der Prozess leider nicht zu gewinnen. Nach seiner Erklärung war deshalb der Augenblick gekommen, Josef Peters mit den Notwendigkeiten dieser Taktik vertraut zu machen. Deshalb beantragte ich eine Sitzungsunterbrechung. In der Pause erklärte ich meinem Mandanten zuerst die juristische Zwangslage: Der BGH-Beschluss schließe zwar eine Verurteilung wegen fahrlässiger Tötung zwingend aus. Die Bundesrichter hätten aber sehr wohl erkannt, dass er Paola Santini nicht vorsätzlich getötet habe. Im Ergebnis laufe das auf eine Tötung im Affekt und auf eine Verurteilung wegen Totschlags hinaus. Eine bessere Lösung sei nicht drin.

Weitaus schwieriger war es, einem grundehrlichen Menschen wie Josef Peters klarzumachen, dass er nun aus taktischen Gründen gewissermaßen falsch aussagen müsse. Würde er nämlich bei der Wahrheit bleiben und den tödlichen Schuss auf seine Lebensgefährtin als den tragischen Unfall darstellen, der er war, müsse das Gericht ihm dies als Lüge und damit als mangelnde Einsicht in seine Schuld auslegen. Bezüglich des Urteils und des Strafmaßes könne ich in diesem Fall für nichts garantieren. In meinen Augen müsse er den Sachverhalt deshalb so darstellen, dass sein »Geständnis«eine Verurteilung wegen Totschlags in minder schwerem Falle ermögliche.

Dementsprechend schlug ich meinem Mandanten vor, das Drama jener verhängnisvollen Nacht im September 1995 in etwa wie folgt zu schildern: Er habe Paola Santini in sein Gartenhaus eingeladen, um sich mit ihr über den Fehltritt mit Heike Wolf auszusprechen und sich wieder zu versöhnen. Dabei habe man sich abwechselnd heftig gestritten und sexuell angenähert. Mehrfach habe Paola zu verstehen gegeben, sie werde sich von ihm trennen, wenn er nicht endlich mit seinen Weibergeschichten aufhöre. Im Bett sei der Streit eskaliert, und Paola habe abermals mit Trennung gedroht. Weil dieser Gedanke unerträglich für ihn gewesen sei, habe er sie aus lauter Panik und Verzweiflung mit dem Revolver bedroht – ohne wirklich zu wissen, was er da tue. Schließlich habe die Frau lachend ausgerufen: »Dann drück doch ab!« Darauf habe er die Kontrolle über sich verloren, wohl tatsächlich unbewusst abgedrückt und seine Lebensgefährtin erschossen. Nur mit Mühe konnte Peters sich dazu durchringen, vor Gericht entsprechend auszusagen.

Als Nächstes bat ich den Vorsitzenden um eine Unterredung. An der folgenden Besprechung im Beratungszimmer nahmen das gesamte Gericht, der Staatsanwalt, der Anwalt des Nebenklägers und ich selbst teil. Zunächst legte ich der Runde dar, dass mein Mandant mir den Verlauf der Ereignisse nunmehr so geschildert habe, dass seine Tat als Affekthandlung aufgefasst werden müsse. Der Vorsitzende Richter Wolff wollte sodann von mir wissen, welches Strafmaß mir denn vorschwebe. Ich machte deutlich, dass in meinen Augen alle Voraussetzungen für eine Verurteilung wegen Totschlags in minder schwerem Falle vorlägen. Damit beliefe sich die Höchststrafe auf fünf Jahre. Allgemeines Kopfnicken. Keiner der Berufsrichter widersprach meinen Ausführungen. Der Vertreter der Staatsanwaltschaft schlug vor, noch am selben Tag zu plädieren. Doch das Gericht erklärte, es wolle lieber noch einige Zeugen hören, insbesondere um das Verhältnis des Angeklagten zur

Getöteten sowie das soziale Umfeld der beiden zu erhellen. Die Verhandlung wurde auf den folgenden Montag vertagt.

Solche Absprachen sind in Strafprozessen keineswegs ungewöhnlich. Wenn die Hauptverhandlung den Sachverhalt hinreichend geklärt hat, ist es durchaus im Sinne des Angeklagten, dass die Juristen sich über die rechtliche Würdigung seiner Tat und den entsprechenden Strafrahmen möglichst nüchtern und professionell verständigen. Nun war im vorliegenden Fall zwar die Sachlage völlig unzureichend geklärt. Dafür war die juristische Zwangslage bedauerlicherweise ziemlich eindeutig.

Die Besprechung ließ in meinen Augen keinen Zweifel zu: Das Gericht und die Staatsanwaltschaft waren an einer schnellen und einvernehmlichen Beendigung des Prozesses gegen Josef Peters interessiert. Umso mehr fielen der Angeklagte und ich aus allen Wolken, als am zweiten Verhandlungstag plötzlich der beisitzende Richter Gilles den Angeklagten in ungewöhnlich scharfem und provozierendem Ton anfuhr: Peters möge dem Gericht gefälligst erklären, wie er denn, obwohl er doch angeblich so verstört gewesen sei, schon beim Notruf wenige Minuten nach der Tat launig habe erklären können, man habe »nur ein Spielchen gemacht«? Und wie es außerdem sein könne, dass er und Paola Santini sich angeblich heftig gestritten hätten, die Tote aber nackt gewesen sei?

Dem armen Josef Peters hätte Gilles genauso gut eine Ohrfeige verpassen können. Angesichts der für ihn unerwarteten Wendung war er vollkommen konsterniert. Mühsam hatte ich ihm erst wenige Tage zuvor unsere Rechtslage sowie den Sinn und Zweck seiner taktischen Aussage erklärt. Und jetzt wollte ein Richter auch diese wieder in Zweifel ziehen? Peters verstand die Welt nicht mehr.

Wieder musste ich eine Verhandlungspause beantragen. Mein Mandant machte mir schwere Vorwürfe: Warum um Gottes Willen hätte ich ihn zu einer solchen falschen Aussage überredet? Verzweifelt und unter Tränen beteuerte er abermals, er könne die Ereignisse der Nacht nur so schildern, wie sie sich in Wahrheit abgespielt hätten.

Ich ging zum Vorsitzenden, schilderte ihm das Gespräch mit Peters und machte ihm Vorhaltungen, weil seine Kammer sich nicht an die getroffene Absprache zum Prozessverlauf halte. Es müsse doch wohl allen Beteiligten klar sein, dass mein Mandant hier im Hinblick auf den besprochenen Totschlagsvorwurf ausgesagt habe. Daraufhin konnte Richter Wolff sich die spitze Bemerkung nicht verkneifen, er erlebe es zum ersten Mal, dass ein Anwalt seinen Mandanten zu einer offenbar falschen Sachverhaltsschilderung auffordere. Fast wäre mir der Kragen geplatzt. Er habe doch schließlich vorgeschlagen, den Prozess ohne weitere Beweisaufnahme zügig zu beenden, wenn der Angeklagte sich in der Sache entsprechend äußere. Würde Peters wie in allen bisherigen Verfahren wahrheitsgemäß aussagen, müsse das vor dem Hintergrund des BGH-Beschlusses vom Gericht als dreiste Lüge gewertet werden. Dass er meinen Mandanten in eine derart unmögliche Zwangslage manövriere, sei ein Skandal.

## Unrechtsurteil, zweiter Akt

Von einer einvernehmlichen Lösung konnte jetzt natürlich keine Rede mehr sein. Im Verlauf der Verhandlung zeichnete sich vielmehr immer deutlicher ab: Die 2. Große Strafkammer suchte ebenfalls nach Gründen für ein hartes Urteil. So konnte es am Ende nicht wirklich überraschen, dass die vierte Hauptverhandlung gegen Josef Peters einen weiteren Tiefpunkt in einer endlosen Saarbrücker Justiztragödie markierte. Das Urteil, das die Kammer nach neun Verhandlungstagen im November 1999 fällte, tat einzig der Minimalforderung des Bundesgerichtshofes Genüge: Die Feststellung einer besonderen Schwere der Schuld wurde kassiert. Josef Peters aber wurde zum zweiten Mal wegen Mordes zu einer lebenslangen Freiheitsstrafe verurteilt.

Die Begründung ist ein trostloses Dokument voller böswilliger Unterstellungen und zweifelhafter Verdrehungen von Details. Nicht nur wird das aufgehobene Unrechtsurteil der Kollegen von der 1. Großen Strafkammer fast vollständig zitiert – dummerweise sogar einschließlich einiger Passagen, die von dem Revisionsentscheid des Bundesgerichtshofes betroffen waren. Auch die ergänzenden Feststellungen geben sich alle Mühe, es zu stützen.

Die verdrehten Aussagen Janine Santinis finden selbstredend Eingang in die neue Urteilsschrift. Einziger Unterschied: Dieses Gericht entscheidet sich wieder für die von den Kollegen der Berufungsinstanz frei erfundene »Theorie der zwei Anrufe«. Die Richter tun alles, um die Glaubwürdigkeit von Peters' Tochter weiter zu erschüttern. Dabei gehört es noch zu den höflicheren Feststellungen, dass die Kammer keine Anhaltspunkte für eine inzestuöse Beziehung (»sexuelle Interessenzuspitzung«) zwischen Janine und ihrem Vater erkennt. Meinem Mandanten und mir wird dagegen unterstellt, die Tochter zu beschönigenden Aussagen über ihren Vater und die Beziehung ihrer Eltern gedrängt zu haben. Darüber hinaus diskreditiert man die Zeugin durch den indirekten Vorwurf, sie lasse sich nicht psychologisch behandeln: Bislang habe sie »wegen der sie betreffenden Tatfolgen keine psychologische Hilfe in Anspruch genommen«, alle von der Krankenkasse vorgeschlagenen Ärzte abgelehnt und einzig auf einer von der Versicherung nicht anerkannten Therapeutin bestanden.

Abermals walzt die Kammer Details zu den mittlerweile 15 Jahre zurückliegenden Gewalttätigkeiten von Josef Peters gegen seine damalige Freundin Karin Neumann aus. Beiläufig wird nicht nur ins Urteil eingestreut, Peters habe noch in der Nacht vor der Tat mit Heike Wolf geschlafen, sogar die Handschellen werden andeutungsweise in dieses Rendezvous hinübergeschmuggelt. Und schließlich wird noch insinuiert, Peters habe Paola Santini zwei Tage vor ihrem Tod zu einem Gelddiebstahl in ihrer Reinigung genötigt. Selbst höchst zweifelhafte »Erkenntnisse« werden also gegen den Angeklagten verwendet.

Auf insgesamt zwölf Seiten breitet das Gericht ebenso wortreich wie fantasievoll seine Beweisführung für die niederen Motive meines Mandanten aus. Fazit: Peters habe sich bereits »im Vorfeld der Nacht vom 22./23. 9. 1995 dazu entschlossen, Frau Santini, falls sie nicht bereit wäre, ihr Zusammenleben wie gewohnt fortzusetzen, zu töten«. Denn er habe nach dem Vorfall mit Heike Wolf befürchten müssen, dass Paola Santini »ihre von ihm so geschätzte Toleranz (nicht) aufrechterhalten würde«. Vor allem aber habe er sich »seinen Umgang mit der damals vierzehnjährigen Tochter Janine sichern« wollen. Nach der misslungenen Versöhnung habe er deshalb seine Lebensgefährtin vorsätzlich erschossen und anschließend »eine Strategie entwickelt, die ihn vor der Justiz bewahren sollte«. Sein Plan: »die Tat als Unfall anlässlich eines Sexspiels darzustellen und gegenüber den Ermittlungsbehörden als trauernder Lebensgefährte aufzutreten«. Doch in Wahrheit habe er, »um ohne ihren Einfluss mit der Tochter verkehren (sic!) zu können«, Paola Santini »das Lebensrecht absprechen« wollen, wenn sie sich von ihm trennt. Diese Motive, so die Richter abschließend, »waren zutiefst verachtenswert, sein Handeln stand auf sittlich niedrigster Stufe«.

## Rechtsbeugung und Justizkumpanei

Recht und Gerechtigkeit sind bekanntlich nicht immer dasselbe, vor allem aber dann nicht, wenn sie über die Flure eines Landgerichts hinweg verhandelt werden. In Saarbrücken hatten sich offensichtlich alle Strafrichter zu dieser absurden Mordtheorie verschworen. Und mehr noch: An der Saar war es im Fall Peters nicht einmal möglich, ein rechtmäßiges, im juristischen Sinne korrektes Urteil zu bekommen. Der Querschuss des beisitzenden Richters Gilles gegen die (abgesprochene) Aussage von Josef Peters war zugleich ein Warnschuss für mich als dessen Verteidiger. Da der vom Bundesgerichtshof förmlich aufgedrängte Kompromiss eines Totschlagsurteils von der 2. Großen Strafkammer sabotiert worden war, war mit einem günstigen Urteil nun nicht mehr zu rechnen. Also musste ich zu allen verfügbaren Rechtsmitteln greifen, um meinen Mandanten vor einer ebenso ungerechten wie unrechtmäßigen Bestrafung zu schützen.

Solange die verdrehte Zeugenaussage Janine Santinis als »in Rechtskraft erwachsen« galt, war gegen das Mordurteil schwerlich etwas auszurichten. Meines Erachtens erfüllte die Art und Weise, in der die Richter die Aussage der Zeugin verdreht hatten, den Tatbestand der Rechtsbeugung. Einzig aus atmosphärischen Gründen hatte ich bisher auf eine entsprechende Anzeige verzichtet. Diese Zurückhaltung war nach dem geplatzten Deal sinnlos. Also zeigte ich noch während des laufenden Verfahrens die drei Richter der 1. Großen Strafkammer Chudoba, Radtke und Kuklik bei der Staatsanwaltschaft Saarbrücken an.

Rechtsbeugung ist ein Straftatbestand, der mit einer Freiheitsstrafe von einem Jahr bis zu fünf Jahren bestraft werden kann. Die Verurteilung eines Unschuldigen ist dabei nach Paragraph 336 des Strafgesetzbuches genauso eine Beugung des Rechts wie die Verurteilung aufgrund des falschen Gesetzes oder die zu einer unvertretbar hohen Strafe. Dies gilt, zumindest objektiv, auch dann, wenn ein Richter nach ausreichender Prüfung von seiner Beweisführung und damit von der Schuld des Angeklagten überzeugt ist.

Leider hängt die Latte für die Verfolgung dieses Delikts fast unerreichbar hoch. Denn in seiner ständigen Rechtsprechung zu diesem Thema stellt der Bundesgerichtshof sehr strikte Kriterien für die Erfüllung des Tatmerkmals auf. Eine Rechtsbeugung liegt demnach nur dann vor, wenn eine Gerichtsentscheidung sich außerhalb des juristisch objektiv noch Vertretbaren bewegt. Zudem setzt der Bundesgerichtshof die Grenze der subjektiv vorwerfbaren Schuld so hoch an, dass es in der Praxis meist nicht einmal zu Anklageerhebungen kommt. »Rechtsbeugung begeht nur der Amtsträger, der sich bewusst in schwer wiegender Weise von Recht und Gesetz entfernt«, heißt es in einem BGH-Urteil von 1996.

Was bedeutet das? Ein Einbrecher begeht seine Tat vorsätzlich, weil er – natürlich – mit seinem Einbruch erfolgreich sein will. Beim Tatbestand der Rechtsbeugung ist vorsätzliches Handeln so einfach nicht nachzuweisen. Selbstverständlich beugt niemand das Recht um der Rechtsbeugung willen. Und auch die Tatsache, dass ein Richter den »Erfolg« seiner Straftat zwar nicht direkt erstrebt, ihn aber doch als Folge seiner Entscheidung voraussieht und zumindest billigend in Kauf nimmt, ist nur schwerlich zu beweisen. Kaum jemand denkt bewusst: »Wahrscheinlich ist das gerade eine Rechtsbeugung hier, aber egal, ich finde eben, der Mann gehört lebenslang hinter Gitter.« Subjektiv ist ein Richter ja gerade davon überzeugt, den Angeklagten aufgrund einer völlig korrekten Beweiswürdigung und in seinen Augen aus guten Gründen zu verurteilen.

Darin kann er natürlich irren. Von keinem menschlichen Urteil lässt sich schließlich fordern, es müsse unter allen Umständen und objektiv frei von Irrtümern sein. Dass ein Gericht nach sorgfältigster Prüfung aller verfügbaren Beweismittel zu seinem Urteil kommt, muss daher genügen. Die herrschende Rechtsprechung zieht die Grenzen dieser Sorgfalt allerdings ziemlich weit. Kommt es bei der Würdigung von Beweisen zu Überinterpretationen, Fehlern oder Verdrehungen, so wird ein Staatsanwalt oder Richter das fast immer als freie Beweiswürdigung und nicht als wissentliche oder billigende Rechtsbeugung werten. Faktisch läuft der Paragraph 336 des Strafgesetzbuches somit mehr oder weniger ins Leere; eine Anklage, erst recht eine Verurteilung wegen Rechtsbeugung ist so gut wie ausgeschlossen. Wo die – gut 60 Jahre zurückliegenden – historischen Wurzeln für die Dehnbarkeit des Paragraphen liegen, werden wir in Kapitel 10 erfahren.

Nicht anders erging es meiner Anzeige wegen Rechtsbeugung. Das Verfahren wurde nach vier Monaten geräuschlos eingestellt.

Was mangels Wortprotokolls sowie angesichts des bunten Straußes unterschiedlich falscher Darstellungen der Aussagen Janine Santinis in den Gerichtsakten kaum verwundern konnte: Die Staatsanwaltschaft teilte den Glauben der Richter, diese Zeugin habe verschiedene, einander widersprechende Aussagen gemacht. Das Hauptargument des zuständigen Oberstaatsanwaltes entsprach dem juristischen Standard: Der Tatbestand der Rechtsbeugung könne schon deshalb nicht erfüllt sein, weil die Richter der 1. Großen Strafkammer nicht etwa »entgegen ihrer aus (...) der Hauptverhandlung gewonnenen Überzeugung entschieden« hätten, sondern davon überzeugt gewesen seien, Peters habe seine Lebensgefährtin vorsätzlich getötet. Im Klartext: Wenn Richter an ihre eigenen falschen Darstellungen oder Interpretationen von Zeugenaussagen nur fest genug glauben, sind sie mit dem Urteil im Recht, das auf ihren Verdrehungen beruht. Angesichts solch haarsträubender Zirkelschlüsse fassen sich wohl nur logisch denkende Normalbürger ratlos an den Kopf. Unter Juristen heißt so etwas »herrschende Meinung«.

Trotzdem gaben wir nicht auf. Neben der Anzeige wegen Rechtsbeugung wählte ich ein zweites Rechtsmittel, um das fragliche Unrechtsurteil aus den Angeln zu heben: Ich stellte einen Antrag, gegen die Teilrechtskraft des Urteils der 1. Großen Strafkammer des Landgerichts Saarbrücken vom 4. Februar 1998 die Wiederaufnahme des Verfahrens zuzulassen. Was ich beim Bundesgerichtshof nicht hatte erreichen können, dass nämlich auch die Feststellungen dieses Urteils zum äußeren Tatablauf aufgehoben würden, versuchte ich so noch einmal in der Höhle des Löwen selbst durchzusetzen. Große Illusionen über die Aussichten meines Mandanten machte ich mir nicht. Aber für das weitere Vorgehen gegen die unrechtmäßigen Mordurteile mussten wir unseren Argumenten auf allen denkbaren Wegen Gehör verschaffen. Und da im vorliegenden Fall die Justizirrtümer am Landgericht Saarbrücken nachgerade kafkaeske Ausmaße angenommen hatten, musste unsere Gegenwehr zu allen verfügbaren justizbürokratischen Waffen greifen.

Der Antrag auf Wiederaufnahme des Verfahrens und damit der Versuch, einen neuen Prozess gegen Josef Peters ohne Bezug auf die vorherigen Urteile zu erzwingen, wurde schnell als unzulässig zurückgewiesen. Auf unsere Argumente ging das Landgericht mit keinem Wort ein. Vielmehr argumentierte es rein formal: Es läge in der Sache ja gar kein rechtskräftiges, nicht einmal ein in Teilen rechtskräftiges Urteil vor. Gezeichnet: Landgericht, 2. Strafkammer, Wolff, Dörr, Gilles – jene Damen und Herren, die zum damaligen Zeitpunkt bereits an der Begründung für ihr eigenes, absurdes Mordurteil feilten.

Über das weitere Geschehen auf den Nebenkriegsschauplätzen gehe ich hier hinweg: Das Saarländische Oberlandesgericht wies mit formaljuristischen Haarspaltereien meinen Versuch zurück, eine Klage wegen Rechtsbeugung gerichtlich zu erzwingen. Stattdessen trug mir meine Anzeige eine Beleidigungsklage ein, die schließlich scheiterte. Auch die Befangenheitsanträge und eine weitere Anzeige wegen Rechtsbeugung gegen die Richter Wolff, Dörr und Gilles fruchteten nichts.

Dafür entwickelte meine noch vor der Urteilsverkündung eingegangene Anzeige gegen die Richter Chudoba, Radtke und Kuklik eine äußerst durchschlagende Eigendynamik. Denn hätten die Kollegen von der 2. Großen Strafkammer Josef Peters, so wie ursprünglich abgesprochen, wegen Totschlags verurteilt, dann hätten sie im selben Zug indirekt dem von mir erhobenen Vorwurf der Rechtsbeugung Recht gegeben. Deswegen war das zweite Mordurteil gegen Peters nicht nur ein erneuter schlimmer Justizirrtum, sondern vor allem ein übler Fall von Justizkumpanei. Nur um ihre Kollegen im Zimmer nebenan nicht dem Verdacht auszusetzen, an ihrem Urteil könne wirklich etwas faul gewesen sein, haben die Richter Wolff, Gilles und Dörr deren Urteil nachgebetet und mit eigenen Feststellungen zementiert. Kurz gesagt: Aus Rücksicht auf ein laufendes Verfahren gegen seine vormaligen Richter wäre Josef Peters um ein Haar doch noch lebenslang im Gefängnis gelandet.

In der Sache wie in seiner Begründung war dieses zweite Saarbrücker Mordurteil nicht weniger skandalös als das erste. Die Umstände seines Zustandekommens stellten es sogar noch in den Schatten. Der Spruch der 2. Großen Strafkammer war das Resultat pervertierter Kollegialität unter den Saarbrücker Strafrichtern – und zudem einer ebenso unprofessionellen wie absprachewidrigen Prozessregie seitens des Vorsitzenden. Etwas Vergleichbares wie im Fall Josef Peters habe ich in meiner mehr als fünfzigjährigen Praxis als Strafverteidiger niemals erlebt. Wäre es um einen Ladendiebstahl gegangen, hätte man die Prozessführung als Justizposse amüsiert zur Kenntnis nehmen können. Aber das Lebensschicksal eines Menschen eignet sich nun einmal nicht für einen Schwank aus dem *Königlich Bayerischen Amtsgericht*. Deshalb war ich entschlossen, so lange Rechtsmittel einzulegen, bis Josef Peters wenn schon kein faires, dann wenigstens ein akzeptables Urteil bekommen würde. Zur Not wäre ich hierbei, wie in früheren Fällen, bis zum Europäischen Gerichtshof für Menschenrechte gegangen.

Abermals zogen wir also mit einem Revisionsantrag vor den Bundesgerichtshof. Unsere Gründe blieben im Kern dieselben: Josef Peters war für ein selbst verschuldetes tragisches Unglück als Mörder verurteilt worden. Dabei waren entlastende Zeugenaussagen verdreht worden, und man hatte meinem Mandanten in böswilligster Weise niedrige Beweggründe unterstellt. Ich gebe zu, dass es an der Tragik des Todes von Paola Santini nichts ändert, ob man die Tat nur als kriminelle Fahrlässigkeit, als Affekttat oder als hinterlistigen Mord bewertet. Aber ob jemand seine Partnerin aus Dummheit, aus Verzweiflung oder aus niederträchtigem Vorsatz erschießt, das muss ein fundamentaler Unterschied bleiben. Wenn also der Weg zu einer Verurteilung wegen fahrlässiger Tötung versperrt war, was im Sinne einer umfassenden Wahrheitsfindung vor

Gericht bedenklich genug erscheint, mussten wir zumindest für ein akzeptables, und das hieß: für ein nicht ungebührlich hohes Totschlagsurteil kämpfen.

Zum Glück hatten wir damit in einer erneuten Anhörung vor dem 4. Strafsenat des Bundesgerichtshofes im Wesentlichen Erfolg. Das zweite Saarbrücker Mordurteil wurde wiederum aufgehoben. Die Richter stellten fest, dass die bisherigen Verhandlungen keinen eindeutigen Beweis dafür erbracht hätten, dass Peters ausschließlich oder auch nur vorrangig aus eigennützigen und »sittlich niedersten« Motiven gehandelt habe. Denn, so die Bundesrichter, sollte tatsächlich die Angst vor dem Verlust der eigenen Tochter der Grund für eine vorsätzliche oder im Affekt begangene Tötung Paola Santinis gewesen sein, könne man diesem Motiv nicht jene sittliche Niedertracht zuschreiben, die zu den zwingenden Mordmerkmalen gehöre. Außerdem war es unüberhörbar, dass den Richtern in Karlsruhe gegenüber den Saarbrücker Kollegen der Geduldsfaden weitgehend gerissen war:

»Da (...) nach zweimaliger Urteilsaufhebung durch den Senat weitere Feststellungen, die eine Verurteilung wegen Mordes tragen könnten, nicht zu erwarten sind, ändert der Senat den Schuldspruch dahingehend ab, dass der Angeklagte des Totschlags schuldig ist.«

Mit diesem Beschluss war nun zwar der Mordvorwurf vom Tisch. Gleichwohl musste das Strafmaß nochmals in Saarbrücken verhandelt werden. Dieses ist bei Totschlag vom Gesetz denkbar weit gefasst. Es reicht von einer Mindeststrafe von fünf Jahren bis hin zu lebenslangem Freiheitsentzug in besonders schweren Fällen. Und über die Schwere des Falles von Josef Peters hatte die Saarbrücker Justiz bekanntlich ihre eigenen Ansichten. Immerhin: Der Bundesgerichtshof hatte den Kollegen noch ins Stammbuch geschrieben, sie hätten »insbesondere mildernd zu berücksichtigen, dass die neue Verhandlung bereits die sechste Hauptverhandlung in dieser Sache für den Angeklagten ist und die Tat schon fünf Jahre zurückliegt«. Viel klarer lässt sich in der verklausulierten

Sprache der Juristen die Ansage nicht formulieren, dass das Strafmaß im vorliegenden Fall eher am unteren Ende der Skala zu suchen sei.

Da Josef Peters aufgrund zweier unrechtmäßiger Mordurteile schon über zweieinhalb Jahre im Gefängnis saß, beantragte ich als Erstes Haftverschonung. Sollte ich für einen Moment mit der Belehrbarkeit der Saarbrücker Richter – wenigstens durch ein oberstes Bundesgericht – gerechnet haben, so wurde ich schnell vom Gegenteil überzeugt: Der Antrag wurde nach sechs Wochen zurückgewiesen. Die Begründung ließ für den weiteren Prozessverlauf Schlimmes befürchten, denn der Beschluss bestätigte meine Befürchtung, dass Josef Peters weiterhin nicht mit unvoreingenommenen Richtern rechnen durfte: Der Bundesgerichtshof, so die 3. Große Strafkammer des Landgerichts Saarbrücken, habe ja nicht nur festgelegt, dass der Inhaftierte des Totschlags schuldig sei, sondern auch, dass er Paola Santini vorsätzlich getötet habe. Damit sei ein Strafrahmen denkbar, aufgrund dessen »mit der nicht ganz unwahrscheinlichen Möglichkeit zu rechnen ist, dass sich der Angeklagte dem weiteren Verfahren entziehen wird«. Immerhin habe die Staatsanwaltschaft im vorangegangenen Verfahren eine Freiheitsstrafe von neun Jahren beantragt. Endgültig gefrieren musste einem das Blut in den Adern bei einer der Unterschriften unter diesem Beschluss: Wolfgang Radtke, knapp drei Jahre zuvor Beisitzer im ersten Schwurgerichtsprozess gegen Josef Peters, hatte es inzwischen zum Vorsitzenden Richter der 3. Großen Strafkammer gebracht.

In einer solchen Situation wäre es ein Ausweis juristischer Korrektheit und menschlichen Anstands gewesen, sich selbst für befangen zu erklären. Nicht so in Saarbrücken. Mehrfache Befangenheitsanträge unsererseits wurden lustig abgelehnt: Schließlich könne »der Angeklagte bei verständiger Würdigung des ihm bekannten Sachverhaltes keinen Grund zu der Annahme haben, dass der abgelehnte Richter ihm gegenüber eine innere Haltung einnehmen wird, die seine Unparteilichkeit und Unvoreingenommenheit störend beeinflussen kann«. Mit einer vorhergehenden Entscheidung lege sich ein Richter selbstredend nicht für künftige Urteile fest.

Auf dem Umweg über diese Zurückweisung machte die 3. Strafkammer gleich noch einmal ihre Rechtsauffassung zum Fall Josef Peters klar: Das vom Bundesgerichtshof aufgehobene Urteil beruhe »weder auf einer objektiv unhaltbaren Rechtsansicht«, noch sei es »völlig abwegig«, und »ebenso wenig« erwecke es »den Anschein der Willkür«. Der Gipfel des Hohns: Dieser Persilschein für ein Unrechtsurteil trägt die Unterschrift jenes Richters Gilles, der durch sein inquisitorisches Intermezzo 15 Monate zuvor die Absprache zum Platzen gebracht und einem erneuten Mordurteil den Weg geebnet hatte.

Nur ein hoffnungsloser Idealist hätte jetzt noch auf eine faire Verhandlung gegen Josef Peters in Saarbrücken gehofft. Während das Saarländische Oberlandesgericht Anfang Januar 2001 wenigstens den Vollzug des Haftbefehls aufhob, erwies sich die Suche nach einem unvoreingenommenen Gericht als vergeblich. Weit und breit war kein saarländischer Strafrichter mehr übrig, der in diesem Fall nicht vorurteilsbelastet gewesen wäre. Als letzte Rettung schlug ich deshalb vor, ausnahmsweise eine Schwurgerichtskammer aus Zivilrichtern zu bilden. Es nutzte alles nichts: Im März 2002, eineinhalb Jahre nach dem zweiten Revisionsbeschluss des Bundesgerichtshofes und mittlerweile sechseinhalb Jahre nach seiner Tat, saß die 3. Große Strafkammer des Landgerichts Saarbrücken abschließend über Josef Peters zu Gericht. Wegen Totschlags wurde er zu einer Haftstrafe von sechs Jahren verurteilt. Unser alter Freund, der Vorsitzende Richter Radtke, hatte sich pietätvoll in eine plötzliche Erkrankung geflüchtet. Am 11. August 2003, acht Jahre, nachdem er unter tragischen Umständen seine Lebensgefährtin erschossen hatte, wurde die Reststrafe von Josef Peters zur Bewährung ausgesetzt. Über drei Jahre hatte er in Untersuchungshaft gesessen, sich seitdem zweieinhalb Jahre »beanstandungsfrei in Freiheit geführt«. Im August 2007 wird die Bewährungsfrist enden. Zwölf Jahre, sieben Instanzen, Urteile von der Bewährungsstrafe bis zu lebenslänglich. Sollte das die einzige Form der rechtsstaatlichen Justiz sein, dann wäre es wohl einfacher, man schüfe die Gerichte ab und würfe künftig über das Schicksal aller Angeklagten eine Münze.

# 7. FAMILIENBANDEN

*Abschreckungsurteile:*
*Wenn gereizte Richter ein Exempel statuieren*

*Zwei niederrheinische Sinti-Familien, obwohl vielfach miteinander verschwägert, sind seit 30 Jahren bitter verfeindet. Immer wieder kommt es zu gewalttätigen, gar bewaffneten Übergriffen der Familie des späteren Opfers gegen diejenige des späteren Angeklagten Eugen Siebert. Jahre vor der hier fraglichen Tat gipfelt die Feindschaft in einer Drohung mit vorgehaltenem Revolver: »Du Sau, jetzt stirbst du!« Die Scheinhinrichtung traumatisiert Siebert. Er schläft schlecht, leidet unter häufigen Panikattacken und tut alles, um seinen Peinigern aus dem Weg zu gehen. Als er eines Tages in einer Bäckerei unerwartet auf Oswald Pohl trifft, glaubt der geistig schlichte Mann, sein letztes Stündlein habe geschlagen – und sticht sein Gegenüber im Affekt nieder. Das Gericht unterschlägt in seiner Beweiswürdigung wesentliche Fakten und Gutachten und verurteilt Siebert wegen Mordversuchs zu 14 Jahren. Mit diesem rechtswidrigen Abschreckungsurteil will man die verfeindeten, vor Gericht notorisch bekannten Sippen endlich zur Ruhe bringen.*

Strafe muss sein. Aber warum bestrafen wir eigentlich Menschen, die gegen das Gesetz verstoßen? Die älteste Wurzel unseres Rechtsverständnisses ist ebenso schlicht wie brachial. Es ist der Drang nach Rache und Vergeltung. Auge um Auge, Zahn um Zahn. Nur ein langer und windungsreicher Prozess der Zivilisation hat uns schließlich zu der Einsicht geführt, dass die Befriedigung dieses Bedürfnisses nicht in der Hand des Einzelnen oder bestimmter Gruppen liegen darf. Vergeltung gegenüber einem Täter zu üben, muss Sache der Gemeinschaft, der Gesellschaft, des Staates sein. Und wer immer Strafen verhängt, sollte dabei verbindlichen und allgemein bekannten Regeln folgen: Keine Strafe ohne Gesetz.

Jedes Urteil kann falsch und muss deshalb überprüfbar, nötigenfalls auch anfechtbar sein. Das sind die beiden Grundpfeiler, auf denen jede Rechtsprechung ruhen muss, damit sie nicht der Willkür und der subjektiven Sicht von Einzelnen unterliegt.

Doch auch aus den besten rechtsstaatlichen Ordnungen – und unsere gehört trotz all ihrer Unwägbarkeiten gewiss dazu – ist der tief verwurzelte individuelle Racheimpuls niemals völlig verschwunden. Bis heute sind viele Bürger zumindest insgeheim der Auffassung, ein Straftäter solle selbst erleiden, was er anderen angetan hat. Die Rufe nach Ruhe und Ordnung, nach »Nie wieder!«, »Wegsperren!« und »Aufhängen!« resultieren nicht nur aus einem tiefen Bedürfnis nach Sicherheit, sondern auch aus spontanen Rachegefühlen heraus, die angesichts einer schrecklichen Tat zwar durchaus nachvollziehbar sind, aber keinesfalls an die Stelle einer objektiven Urteilsfindung treten dürfen.

Das Verlangen nach Strafe ist so gesehen nur eine Umkehrung der goldenen Regel: »Was du nicht willst, das man dir tu, das füg auch keinem andern zu.« Gewiss, einem Dieb die Hand zu amputieren, wie es das islamische Recht vorsieht, erscheint uns grausam und antiquiert – obwohl auch dieser Vorschrift nur der Gedanke zugrunde liegt, dass eine Strafe in einem möglichst genauen und damit angemessenen Verhältnis zur Schuld stehen soll. Die Differenz liegt hier nicht in der Begründung des Strafanspruchs, sondern in einer Fortentwicklung unserer Strafpraxis: Unser modernes Verständnis lehnt alle direkten körperlichen Strafen als unmenschlich ab. Doch das tun wir erst seit knapp 200 Jahren. Noch die so genannte »Peinliche Gerichtsordnung«, die unter Maria Theresia in Österreich angewendet wurde, erlaubte im 18. Jahrhundert drastische Foltermaßnahmen. Und die grausamste aller körperlichen Strafen, die Todesstrafe, wurde in den meisten westlichen Ländern erst in der zweiten Hälfte des 20. Jahrhunderts abgeschafft. In den USA, der Vormacht der freien Welt, wird sie bis heute vollstreckt.

In der ungebrochenen Popularität der Todesstrafe – Umfragen bezeugen sie auch hierzulande regelmäßig – lebt der alte Wunsch nach unmittelbarer Vergeltung fort. Er macht sich immer dann besonders lautstark bemerkbar, wenn unsere tief verwurzelten Beschützerinstinkte geweckt werden. Wann immer Kinder und andere wehrlose Menschen Opfer von Verbrechen werden, ist der Ruf nach der Todesstrafe nicht weit – oft genug angefeuert durch die sensationsgierige Berichterstattung der Boulevardpresse. Dass dieser Wunsch sich tatsächlich Bahn bricht, davor schützt uns das Grundgesetz, durch das die Todesstrafe abgeschafft wurde.

## Strafe muss sein

In Wahrheit aber haben wir den Wunsch nach Rache seit der Aufklärung nur in vornehmere Begriffe gekleidet. Unsere Strafrechtsordnung geht nach wie vor von einem Anspruch sowohl des einzelnen Opfers als auch der gesamten Gesellschaft auf Vergeltung und Sühne für jede begangene Straftat aus. Der Grundgedanke aller so genannten »absoluten Straftheorien« ist folgender: Jede Straftat, jedes Verbrechen stört die Rechtsordnung, ja eigentlich sogar die sittliche oder – den entsprechenden Glauben vorausgesetzt – die göttliche Ordnung. Und diese Störung lässt sich nur durch einen gerechten Schuldausgleich, eben eine angemessene Strafe beseitigen. Positiv formuliert: Nur die Strafe vermag den Rechtsfrieden wiederherzustellen. Im Prinzip gilt also immer noch das biblische »Auge um Auge, Zahn um Zahn«. Allerdings wird die archaische Maxime heute in rechtsstaatlich geregelte Bahnen gelenkt. Jede denkbare Strafe muss die Menschenrechte auch des Verbrechers im Kern wahren. Bis weit in die Sechzigerjahre war dies unter Rechtstheoretikern und Juristen die am meisten verbreitete Straftheorie. »Absolut« ist sie deswegen, weil die Strafe keiner weiteren praktischen Begründung bedarf. Der Schuldausgleich, altmodischer gesagt: die Sühne, ist in sich selbst gerechtfertigt.

Doch der moderne, aufgeklärte Mensch neigt zu einem gewissen Relativismus in moralischen Fragen. Ethischer Rigorismus kommt uns seltsam fremd und gestrig vor. Wohler fühlen wir uns deshalb, wenn die Verhängung von Strafen auch einen praktischen, möglichst sogar einen statistisch nachweisbaren Nutzen hat: wenn sie die Zahl der Straftaten verringert oder aus Straftätern gesetzestreue Bürger macht. Was in der Theorie gut klingt, funktioniert aber in der Praxis so gut wie überhaupt nicht. Weshalb denn auch der absolute Sühneanspruch am Ende die einzig tragfähige Begründung für jede Strafe bleibt. Strafe muss einfach sein – auch wenn sie keinen Wandel des Täters zum Positiven bewirkt.

Die Rechtsphilosophen, die »relative Straftheorien« favorisieren, verlagern den gewünschten positiven Effekt daher auf die Verhütung zukünftiger Straftaten. »Relativ« ist die Rechtfertigung der Strafe, weil sie deren Gültigkeit vom praktischen Erfolg ihrer Anwendung abhängig macht. Sollte sich zeigen, dass Bestrafung faktisch nicht zur Verhinderung von Verbrechen – oder wenigstens zur Verringerung ihrer Zahl – führt, müsste man in letzter Konsequenz auf sie verzichten. Nach dieser Lesart muss Strafe sein – weil sie die Welt ein wenig sicherer und besser macht.

Wie aber kann Strafe künftige Verbrechen verhindern? Zunächst einmal durch ihre Wirkung auf den Täter. Die Juristen sprechen hier von »Spezialprävention«. Die erste Wirkung der Strafe ist dabei noch einigermaßen verlässlich. Durch die Inhaftierung des Straftäters wird die Allgemeinheit vor ihm geschützt, jedenfalls solange er im Gefängnis sitzt. Diesem Diktum folgt ein sehr nachvollziehbarer Impuls auf dem Fuße: Je länger der Täter sitzt, umso besser für uns alle. Besonders Schwerverbrecher will die Mehrheit am liebsten lebenslang hinter Gittern sehen. Doch diesem Wunsch steht das oberste Prinzip jeder rechtsstaatlichen Strafzumessung im Wege: Die Strafe muss in einem angemessenen Verhältnis zur Schwere der Schuld und zur Schuldfähigkeit eines Täters stehen. So gerät das Ziel der Prävention früher oder später in Konflikt mit der »absoluten« Begründung der Strafe. Die praktisch scheinbar beste Lösung – lebenslanges Wegsperren – ist moralisch gerade die fragwürdigste.

Mit den anderen beiden Zielen der Spezialprävention sieht es erst recht zappenduster aus. Das Risiko, für seine Tat zur Rechenschaft gezogen zu werden, schreckt nahezu niemanden davon ab, eine Straftat zu begehen. Weltweit ist keine Statistik bekannt, die eine abschreckende Wirkung selbst drakonischster Strafen beweisen könnte. Wenn überhaupt, dann zeigt sich eher eine merkwürdige Umkehrung: Strafen scheinen umso weniger abzuschrecken, je höher sie ausfallen – und je höher die Wahrscheinlichkeit ist, tatsächlich bestraft zu werden. So liegt die Aufklärungsquote für Kapitalverbrechen in allen zivilisierten Ländern bei weit über 90 Prozent. Doch in keinem von ihnen werden mehr Morde begangen als in den USA, obwohl dort in 38 von 50 Bundesstaaten auf Mord die Todesstrafe steht. Welche Untersuchung man auch immer heranzieht, man wird stets zum gleichen Fazit kommen: Um die abschreckende Wirkung der Strafe ist es schlecht bestellt.

Nicht zuletzt diese bittere Bilanz leistete einer Idee Vorschub, die sich vor allem in den Sechziger- und Siebzigerjahren großer Popularität unter liberalen Juristen und Bürgern erfreute: die Idee der Resozialisierung. Wenn die Androhung von Strafe schon nicht verhindert, dass Menschen kriminell werden, könnte sie doch wenigstens dazu genutzt werden, den verurteilten Straftäter während der Zeit seiner Haft zu »bessern« und auf ein straffreies Leben in Freiheit vorzubereiten. Wer sich einmal für kriminelle Verfehlungen anfällig gezeigt hat, könnte so vielleicht davon abgehalten werden, künftig weitere Straftaten zu begehen. Doch weder harte noch humane Haftbedingungen, weder Arbeitszwang noch Ausbildungsangebote, weder Einzelhaft noch Gruppentherapie vermochten wesentlich etwas daran zu ändern, dass im Schnitt 80 Prozent aller verurteilten Straftäter früher oder später rückfällig werden. Zudem stießen die Forscher auch hier bald auf ein irritierendes Paradox: Je früher und je häufiger jemand im Gefängnis landet, desto größer ist das Risiko, wieder dorthin zurückkehren zu müssen. Sehr vereinfacht gesagt ist es gerade das Gefängnis, das aus einem Straftäter häufig erst einen Kriminellen macht. Weshalb in den letzten 20 Jahren verstärkt nach Alternativen zur Haftstrafe gesucht wird, zum Beispiel durch die Verhängung von Geldstrafen, die Ausweitung des offenen Vollzugs oder die Anwendung pädagogischer Maßnahmen im Bereich des Jugendstrafrechts. Das hehre Ziel der Resozialisierung ist jedoch aufgrund ernüchternder Bilanzen längst wieder in den Hintergrund getreten. Und so traurig es auch sein mag, eine tragfähige Begründung, warum man Menschen bestraft, liefert auch die Resozialisierung nicht.

Bleibt also nur noch, was die Gelehrten »Generalprävention« nennen. Die Androhung von Strafe, so die Idee, wirke vielleicht nicht auf den einzelnen potenziellen Straftäter, aber doch immerhin auf die Gesellschaft als Ganzes. Für die so genannte »negative Generalprävention«, die eine allgemeine Abschreckungswirkung jeder Strafandrohung postuliert, mag das als Begründung elegant klingen. Die faktische Bilanz fällt deshalb keinen Deut besser aus. Abschreckung funktioniert nicht. Weder Art noch Härte von Strafen zeitigen einen nachweisbaren Effekt – und zwar weder im Hinblick auf die Rückfallquote einzelner Täter noch im Hinblick auf die Häufigkeit von Straftaten insgesamt. Wer nicht klaut, unterlässt es offenbar nicht deshalb, weil es verboten ist. Sondern weil er einsieht, dass eine Welt, in der jeder klaut, also andere auch ihn bestehlen, nicht funktionieren kann.

Dieser Einsicht entspricht die tragfähigste und heute am ehesten anerkannte Präventionstheorie: die so genannte »positive Generalprävention«. Indem Vergehen und Verbrechen mit Strafe bewehrt sind und die Strafandrohung verlässlich durchgesetzt wird, stärkt der Staat ganz allgemein das Vertrauen in die Durchsetzungskraft seiner Rechtsordnung. Ist dagegen die Einsicht der Allgemeinheit in den Sinn einer Rechtsnorm unterminiert, wofür das Steuerrecht prächtige Beispiele abgibt, fällt es dem Staat zunehmend schwer, sie durchzusetzen. Härtere Strafen nützen dann nur noch begrenzt.

In diesem Konzept gilt die Straftat nicht so sehr als sittlich-moralische, sondern vor allem als soziale Störung. Indem der Staat solche Störungen beseitigt, stärkt er die Rechtstreue der Allgemeinheit. Das funktioniert natürlich nur dann, wenn die Institutionen, die das Recht schützen, also Polizei und Justiz, beim Bürger weitgehend uneingeschränktes Vertrauen genießen. Um das zu erreichen, muss ihre Arbeit zugleich transparent und effektiv, unabhängig von Einzelinteressen und frei von Missbrauch und Willkür sein. Im Hinblick auf das unerlässliche Vertrauen der Bürger in die Rechtsordnung als Ganzes ist deshalb Justizunrecht die wohl zerstörerischste Form des Unrechts überhaupt.

## Abschreckung kontra Verhältnismäßigkeit

Sühne, Abschreckung, Resozialisierung, Wahrung der Rechtsordnung – unsere Rechtsprechung soll möglichst alle diese Ziele zugleich verfolgen. Doch wie wir gesehen haben, sind die meisten davon in weiten Teilen unerreichbar. Auf der anderen Seite, und das haben eher rechtsphilosophische Debatten nun mal so an sich, gibt es nicht einmal einen einigermaßen verbindlichen Konsens unter den Juristen, welche dieser Ziele vorrangig sind. Sicher, Strafe muss sein. Und jede Strafe muss in angemessenem Verhältnis zur Schuld und zur Schuldfähigkeit des Täters stehen. Aber was ist »angemessen«? Angesichts des oft sehr weit gefassten Strafrahmens für bestimmte Vergehen gibt es hier einen nicht minder weit gefassten Raum für subjektive Interpretationen.

Auf keinem anderen Feld erweist sich deshalb der gesellschaftliche, ja politische Hintergrund des Rechts deutlicher als auf dem Feld der Strafzumessung. Wer felsenfest an Sühne und Vergeltung glaubt, wird mit eher biblischer Härte strafen. Wer allen Fakten zum Trotz unerschütterlich an der abschreckenden Wirkung der

Strafe festhält, kann die wirksamste Strafe nur am oberen Rand des jeweiligen Strafrahmens finden. Der Prophet des Resozialisierungsgedankens wird stets für einen möglichst humanen und offenen Strafvollzug plädieren – und im Übrigen dazu neigen, zumindest den Ersttäter so kurz wie möglich in die Brutstätte der Kriminalität, das Gefängnis, zu verbannen.

Eines ist allerdings merkwürdig. Die Kunde vom weitgehenden Scheitern des Resozialisierungsgedankens, der es unter den meist konservativen Juristen immer schwer hatte, verbreitete sich in Deutschlands Gerichtssälen binnen weniger Jahre. Doch der Einsicht, dass es um die präventive Wirkung saftiger Strafen faktisch eher noch schlechter steht, widersetzen sich nicht wenige Richter mit geradezu zärtlicher Hartnäckigkeit bis heute. Dass drakonische Abschreckungsurteile letztlich nichts bewirken, wollen sie partout nicht wahrhaben. Dabei ist diese Erkenntnis nicht allein statistisch, sozialpsychologisch und soziologisch bestens belegt, sie ist auch seit langem die generelle Richtschnur der höchstrichterlichen Rechtsprechung. Eine Urteilsbegründung, die die Höhe der Strafzumessung erkennbar unter das Vorzeichen spezieller oder genereller Prävention stellt, wird meist vom Bundesgerichtshof gekippt – jedenfalls dann, wenn der oberste Grundsatz der Verhältnismäßigkeit der Strafe durch ein besonders drastisches Strafmaß deutlich verletzt wird.

Denn nicht nur das Urteil an sich, auch die Strafzumessung muss allein aus den Umständen der Tat ableitbar sein. Will also ein Gericht, das der obsoleten Abschreckungsidee nach wie vor anhängt, ein hartes Urteil verhängen, wird es seine Sachverhaltsfeststellungen wasserdicht machen müssen. Es wird die Tat des Angeklagten in den denkbar schwärzesten Farben ausmalen, um das hohe Strafmaß auch ohne die insgeheim intendierte Abschreckungswirkung zu rechtfertigen. So war es auch im folgenden Fall. Gegen Eugen Siebert wollte das Gericht um jeden Preis ein hartes Abschreckungsurteil fällen. Da die Tatumstände das bei objektiver Beurteilung nicht wirklich hergaben, musste man sie so lange gezielt dramatisieren, bis der Vorwurf eines Mordversuches im Raum stand. Damit verlief die »erzieherische« Maßnahme des Richters auf dem üblichen Wege: Die Tatsachen wurde so lange verdreht, bis die Abschreckung auf »revisionssicheren« Füßen stand. Die Konsequenz: Ein Einzelner musste zu Unrecht einzig deshalb unverhältnismäßig lange büßen, weil das Gericht für die Allgemeinheit ein Zeichen der Autorität zu setzten gedachte.

Die Geschichte hebt an mit dem gängigen Gebräu aus Vorgeschichte und Vorurteilen, das nicht wenigen vermeintlich abschreckenden Gerichtsentscheidungen zugrunde liegt. Der Angeklagte brachte eine umfängliche Liste einschlägiger Vorstrafen mit, das Gericht hatte die gewalttätigen Auseinandersetzungen zwischen den Familien von Täter und Opfer in denkbar schlechtester Erinnerung, und leider waren auch untergründige rassistische Vorurteile nicht völlig auszuschließen. Denn mein Mandant gehört der Volksgruppe der Sinti an. Viele bezeichnen die Sinti und Roma immer noch abschätzig als »Zigeuner«. Weitaus schlimmer ist jedoch, dass sie im offiziellen Behörden- und Justizjargon bis heute unter einem von den Nazis geprägten Unwort firmieren: »Landfahrer«. Zwischen 1936 und 1945 bedeutete diese Etikettierung für über eine halbe Million europäischer Sinti und Roma den Tod in einem Konzentrations- oder Vernichtungslager. Dass unser Rechtsstaat in diesem Punkt nie mit seinen unseligsten Traditionen gebrochen hat, ist empörend und verräterisch zugleich.


## Die Phantome des Korbmachers


Eugen Siebert, das dritte von sieben Geschwistern, wird 1950 im niederrheinischen Rheydt geboren, heute ein Stadtteil von Mönchengladbach. Seine Eltern reisen als Hausierer und Korbmacher quer durch Deutschland. Deshalb schicken sie ihre Kinder auch nur im Winter regelmäßig zur Schule. So landet Siebert bald auf der Sonderschule, die er gerade einmal bis zur 6. Klasse besucht. Bis heute kann er nur mühsam lesen und kaum schreiben. Sein Intelligenzquotient liegt bei 79 Punkten. Nach Meinung eines Gutachters zeigt Siebert damit »eine deutliche intellektuelle Minderbegabung, die im so genannten Grenzbereich angesiedelt ist«.

Wie seine Eltern wird Siebert ein reisender Händler und Korbmacher. Den überwiegenden Teil des Jahres ist er im Köln-Düsseldorfer Raum und im Ruhrgebiet unterwegs. Seine Einkünfte von 2.000 bis 2.500 DM im Monat sind nicht üppig, aber für ihn, seine Partnerin und die zwei gemeinsamen Kinder reicht es. Ende der Siebzigerjahre trennt er sich von seiner Lebensgefährtin und heiratet seine heutige Frau. Seit langem herzkrank, gibt Siebert im Sommer 1998 die Reisetätigkeit endgültig auf und nimmt eine Stelle als Kraftfahrer an.

Zwischen 1965 und 1998 kommt Eugen Siebert insgesamt dreizehn Mal mit dem Gesetz in Konflikt. Die Liste der Delikte reicht von vorsätzlicher Körperverletzung, unerlaubtem Waffenbesitz und Diebstahl über mehrfachen Betrug bis hin zu Bagatellen wie Fischwilderei. Fast alle Verfahren enden mit Geldbußen oder Haftstrafen zwischen sechs und neun Monaten. Leider verhindern die Zeitabstände zwischen seinen Straftaten stets knapp deren Tilgung aus dem Bundeszentralregister, sodass ihm auch aus Jahrzehnten zurückliegenden Taten ein Strick gedreht werden kann. Und trotz der meist niedrigen Vorstrafen wird es sich später rächen, dass Siebert – ganz im Gegensatz zu seinem reisenden Gewerbe – in Rechtssachen eine fatale Heimatverbundenheit an den Tag legt: Zehn Mal steht er vor dem Amtsgericht Mönchengladbach, lediglich in drei Verfahren wird er vor anderen Gerichten angeklagt. Damit ist Siebert der klassische »Stammkunde«.

Besonders nachhaltig trägt er sich 1983 in die Annalen des Landgerichts Mönchengladbach ein. Selbst gar nicht in den Fall verwickelt, zettelt er während der Verhandlung eine Schlägerei an. Ein Mitglied der verfeindeten Familie Pohl belastete vor Gericht drei von Sieberts Verwandten, woraufhin dieser den Zeugen mit einer gezielten Rechten ausknockt. Die Folge ist eine Saalschlacht zwischen beiden Sippen. Wo immer sich derartige Skandale ereignen, gehören sie zum festen Sagenschatz eines Gerichts. Kein Richter oder Staatsanwalt, der sie nicht kennte – oder je vergäße.

Um seine Negativbilanz bei Mönchengladbachs Richtern komplett zu machen, rahmt Siebert sie dummerweise mit zwei Gewaltdelikten gegen ein und dieselbe Person ein. Schon im August 1970 verurteilte ihn das Amtsgericht wegen versuchten Mordes zu einer Jugendstrafe von sechs Jahren. Sein Opfer war eben jener Oswald Pohl, der im vorliegenden Fall fast 30 Jahre später als Geschädigter und Nebenkläger auftritt. Nur unter dem starken psychischen Druck des polizeilichen Verhörs hatte Siebert damals fälschlicherweise gestanden, auf seinen Erzrivalen geschossen zu haben.

Schon aufgrund dieser Aktenlage war zu befürchten, dass die Richter nicht unvoreingenommen reagieren würden, als Eugen Siebert abermals vor Gericht stand, dieses Mal weil er Oswald Pohl in einer Bäckerei niedergestochen hatte. Der Angeklagte galt ihnen als gewohnheitsmäßiger Kleinkrimineller. Sein Hang zu spontanen Gewaltausbrüchen war bestens bekannt. Mit dem geschädigten Nebenkläger lieferte er sich zudem seit 30 Jahren eine brutale Familienfehde. Der Widerwille, den solche Vendetten bei unseren Gesetzeshütern auslösen, ist enorm. Zur gewiss nötigen Durchsetzung der Rechtsordnung auf dem Wege der Abschreckung schlagen sie daher auch gerne mal etwas nachhaltiger dazwischen.

Bei näherer Hinsicht stellt sich das Verhältnis von Täter und Opfer hier allerdings ganz anders dar, als es zunächst den Anschein hat. Denn nicht Siebert hat Pohl des Öfteren brutal angegriffen, sondern ist umgekehrt von diesem und seinen Brüdern mehrfach zusammengeschlagen und beschossen worden. Einmal hätten die Männer ihn sogar um ein Haar umgebracht. Nicht Eugen Siebert, sondern Oswald, Hermann und Willi Pohl greifen in dieser Familienfehde regelmäßig und skrupellos zu den Waffen. 1983 verjagt Oswald Pohl eine Gruppe von Bauarbeitern, die auf die Bezahlung ihrer Arbeit drängen, mit einer Pistole von seinem Grundstück. 1986 bedroht er auf einem Campingplatz bei Karlsruhe einen anderen Sinti mit der Waffe und schießt mehrfach direkt vor dessen Füße in den Sand.

Im November 1994 kommt es bei einer Geburtstagsfeier zur wohl folgenschwersten Auseinandersetzung zwischen den verfeindeten Männern. Vor der Wohnung seiner Schwester Maria, die mit einem Mitglied der Familie Pohl verheiratet ist, wird Eugen Siebert von den Brüdern Oswald und Hermann Pohl angegriffen. Wegen eines lächerlichen Ehrenhändels schießt Hermann Pohl auf Siebert – und verfehlt ihn nur knapp. Dann schlägt er mit seiner Waffe brutal auf den wehrlosen Mann ein. Panisch versucht Siebert zu fliehen. Doch Pohl holt ihn ein, zwingt ihn niederzuknien, hält ihm seine Pistole an die Schläfe und droht: »Du Sau, jetzt stirbst du!« Gemeinsam weiden sich die Brüder an der Vorstellung, wie Sieberts Gehirn »rausspritzt«. Dann meint Oswald Pohl: »Schieß ihm doch in den Bauch, dann dauert es länger.« In letzter Sekunde verhindern hinzueilende Mitglieder der Familie Siebert das Schlimmste. Zur Anzeige gelangen diese und andere Vorfälle nur deshalb nicht, weil die strengen Ehrbegriffe der Sinti und ihre traumatischen Erfahrungen mit dem deutschen Staat ihnen das Einschalten der Polizei verbieten.

Seit diesem traumatischen Erlebnis leidet Eugen Siebert unter Alpträumen, Schlaflosigkeit und Angstattacken. Er hält es nur schwer aus, allein zu sein, bei jedem Geräusch zuckt er panisch zusammen und sucht die Umgebung schweißgebadet nach seinen Peinigern ab. Um ein Zusammentreffen mit ihnen zu vermeiden, hält er sich in Mönchengladbach so weit wie möglich aus der Öffentlichkeit fern.

Dennoch gehen die Angriffe weiter. Im Sommer 1995 wird Sieberts Wohnwagen auf einem Campingplatz bei München aus dem fahrenden Auto der Pohls heraus beschossen. Ende November desselben Jahres überfallen die drei Brüder erneut eine Geburtstagsfeier, diesmal im Hause eines Cousins von Eugen Siebert, der selbst zum Glück nicht anwesend ist. Mit Knüppeln schlagen sie mehrere Fenster ein, dann ballern sie mit ihren Revolvern herum, beschimpfen die Geburtstagsgäste auf das Unflätigste und drohen, die Anwesenden umzubringen. Schließlich kommt es im Oktober 1997 noch einmal zu einem Schusswechsel zwischen Mitgliedern beider Familien, und zwar ausgerechnet in einem Krankenhaus. Wieder ist Siebert nicht zugegen. Aber aus den Berichten muss er schließen, dass die Brüder Pohl nach wie vor eine lebensgefährliche Bedrohung für ihn darstellen.

## Blackout in der Bäckerei

Alle Alpträume scheinen mit einem Schlag wahr zu werden, als Eugen Siebert am Montag, dem 19. Oktober 1998, um kurz nach 8 Uhr in seine Stammbäckerei in der Nähe des Rheydter Bahnhofs geht, um Brötchen zu holen. Noch bevor er das enge, schmale Ladenlokal betritt, erkennt er Oswald Pohl, der an der Theke steht, ihn aber relativ spät bemerkt. Siebert ist wie vom Blitz getroffen. Die Pohls wohnen nicht im Stadtteil Rheydt. Das kann nur bedeuten: Oswald Pohl ist gekommen, um seine mehrfach wiederholte Drohung wahr zu machen. Er will Siebert töten. Da greift Pohl zum ersten Mal in seine Hosentasche. Eine Waffe? Wie in einem schlechten Horrorfilm laufen die demütigenden und brutalen Szenen der letzten Jahre vor Sieberts innerem Auge ab.

Seit dem Vorfall vom November 1994 leidet Siebert unter einer so genannten posttraumatischen Belastungsstörung. Angesichts dieser Diagnose wirkt das Auftauchen seines Erzfeindes wie ein Schlüsselreiz. Jeder hätte in einer derartigen Extremsituation Probleme, vernünftig zu überlegen und zu reagieren, etwa ganz ruhig den Rückzug anzutreten oder die Polizei herbeizuholen. Wie um alles in der Welt aber soll ein wenig intelligenter Mensch wie Siebert jetzt einen kühlen Kopf bewahren? In Panik und Todesangst verliert er schlicht die Nerven. Der Pohl will mich umbringen! Der wartet nur auf mich! Abhauen? Der hat mich bestimmt schon gesehen! Er oder ich …

Zu diesem Zeitpunkt befinden sich neben Pohl vier Zeugen in der Bäckerei: zwei Angestellte, eine Kundin, die gerade Brot kauft, und ein Kunde, der im hinteren Teil des Ladenlokals an einem der Stehtische frühstückt. Die Kundin bemerkt nur, wie Siebert ungehobelt in den Laden stürmt. Dabei schubst er sie wohl etwas unsanft zur Seite. Auf das wahre Ausmaß der anschließenden Rempelei wird sie allerdings – ebenso wie alle anderen Zeugen – erst durch Pohls Aufschrei aufmerksam. Zwar gibt der Verkäufer Udo K. später an, er hätte »boxende Bewegungen« Sieberts wahrgenommen. Doch weder sieht einer der Zeugen im entscheidenden Moment Sieberts Messer, noch beobachten sie genau, wie er auf Pohl einsticht. Erst recht achten sie nicht darauf, ob nicht vielleicht auch Pohl nach einer Waffe greift oder gegriffen hat.

Mit dem Korbmachermesser, das Siebert ständig bei sich trägt, sticht er Pohl zunächst zweimal in den unteren Rückenbereich. Der erste Stich hinterlässt eine tiefe Fleischwunde in der linken Gesäßbacke, der zweite führt zu einer gefährlichen Nierenverletzung. Pohl schreit laut auf und wendet sich Siebert frontal zu. Darauf sticht dieser noch einmal zu, jetzt von oben nach unten und in die Brust. Dieser dritte Stich geht nur knapp am Herzen vorbei. Unter anderem durchtrennt er die Zwischenrippenvene. Ohne die spätere notärztliche Versorgung und die anschließende Operation wäre diese Verwundung lebensbedrohlich gewesen.

Erst durch Pohls Schreie, er sei verletzt worden und verblute, werden alle Zeugen auf die Messerstecherei aufmerksam. Doch bevor ihnen überhaupt klar wird, was soeben geschehen ist, ergreift Eugen Siebert auch schon die Flucht. Der Zeuge Werner S., der der ganzen Szene zunächst keine Beachtung geschenkt hat, stürmt hinter seinem Stehtisch hervor und nimmt die Verfolgung auf. Zusammen mit zwei Passanten gelingt es ihm, Siebert einzuholen. Doch die Männer trauen sich nicht, den Bewaffneten zu stellen. Also flieht Siebert weiter über eine breite Hauptverkehrsstraße. Auf dem Grünstreifen rutscht er aus. Dann erkennt er, dass zufällig sein Bruder an der Ampel wartet. Keuchend schleppt er sich zu dessen Fahrzeug, und die beiden Männer brausen davon.

Acht Monate lang bleibt die Fahndung nach Siebert erfolglos. Dann, im Juni 1999, stellt er sich plötzlich der Polizei. Oswald Pohl wird operiert und zehn Tage stationär behandelt. Am 29. Oktober 1998 verlässt er nach komplikationslosem Heilungsverlauf das Krankenhaus. Außer großen Narben und gelegentlichen Schmerzen beim Heben von Lasten hinterlässt Sieberts Anschlag keine Spätfolgen.

Nach Sieberts Flucht benimmt sich Oswald Pohl keineswegs wie ein tödlich Verwundeter. Auf einem Stuhl sitzend, wartet er auf den herbeigerufenen Rettungswagen. Währenddessen telefoniert er hektisch mit seiner Frau und bestellt sie zum Tatort. Noch während Notarzt und Sanitäter ihn ambulant versorgen, taucht Martha Pohl vor der Bäckerei auf und bestürmt die Helfer, ihr gefälligst die Hose ihres Mannes auszuhändigen. Ohne sich bei diesem sonderbaren Ansinnen etwas zu denken, und wohl auch, um die keifende Frau zu beruhigen, übergibt ein Sanitäter ihr das blutbefleckte Kleidungsstück.

## Die rätselhafte Hose

Zum Glück kann Martha Pohl dieses wichtige Beweisstück nicht beseitigen. Schon im Krankenhaus muss sie es wieder der Polizei übergeben, die alle Kleidungsstücke des Opfers beschlagnahmt. Als die Hose auf Antrag der Verteidigung später kriminaltechnisch untersucht wird, finden sich in der rechten Tasche Schmauchspuren. So bekommt die merkwürdige Episode am Tatort doch noch einen Sinn. Denn mit an Sicherheit grenzender Wahrscheinlichkeit stammen die Partikel von einer Pistole, die Oswald Pohl in seiner rechten Hosentasche trug – bevor seine Frau sie beiseite schaffte. Bestätigt wird dies durch ein späteres Eingeständnis der Schwester Gertrud Sieberts, die mit einem von Pohls Cousins verheiratet ist. Ihr gegenüber hat sich Pohl nämlich während seines Krankenhausaufenthaltes verplappert: Natürlich hätte er »den Eugen umgepustet« – der sei bloß schneller gewesen, weshalb er seine Pistole nicht mehr habe ziehen können.

War Oswald Pohl an jenem Morgen in der Rheydter Bäckerei tatsächlich bewaffnet, hätte das Verfahren gegen Siebert völlig anders ausgehen müssen: Das Gericht hätte ihn höchstens wegen gefährlicher Körperverletzung verurteilen können. Je nachdem wann genau Pohl seine Waffe zog und je nachdem wann Siebert das erkannte, hätte dieser entweder in direkter Notwehr oder in so genannter »Putativnotwehr« gehandelt. (Das heißt: Er ging in der irrtümlichen, aber durchaus begründeten Annahme auf ihn los, sich tatsächlich in einer Notwehrlage zu befinden.) Damit hätte das Urteil wesentlich milder ausfallen, bei einer echten Notwehr sogar auf Freispruch lauten müssen.

Doch selbst wenn man annimmt, dass Oswald Pohl tatsächlich unbewaffnet war, wofür wenig spricht, wäre im äußersten Fall eine Verurteilung wegen versuchten Totschlags in minder schwerem Fall zu rechtfertigen gewesen. Siebert war schließlich »durch eine ihm (...) zugefügte Misshandlung oder schwere Beleidigung von dem getöteten Menschen zum Zorn gereizt und hierdurch auf der Stelle zur Tat hingerissen worden« (§ 213 StGB). Die traumatische Belastung durch die früheren brutalen Übergriffe Pohls mussten in der gegebenen Situation wie eine direkte Bedrohung wirken. Aus Gründen jedoch, über die noch zu sprechen sein wird, strebte das Gericht eine Verurteilung wegen Mordversuchs an. Und dafür bog es sich die Wahrheit auf überaus fragwürdige Weise zurecht.

Auf die Frage, ob Pohl tatsächlich eine Pistole in seiner Hosentasche trug, konnten sämtliche Tatzeugen nichts wirklich Brauchbares aussagen. Wie auch? Sie wurden doch erst auf das Handgemenge aufmerksam, als alles schon mehr oder weniger vorbei war. Und was machen die Richter? Sämtliche Aussagen, man habe nicht erkennen können, ob oder gar wie Pohl in seine Hosentasche gegriffen und eine Waffe gezogen habe, interpretieren sie einseitig dahingehend, dass Pohl tatsächlich unbewaffnet gewesen sei. Bei Lichte betrachtet folgen sie damit einzig der Aussage des geschädigten Nebenklägers. Denn Pohl hatte natürlich behauptet, er habe keinen Revolver bei sich gehabt – und sei auch nur ganz zufällig in der betreffenden Bäckerei in einem Stadtteil gewesen, in dem er normalerweise nicht viel zu suchen hat. Siebert dagegen hatte gesehen, wie Pohl in seine rechte Hosentasche griff. Nach allen bisherigen Erfahrungen konnte das in seinen Augen nur eines bedeuten: Pohl würde eine Waffe hervorziehen und auf ihn schießen.

So stand am Ende Aussage gegen Aussage. Es versteht sich von selbst, dass ein Gericht derart konträre Äußerungen besonders sorgfältig prüfen und wägen muss, wenn es sich um diejenigen von Täter und Opfer handelt. Das gilt vor allem für die Glaubwürdigkeit der Beteiligten. Aber nein: Die Richter erklärten kurzerhand die Darstellung des Nebenklägers für glaubhaft, obwohl dieser in der Hauptverhandlung zu mindestens einer anderen Frage – den Vorfällen bei einer früheren Schießerei – erwiesenermaßen gelogen hatte. Und das ist wahrlich skandalös: Da leistet das Tatopfer vor Gericht einen Meineid – und die Richter schenken seiner ohnehin schon einseitig belastenden Aussage ohne weiteres Hinterfragen Glauben. Eine solche Parteilichkeit ist kaum zu überbieten.

Doch damit nicht genug. Was tun mit den Schmauchspuren? Kein Problem: Man fordert den Geschädigten einfach auf, sich eine brauchbare Schutzbehauptung zurechtzulegen, und fertig ist das Argumentationsgerüst für die wasserdichte Urteilsbegründung! Nach der Sitzung, in der das betreffende kriminaltechnische Gutachten zur Sprache gekommen war, musste die Verhandlung für drei Wochen vertagt werden. Und welchen Rat gab der Vorsitzende Richter Neumann seinem Kronzeugen Oswald Pohl mit auf den

Weg? »Sie haben jetzt drei Wochen Zeit, sich zu überlegen, wie Sie die Schmauchspuren in ihrer rechten Hosentasche erklären wollen.« Deutlicher geht's nimmer.

Der weitere Gang der Ereignisse war absehbar. Erstens: Pohl legte sich eine dreiste Lüge zurecht – er habe bloß verschossene Patronenhülsen in der Tasche gehabt, die er seinen Kindern zum Spielen geben wollte. Wirklich reizend! Zweitens: Die Verteidigung traute ihren Ohren nicht und stellte einen Befangenheitsantrag gegen den Vorsitzenden, der Pohl zu seiner fragwürdigen Schutzbehauptung geradezu eingeladen hatte. Drittens: Das Gericht lehnte diesen Befangenheitsantrag ab – und war fortan schwer beleidigt. Viertens: Um ihre Urteilsgründe auch wirklich abzudichten, behaupteten die Richter am Ende auch noch, es sei im Grunde unerheblich, ob der Geschädigte bewaffnet gewesen sei oder nicht. Denn er habe ja im Zweifelsfall gar keine Gelegenheit gehabt, von seiner Waffe Gebrauch zu machen, so unvermittelt und arglistig habe ihn der Angeklagte angegriffen.

## Eine »missverständliche Formulierung«?

Eine Reihe unhaltbarer Mutmaßungen und Unterstellungen, die ausnahmslos zu Lasten des Angeklagten gingen. Mit einem winzigen Schönheitsfehler: Für den Vorwurf des versuchten Mordes braucht man mehr. Erstens eine klare Tötungsabsicht aufseiten des Täters, zweitens niederträchtige Motive und Arglist, drittens Arg- und Wehrlosigkeit aufseiten des Opfers, viertens die uneingeschränkte Schuldfähigkeit des Täters sowie die Fähigkeit, die Folgen seiner Tat klar abzuschätzen. Nichts davon trifft im vorliegenden Fall zu – jedenfalls dann nicht, wenn man die Fakten nicht böswillig ignoriert.

Was die Richter nicht völlig umgehen konnten, war die Vorgeschichte der brutalen Übergriffe Pohls auf Siebert. Immerhin könnten, so deshalb die Richter in ihrer Urteilsbegründung, »die vorangegangenen Angriffe von Mitgliedern der Familie Pohl (...), insbesondere der für den Angeklagten traumatisierende und erniedrigende Vorfall vom November 1994 (...) ein Motiv gebildet haben«. Allerdings habe die Kammer hierzu keine »sicheren Feststellungen getroffen«. Warum? Weil die Richter das nicht mit der nötigen Sicherheit tun konnten – oder vielmehr nicht tun wollten. Es hatte in diesen Angelegenheiten schließlich nie amtliche Ermittlungen oder gar Verfahren gegeben.

In nämlicher Ignoranz setzten sie sich über die Frage der geistigen Verfassung Eugen Sieberts zur Zeit der Tat hinweg. Von den zwei psychologischen Gutachten, die im Auftrag des Gerichts erstellt wurden, wertete es nur eines aus. Dieses Gutachten beschäftigte sich jedoch allein mit der Frage, ob Sieberts Schuldfähigkeit durch wahnhafte Vorstellungen beeinträchtigt gewesen sei. Das hatte der Gutachter im Hinblick auf die posttraumatische Belastungsstörung des Angeklagten verneint. Es hätten sich »keinerlei Anhaltspunkte für eine Wahnsymptomatik« ergeben, insbesondere ein klinisch manifester Verfolgungswahn sei auszuschließen.

Aus dieser Feststellung des Gutachters leiteten die Richter die kurzschlüssige These ab, Sieberts Trauma habe »keinerlei Auswirkung auf seine Einsichts- oder Steuerungsfähigkeit« gehabt. Das ist diagnostische Scharlatanerie und rechtlich eine Ungeheuerlichkeit. Denn die posttraumatische Belastungsstörung ist eine laut ICD anerkannte Krankheit, zu deren Symptomen »vegetative Übererregbarkeit« und erhöhte Aktionsbereitschaft in traumatischen Situationen zählen.[9] Dass dieses Krankheitsbild Sieberts »Einsichts- oder Steuerungsfähigkeit« in der gegebenen Situation nicht negativ beeinflusst habe, erfordert zumindest eine Begründung.

---

9 Die ICD (*International Classification of Diseases, Injuries and Causes of Death*, Internationale Klassifikation der Krankheiten, Verletzungen und Todesursachen) ist der weltweit verbindliche Standardkatalog der WHO zur Erfassung und Definition von Krankheiten. Die posttraumatische Belastungsstörung ist dort unter der Sigle F43.1 erfasst.

Auf keinen Fall darf es apodiktisch in den Raum gestellt werden. Doch da deutsche Richter sich gerne für kompetente Psychiater halten, sind solche Kurzschluss-Statements zwar ärgerlich, aber leider eher die Regel als die Ausnahme.

Überhaupt nicht in ihre Erwägungen einbezogen hat die Kammer das Problem der intellektuellen Minderbegabung des Angeklagten. Schon als er Pohl sah, reichte es angesichts seiner schwachen Differenzierungsfähigkeiten kaum für detaillierte Tatüberlegungen. Im Grunde war Sieberts ganzes Verhalten seit diesem Zeitpunkt affektiv gesteuert und nicht rational überlegt. Wie soll von einer Person mit einem Intelligenzquotienten von 79 erwartet werden, dass sie um die lebensbedrohlichen Folgen einer Stichverletzung in Gesäß und Flanke weiß, dass sie diese »billigend in Kauf nimmt« oder gar erstrebt? Um es in aller gebotenen Deutlichkeit zu sagen: Eugen Siebert war schlicht zu dumm, um die Folgen der ersten beiden Stichwunden auch nur annähernd einzuschätzen. Angesichts seines starken subjektiven Bedrohungsgefühls stach er einfach blind zu. Dabei folgte er weder niedrigen Beweggründen noch einer eindeutigen Tötungsabsicht. Auch war sein Verhalten nicht arglistig, sondern ganz im Gegenteil panisch. Im sicheren Gefühl, vom bewaffneten Pohl ansonsten erschossen zu werden, hatte er nichts anderes im Sinn, als dessen befürchtetem Angriff zuvorzukommen.

Ganz anders das Fazit des Landgerichts Mönchengladbach. Seiner Einschätzung nach fasste der Angeklagte, nachdem er Oswald Pohl in der Bäckerei erkannt hatte, »spontan den Entschluss, den Nebenkläger körperlich anzugreifen«. Dabei habe Eugen Siebert hinterhältig versucht, »das Überraschungsmoment auszunutzen und hierdurch eine etwaige Gegenwehr des Nebenklägers zu verhindern«. Billigend habe er in Kauf genommen, Pohl mit seinen Messerstichen zu töten. Dabei habe weder eine tatsächliche oder auch nur anzunehmende Notwehrlage bestanden, noch sei die Schuldfähigkeit des Angeklagten in irgendeiner Weise eingeschränkt gewesen. Sein – immerhin nicht geplanter und vorbereiteter – Versuch, Oswald Pohl umzubringen, zeige eine große »Nähe zur Tatvollendung«, dass er »das Aggressionsdelikt in der Öffentlichkeit begangen« habe, zeuge zudem von der erheblichen »kriminellen Energie« des Angeklagten.

Am 22. März 2000 verurteilte die 7. Große Strafkammer des Landgerichts Mönchengladbach Eugen Siebert zu einer Freiheitsstrafe von 14 Jahren. Es war offensichtlich, dass sie die Tatsachen mit ihrer Argumentationsweise verdreht hatte – das allerdings gründlich. Wie sich in der Revision erwies, hatten die Richter ihre Urteilsbegründung weitgehend »dicht geschrieben«.

Angesichts der Vorgeschichte lag es auf der Hand: Das Ziel des ganzen Verfahrens war ein eindeutiges Abschreckungsurteil. Hinzu kam, dass der Verteidiger in der ersten Instanz, ein erfahrener Kollege aus Hamburg, die Kammer mit zahlreichen wohl begründeten Beweis- und Befangenheitsanträgen zusätzlich gereizt hatte. So einen »konfrontativen Verhandlungsstil« mögen ironischerweise vor allem solche Richter nicht, die durch ihre eigene Prozessführung den Angeklagten und die Verteidigung nach allen Regeln der Kunst in die Enge treiben.

Tatsächlich war der Vorsitzende Richter unvorsichtig genug, die abschreckende Intention der Strafzumessung am Ende seiner Urteilsbegründung offen zuzugeben – obwohl er wissen musste, dass präventive Überlegungen eine mögliche Einlassstelle für eine Revisionsrüge darstellen. Was also schreibt Richter Neumann? »Diese im oberen Bereich des Strafrahmens angesiedelte Strafe ist sowohl zur Einwirkung auf den Angeklagten als auch auf sein Umfeld (…) erforderlich.«

Das ging sogar dem Vertreter der Bundesanwaltschaft zu weit. In seiner Erwiderung auf unsere Revisionsbeschwerde beim Bundesgerichtshof bezeichnete er die konkrete Strafzumessung des Landgerichts als überzogen. Ganz klar erkannte er den Hintersinn der Formulierung von der »Einwirkung sowohl auf den Angeklagten als auch auf sein Umfeld«. Und entsprechend klar konstatierte er den vielleicht skandalösesten Irrtum des Gerichts: »Den Angeklagten für strafbares Verhalten von Landfahrerfamilien, die mit seiner eigenen Sippe in Zwietracht leben, verantwortlich zu machen, geht nicht an.«

Doch so gut es tut, einen Vertreter der Staatsanwaltschaft einmal auf seiner Seite zu wissen, der 3. Strafsenat des Bundesgerichtshofes sah die Sache dann wieder in milderem Licht. Mit seinem Urteil vom 28. März 2001 verwarf er unsere Revision. »Trotz der missverständlichen Formulierung«, so die obersten Bundesrichter, sei das Urteil »im Ergebnis revisionsrechtlich nicht zu beanstanden«. Denn letztlich habe das gerügte Gericht – hier stecken zwischen den Zeilen oftmals kritische Pirouetten – »die verhängte Strafe auch ohne Berücksichtigung dieser präventiven Gedanken (...) für tat- und schuldangemessen gehalten«. Die »für die Strafhöhe nicht tragenden Gesichtspunkte der Spezial- und Generalprävention« – noch eine kleine Ohrfeige für den Verfasser des Urteils – habe das Gericht »lediglich bestätigend angeführt, ohne den Bereich der schuldangemessenen Strafe zu verlassen«.

Damit erwiesen sich die Tatsachenfeststellungen einer gerichtlichen Instanz einmal mehr als nahezu ungreifbar – auch wenn sie offenkundig der Begründung eines nachweislich falschen Urteils dienten. Gleichwohl versuchten wir das Urteil bis zum Schluss mit allen verfügbaren rechtlichen Mitteln anzugreifen – vergeblich. Ein Antrag auf Wiederaufnahme des Verfahrens wurde vom Landgericht Wuppertal im Januar 2004 verworfen, ebenso wenig wurde auf unsere Anzeige hin Anklage wegen Rechtsbeugung gegen die Richter Neumann und Lowinski sowie gegen die Richterin Gabelin erhoben. Schließlich wurde auch eine gegen das Urteil gerichtete Verfassungsbeschwerde nicht zur Entscheidung angenommen. Seit 1999 in dieser Sache in Haft, wird Eugen Siebert sein Unrechtsurteil bis mindestens Ende 2006 abbüßen müssen. Wie soll man sich als Bürger angesichts solcher Ungerechtigkeiten das Vertrauen in den Rechtsstaat erhalten? Selbst als Strafverteidiger mit 50 Jahren Berufserfahrung fällt es manchmal schwer, in solchen oder ähnlichen Situationen immer einen kühlen Kopf zu bewahren.

# 8. DER NAZI UND DER ZUHÄLTER

*Meinungsfreiheit vor Gericht: Was ein Verteidiger über eine
skandalöse Anklageschrift sagen darf – und was nicht*

*Kurz nach der Wende eröffnet ein DDR-Bürger zusammen mit
einigen Herren aus dem Mannheimer Rotlichtmilieu, unter ihnen
der Grieche Georgios Dimakis, in Dresden völlig legal ein Erotik-
center. Im Gefolge osteuropäischer »Hütchenspieler« gerät das
Bordell ins Visier der örtlichen rechten Szene. Mehrfach werden
die Betreiber von extremistischen Schlägern, angeführt von dem
westdeutschen Neonazi Rainer Sonntag, bedroht und erpresst.
Polizei und Staatsanwaltschaft sehen dem braunen Treiben mehr
oder weniger tatenlos zu. Angesichts der Gewaltbereitschaft der
Skinheads bewaffnet Dimakis sich zum Selbstschutz mit einer
Schrotflinte. Ende Mai 1991 treffen er und sein Kumpel Manni
König auf Sonntag und dessen Schlägertruppe. Als Sonntag Dima-
kis mit einem Messer angreift, erschießt dieser ihn in Notwehr. Das
Bezirksgericht Dresden spricht den Griechen frei. In einer Prozess-
pause äußere ich vor laufender Kamera polemisch, die Anklage-
schrift lese sich, als sei sie von einem Neonazi verfasst worden.
Damit handle ich mir eine Beleidigungsklage und ein Ehrenge-
richtsverfahren ein. Denn die Meinungsfreiheit hat vor deutschen
Gerichten seltsame Grenzen. Justitias Jünger sind bisweilen echte
Sensibelchen.*

Als eines der letzten Fossile bundesweit tätiger Strafverteidiger vertrete ich fast immer Mandanten, denen schwere Verbrechen vorgeworfen werden. Ich gebe zu, dass es sich dabei selten um nette Bürger von nebenan handelt, denen die Sympathie der Öffentlichkeit
quasi von selbst zufliegt. Aber deswegen verteidige ich diese Menschen ja auch nicht. Ich tue es, weil ich zutiefst von ihrer Unschuld,
zumindest aber von einem geringeren Umfang ihrer Schuld oder

einer Einschränkung ihrer Schuldfähigkeit überzeugt bin. Und weil es für meine Mandanten um Kopf und Kragen geht, kämpfe ich nicht nur mit allen verfügbaren juristischen Mitteln um ihre legitimen Rechte, sondern ich nenne offensichtliches Unrecht deutlich beim Namen und trage es, wenn nötig, in die Öffentlichkeit.

Mit meinen selten hoch gebildeten Mandanten und so manchem Zeugen muss ich Tacheles reden. Auf den Fluren und in den Hinterzimmern der Gerichte tun das übrigens auch die Juristen, die sich ansonsten gerne hinter einer unverständlichen, verwickelten und oft euphemistischen Kunstsprache verstecken. So sehr ich die geschliffene juristische Argumentation schätze, bin ich daher auch ein Freund klarer Worte. Angesichts der bisher geschilderten skandalösen Missstände in Deutschlands Justiz dürfte es niemanden wundern, dass ich diese Worte nicht immer mit der gebotenen Milde und Weisheit wähle.

So erlebe ich es immer wieder einmal, dass Richter oder Staatsanwälte sich von einzelnen meiner Äußerungen persönlich getroffen fühlen. In weniger dramatischen Fällen hat das schon zu gezielter, manchmal sogar höchstrichterlicher Kritik an meinen Schriftsätzen geführt. Man warf mir zum Beispiel vor, ich verletzte »das Sachlichkeitsgebot bei der anwaltlichen Berufsausübung«, einzelne Formulierungen seien »stillos und ungehörig«, verstießen »gegen den guten Ton« oder seien »dem Ansehen des Anwaltsstandes abträglich«. Manch härtere Rede im Gerichtssaal oder in der Öffentlichkeit hat mir aber auch schon Beleidigungsklagen und ehrengerichtliche Verfahren – es gibt nämlich eine anwaltliche Standesgerichtsbarkeit – eingebracht. Wenn es dabei nur um private Possierlichkeiten einzelner Richter oder Staatsanwälte ginge, könnte ich mit solchen Reibereien gut leben und würde kein Wort über sie verlieren. Denn hätte ich mich bei meinen Zeitgenossen vor allem beliebt machen wollen, wäre ich sicher nicht Strafverteidiger geworden. Meist jedoch, und deshalb mache ich es hier zum Thema, geht es in solchen Fällen um Grundsätzlicheres: um die Meinungsfreiheit vor Gericht.

## Warum Polemik erlaubt ist

In der öffentlichen Auseinandersetzung, und als solche begreife ich auch die Strafjustiz, sind die Grenzen der Meinungsfreiheit bewusst sehr weit gezogen. Solange man den Gegner nicht persönlich grob beleidigt oder mit ehrabschneidenden Unterstellungen herabsetzt, ist etwa in der Politik verbal fast alles erlaubt. Harte Polemik und unsachliche Behauptungen sind dort gängige Mittel im Meinungsstreit. Einzig die Menschenwürde beschränkt das Grundrecht der Meinungsfreiheit. So darf man, um ein bekanntes Grundsatzurteil des Bundesverfassungsgerichts zu zitieren, durchaus Soldaten öffentlich als Mörder bezeichnen, ganz unabhängig davon, ob diese Behauptung auch nur im Mindesten zutrifft. 1988 hatte ein Student und anerkannter Kriegsdienstverweigerer das Zitat Kurt Tucholskys »Soldaten sind Mörder« auf ein Transparent gemalt und es während eines Manövers an einer Straßenkreuzung aufgehängt. Auf die Anzeige eines Oberstleutnants der Bundeswehr, der sich persönlich beleidigt fühlte, wurde er deswegen 1990 vom Amtsgericht Ansbach wegen Beleidigung zu einer Geldstrafe verurteilt. Das Bayerische Oberste Landesgericht bestätigte das Urteil im Jahr darauf. Mit Beschluss vom 10. Oktober 1995 hob der Erste Senat des Bundesverfassungsgerichts allerdings beide Entscheidungen auf und stellte fest, dass sie »den Beschwerdeführer in seinem Grundrecht aus Artikel 5 Absatz 1 Satz 1 des Grundgesetzes«, der die Meinungsfreiheit garantiert, verletzt hätten. Wie hoch die Verfassungsrichter den Wert der Meinungsfreiheit einschätzen und wie weit sie dieses Recht fassen, soll hier ungekürzt zitiert werden. Denn aufgrund ihrer Worte wird unmissverständlich deutlich, warum auch im Gericht, und damit ebenfalls an einem öffentlichen Ort, Polemik und harte Worte erlaubt sein müssen.

Artikel 5 des Grundgesetzes gebe »jedem das Recht, seine Meinung in Wort, Schrift und Bild frei zu äußern und zu verbreiten.

Meinungen sind im Unterschied zu Tatsachenbehauptungen durch die subjektive Einstellung des sich Äußernden zum Gegenstand der Äußerung gekennzeichnet. Sie enthalten sein Urteil über Sachverhalte, Ideen oder Personen. Auf diese persönliche Stellungnahme bezieht sich der Grundrechtsschutz. Er besteht deswegen unabhängig davon, ob die Äußerung rational oder emotional, begründet oder grundlos ist und ob sie von anderen für nützlich oder schädlich, wertvoll oder wertlos gehalten wird. Der Schutz bezieht sich nicht nur auf den Inhalt der Äußerung, sondern auch auf ihre Form. Dass eine Aussage polemisch oder verletzend formuliert ist, entzieht sie nicht schon dem Schutzbereich des Grundrechts. Geschützt ist ferner die Wahl des Ortes und der Zeit einer Äußerung. Der sich Äußernde hat nicht nur das Recht, überhaupt seine Meinung kundzutun. Er darf dafür auch diejenigen Umstände wählen, von denen er sich die größte Verbreitung oder die stärkste Wirkung seiner Meinungskundgabe verspricht.« Ganz bewusst habe das Bundesverfassungsgericht »den in der Fachgerichtsbarkeit entwickelten Begriff der Schmähkritik eng definiert. Danach macht auch eine überzogene oder gar ausfällige Kritik eine Äußerung für sich genommen noch nicht zur Schmähung. Hinzutreten muss vielmehr, dass bei der Äußerung nicht mehr die Auseinandersetzung in der Sache, sondern die Diffamierung der Person im Vordergrund steht.«

Ausdrücklich hat das Bundesverfassungsgericht diesen weit gefassten Begriff der Meinungsfreiheit auch auf jede Kritik an den Handlungen staatlicher Organe bezogen. Ende der Achtzigerjahre hatte nämlich ein Bürger in einem Leserbrief an die in Freiburg erscheinende *Badische Zeitung* das Vorgehen der Zentralen Abschiebebehörde für Asylbewerber in einem bestimmten Fall als »Gestapo-Methoden« bezeichnet und war daraufhin wegen Beleidigung verurteilt worden. Die Karlsruher Richter hoben dieses Urteil gleichfalls auf und stellten in ihrem Beschluss vom 5. März 1992 fest: »Das Recht des Bürgers, Maßnahmen der öffentlichen Gewalt ohne Furcht vor staatlichen Sanktionen zu kritisieren, gehört zum Kernbereich des Grundrechts auf Meinungsäußerungsfreiheit.« Gerade in der Kritik staatlicher Hoheitsakte muss harte Polemik unbedingt erlaubt sein. Wie sonst sollten sich die Bürger gegen Übergriffe des Staates notfalls zur Wehr setzen? Sehr vereinfacht gesagt: Staatliche Machtorgane haben gar kein Recht »beleidigt« zu sein. Und Vertreter dieser Machtorgane sollten besonders sorgfältig zwischen ihrer Funktion einerseits und ihrer privaten Person andererseits unterscheiden. Denn das Ziel von Kritik oder Polemik ist fast immer die Funktion, nicht die Person.

Wer immer in der Öffentlichkeit wirkt, sollte sich diese Urteile ins Stammbuch schreiben. Denn ihr juristischer Tenor folgt in klaren, wohl abgewogenen Worten der Einsicht eines bekannten Sprichworts: Wer Angst vor Hitze hat, sollte sich aus der Küche fernhalten. Nun muss gerade in Strafprozessen oft heiß gekocht werden. Da empfiehlt es sich, nicht alles auch gleich ebenso heiß zu essen. Wenn sich also ein Richter oder Staatsanwalt als besonders zart besaitet erweist, spricht das in meinen Augen eher dafür, dass bei ihm ein überkommenes Amtsverständnis herrscht, das den Respekt vor der Würde der Person mit einer ziemlich gestrigen Würde des Amtes verwechselt. Doch die Zeiten, wo man seine Plädoyers mit »Hohes Gericht« eröffnete, sind vorbei. Majestätsbeleidigung ist nicht mehr strafbar. Und die Meinungsfreiheit muss im und vor dem Gerichtssaal ebenso uneingeschränkt gelten wie überall sonst.

Im folgenden Fall habe ich mich nicht nur über eine Anklageschrift öffentlich erregt. Der Hintergrund meines Zorns war die Entwicklung des Rechtsextremismus in den neuen Bundesländern unmittelbar nach der Wende von 1989. In überaus erschreckender Weise machten sich damals Neonazis und rechte Gewaltverbrecher in der noch bestehenden DDR breit. Brandstiftungen in Asylbewerberheimen sowie Anschläge und Prügelattacken gegen ausländische Mitbürger waren seinerzeit an der Tagesordnung. Einige dieser Ausschreitungen forderten Todesopfer. Nicht selten sahen Bürger und Polizei einfach weg, oder sie sympathisierten mehr oder weniger offen mit den Tätern. Derartige Vorfälle hatten sich auch im Vorfeld des folgenden Falles abgespielt.

Zu Beginn der Neunzigerjahre galt Dresden, Schauplatz der hier geschilderten Ereignisse, unter Deutschlands Neonazis und Ultrarechten als »Hauptstadt der Bewegung«. Was damals von vielen Politikern und Teilen der Presse als »Übertreibungen« und »bedauerliche Begleiterscheinungen« eines in der Tat dramatischen gesellschaftlichen Umbruchs kleingeredet wurde, erweist sich heute als politisches Versagen mit gefährlichen Langzeitfolgen. 2004 erhielt die rechtsradikale NPD bei den Landtagswahlen 9,2 Prozent. Eine Partei, deren Vorsitzender Adolf Hitler für einen bedeutenden Mann hält, eine Partei, die kurz nach der Wahl bekennende Neonazis in ihren Vorstand wählte, hält seitdem in einem deutschen Landtag zwölf Mandate – einen einzigen Sitz weniger als die SPD! Rechtsradikale gelten in Sachsen heute bis weit in die gesellschaftliche Mitte hinein als acht- und wählbare Mitbürger. Und als wäre das noch nicht genug der politischen Schande, erhielt der Kandidat der NPD bei der Wahl des Ministerpräsidenten auch noch 14 Abgeordnetenstimmen. Was immer zwei unbekannte sächsische Parlamentarier der bürgerlichen Parteien getrieben haben mag, sich bei geheimer Wahl auf die Seite der Rechtsradikalen zu schlagen: Es markiert einen Tiefpunkt in der politischen Entwicklung Deutschlands, dass man mit dem Votum für einen Rechtsextremisten zumindest glaubt, taktische Spielchen treiben zu können – wenn man nicht gar heimlich mit ihm sympathisiert.

Hier geht die Saat einer Entwicklung auf, der man vor 15 Jahren nicht energisch genug entgegengetreten ist. Der Prozess gegen Georgios Dimakis fiel in eine bedenkliche Phase dieser Entwicklung. Noch heute, mehr als zwölf Jahre später, könnte ich, um es einmal besonders milde auszudrücken, aus der Haut fahren, wenn ich daran denke, wie damals ein Staatsanwalt versuchte, ein Opfer zum Täter zu machen.

Nach dem Fall der Grenze, die Deutschland 40 Jahre lang geteilt hatte, richteten sich die Hoffnungen der Bürger der DDR nicht allein auf Freiheit und Demokratie. Man wünschte sich nicht nur D-Mark, Westreisen und Südfrüchte. Ebenso schnell entwickelten die Menschen in Mecklenburg, Thüringen oder Sachsen eine verständliche Neugier auf die weniger glanzvollen Errungenschaften der westlichen Konsumgesellschaft – darunter jene der kommerziellen Erotik. Zu denen, die diese Marktlücke schnell für sich nutzten, gehörte der Dresdner Udo Kobisch. Ende 1989 eröffnete er in seiner Heimatstadt eine Automatenspielhalle mit angeschlossener Stripteasebar. Der unaufhaltsame Erfolg des Unternehmens beruhte vor allem auf einer zunächst halbprofessionellen Förderung der Prostitution. Völlig unerfahren im Rotlichtmilieu, tat sich Kobisch mit einem Konstanzer Zuhälter zusammen, mit dem er sich jedoch nach einem Jahr wieder überwarf. Im März 1991 lernte er dann eine Gruppe junger Glücksritter aus Mannheim kennen, die ebenfalls ins ostdeutsche Sexgewerbe einsteigen wollten. Einer jener Wendegewinnler war Georgios Dimakis. Gemeinsam plante man, Kobischs Amüsierbetrieb professioneller aufzuziehen und das Lokal um eine Videothek und ein reguläres Bordell mit 40 Zimmern zu erweitern. Doch da die behördlichen Genehmigungen Zeit brauchten, betrieb man den Sexshop und das Animierlokal zunächst wie gewohnt weiter. Wie das Gericht später trocken feststellte, nahm gleichwohl »die Anzahl der Besucher, die dort Vergnügen und Entspannung suchten, stetig zu«.

Der Zuspruch seitens der Bevölkerung war aber keineswegs ungeteilt. Viele Bürger fürchteten die möglichen Begleitumstände des horizontalen Gewerbes, in erster Linie die Drogen- und Gewaltkriminalität. Der Zusammenbruch der DDR ließ zudem Raum für weitere unerfreuliche Entwicklungen. So wurden die Straßen von den berüchtigten Hütchenspielern bevölkert, die den

Leuten mit betrügerischem Glücksspiel das Geld aus der Tasche zogen. Die verunsicherten ostdeutschen Polizeikräfte zeigten sich diesen und anderen Herausforderungen nicht immer gewachsen, wodurch sich in Teilen der Bevölkerung eine eher bedenkliche Law-and-Order-Mentalität aufschaukelte. Ferner hatte sich unter dem ideologischen Deckmantel des »real existierenden« DDR-Sozialismus eine Besorgnis erregende Ausländerfeindlichkeit entwickelt, die sich hauptsächlich gegen Bürger der asiatischen und afrikanischen »Bruderstaaten« richtete. Nach der Wende ergoss sich dieser verdrängte Rassismus auf alle Asylbewerber, osteuropäischen Hütchenspieler und ausländischen Betreiber diverser Gastronomie- und Amüsierbetriebe.

Solche Stimmungen, dazu die alsbald grassierende Arbeits- und Perspektivlosigkeit unter den ostdeutschen Jugendlichen, bereiteten den Boden für rechtsextreme Rattenfänger. Zu ihnen zählte der Neonazi Rainer Sonntag. 1955 in Dresden geboren, war Sonntag 1983 in die Bundesrepublik übergesiedelt. Schon in der DDR war er durch Gewalt- und Eigentumsdelikte aufgefallen, doch im Westen konnte er seine kriminelle Energie zunächst als Opposition gegen das kommunistische Regime bemänteln. Seine mehrfachen Ausreiseanträge wirkten vor DDR-Gerichten stets strafverschärfend, sodass Sonntag die Jahre zwischen 1973 und 1983 zu drei Vierteln im Gefängnis verbrachte.

Nach seiner Ausreise ließ er sich im hessischen Langen nieder, wo er schnell in Kontakt mit der »Nationalen Sammlung« des gefürchteten Neonazis Michael Kühnen kam. Bald zählte er zu den Führungsfiguren der neonazistischen Szene, während er sich gleichzeitig mit Handlangerdiensten im Frankfurter Bahnhofsmilieu durchschlug. Sein zweifelhafter Lebenswandel, seine Schulden und der untergründige Verdacht, einen Gesinnungsgenossen getötet zu haben, führten Ende der Achtzigerjahre zum Zerwürfnis zwischen Sonntag und Kühnen. Nach dem Fall der Mauer kehrte Sonntag deshalb nach Dresden zurück, wo er sich weiterhin als Vertrauter des westdeutschen Naziführers aufspielte.

Schnell sammelte er eine Gruppe rechtsgerichteter Jugendlicher um sich, die ihrem Frust durch allerlei Randale Luft zu machen suchten. Mittels regelmäßiger »Kameradschaftsabende« und »Schulungen« nordete Sonntag diese Gruppe zunächst ideologisch ein. Dann setzte er sie auf die inzwischen allgemein verhassten Hütchenspieler an. Die Leute wurden von Sonntags Schlägern gejagt, verprügelt und des Öfteren auch gefesselt an die Polizei »ausgeliefert«. Dabei konnte man auf die kaum verhohlene Zustimmung der Bevölkerung zählen. Statt Sonntags kriminelle Privatjustiz entschieden zu verfolgen, kooperierten Teile der Polizei regelrecht mit seinem Sturmtrupp. Die von den rechtsradikalen Möchtegernsheriffs illegal ergriffenen Taschenspieler wurden im Anschluss nicht selten offiziell verhaftet. Umgekehrt wurden Anzeigen attackierter Ausländer von der Dresdner Polizei meist nicht einmal aufgenommen, geschweige denn, dass man ihnen nachgegangen wäre. In dieser Stimmung gebärdete sich die Neonazi-Szene immer toller. Trauriger Höhepunkt ihrer brutalen Übergriffe war der Mord an dem mosambikanischen Studenten Jorge Gomondai. Am 31. März 1991 stieß ihn eine Gruppe Skinheads aus einer Straßenbahn. Er starb an seinen Verletzungen.

Auf der Flucht vor ihren Verfolgern flüchteten sich nun einige der besagten Hütchenspieler gelegentlich in den Puff von Kobisch und seinen Kumpanen. Schon deshalb geriet das Lokal alsbald ins Visier von Rainer Sonntag und seiner Truppe. Auch kriegte man schnell spitz, dass zu den Betreibern ein Grieche und zwei Türken aus Westdeutschland gehörten. Dass diese keineswegs hartgesottene oder gar kriminelle Zuhälter waren, störte Sonntag nur wenig. Selbst bestens mit den wirklich harten Methoden des Frankfurter Rotlichtmilieus vertraut, gab er die Parole aus »Dresden darf nicht Frankfurt werden« und setzte Dimakis & Co auf seine schwarze Liste. Ausländer, Glücksspiel, Prostitution, Drogen, Kriminalität – rund um Kobischs Lokal und die Hütchenspieler braute Sonntag einen höchst wirksamen nazistischen Giftcocktail. Spätestens seit Februar 1991 wurden Kobischs Laden und andere Etablissements von Mitgliedern seiner Truppe dann gezielt beschattet. Schließlich beschloss man, so ein Mitglied der Sonntag-Gruppe vor Gericht, ganz offiziell, »den Puff platt zu machen«. Als Termin für den Überfall wurde der 29. Mai festgesetzt.

## Terror, Panik und Notwehr

Am Morgen des besagten Tages erscheinen zwei Jungnazis in Kobischs Lokal und verlangen »die Mannheimer« zu sprechen. Gegenüber Georgios Dimakis, seinem Kumpel Manni König sowie ihren zwei türkischen Geschäftspartnern kündigen sie für den Abend »Ärger« an. Zugleich rücken sie mit einem äußerst unideologischen Ansinnen heraus: Gegen Zahlung von 50.000 DM lasse sich der abendliche Angriff durchaus abwenden. Später stellt sich heraus, dass Schutzgelderpressungen zum festen System Rainer Sonntags gehörten. Höchstwahrscheinlich kamen die Früchte seiner Methode, mit der Angst vor dem rechtsradikalen Terror auch noch Kasse zu machen, nicht einmal an erster Stelle der »Bewegung« zugute. Sonntag, hierin ein ganz gewöhnlicher Krimineller, bestritt auf diese Weise vor allem seinen privaten Lebensunterhalt. Jedenfalls lehnen Dimakis und die anderen Männer die Geldforderung der Skinheads ohne Umschweife ab. Dann laden sie die rechten Jugendlichen friedlich zum Frühstück ein, in dessen Verlauf sie noch einmal vergeblich versuchen, sie von dem geplanten Überfall abzubringen.

Nachdem Sonntags Abgesandte unverrichteter Dinge gegangen sind, beraten Dimakis und seine Freunde, ob und wie sie der Drohung begegnen wollen. Schnell kommt man zum Ergebnis, dass klein beizugeben – was letztlich darauf hinauslaufen würde, den Betrieb zu schließen – nicht infrage kommt. Man einigt sich, zunächst die Entwicklung zu beobachten, trifft aber zugleich erste

Vorbereitungen zur Selbstverteidigung. So repariert man die Rollläden des Lokals, um sie bei einem Angriff sofort herunterlassen zu können. Dann werden die Autos um die Ecke geparkt, neben der Tür stellt man zwei Baseballschläger bereit, Manni König rüstet sich mit einer Dose Pfefferspray aus. Georgios Dimakis besitzt seit drei Wochen eine abgesägte Schrotflinte. Geladen mit einer einzelnen Patrone verstaut er diese nun, eingewickelt in ein Tuch, auf dem Rücksitz seines Wagens. Nachdem mehrere Gäste berichtet haben, rechte Skins hätten sie auf der Straße angesprochen und vor einem bevorstehenden Angriff auf den Puff gewarnt, rechnen Dimakis und Kobisch bereits um 20 Uhr mit den bei ihnen beschäftigten Animiermädchen ab und schließen ihr Lokal vorzeitig. Sodann beobachten die fünf Inhaber abwechselnd die Straße.

Hier stellt sich wohl die Frage, warum sie nicht die Polizei eingeschaltet haben. Nun, erstens hatte sich die Paktiererei einzelner Beamter mit den Neonazis durchaus herumgesprochen. Zweitens war wenige Wochen zuvor die hauseigene Alarmanlage versehentlich losgegangen – und die Polizei ließ sich damals erst nach rund 45 Minuten blicken. Drittens schließlich hatte es vor nicht allzu langer Zeit Ärger mit einem gewalttätigen Freier gegeben. Auch bei diesem Anlass hatte die Polizei unmissverständlich zu verstehen gegeben, man solle sich gefälligst selbst um seine Angelegenheiten kümmern. Das Vertrauen in die Sicherheitskräfte war also einigermaßen erschüttert. Wie sehr die Männer um Kobisch und Dimakis mit ihrer Skepsis richtig lagen, sollte sich übrigens in den folgenden Tagen erweisen, als Sonntags Gefolgsleute das Lokal zunächst verwüsteten und dann vollständig niederbrannten – ohne dass auch nur ein einziger Beamter sie an diesem vorhersehbaren Racheakt für den Tod ihres »Führers« gehindert hätte. Die herbeigerufenen Streifenwagenbesatzungen sahen dem Wüten des Mobs tatenlos zu.

Gegen 23 Uhr beschließen Kobisch und sein türkischer Mitinhaber Mehmet Sezgin, die umliegenden Straßen abzufahren, um den befürchteten Aufmarsch der Neonazis zu beobachten. Etwa zur gleichen Zeit rotten sich vor einem nahe gelegenen Kino rund 50 rechte Jugendliche, bewaffnet mit Baseballschlägern, Dachlatten und Gummiknüppeln, zusammen. Weil sich eine halbe Stunde vor Mitternacht, dem geplanten Zeitpunkt des Angriffs, noch nicht alle Mitglieder der Gruppe eingefunden haben, schickt Sonntag seine Leute noch einmal auf ein aggressionsförderndes Bier in die nächste Kneipe. Er selbst wartet in seinem Wagen auf die Nachzügler.

Aus dem Fenster ihres Lokals können Georgios Dimakis und Manni König den Aufmarsch der Neonazis beobachten. Da Kobisch und Sezgin nach einer Stunde noch immer nicht zurück sind, befürchten die Männer, sie könnten ihnen in die Hände gefallen sein. Um die Lage zu erkunden und ihren Freunden gegebenenfalls zu helfen, beschließen sie, ebenfalls zu einer Erkundungsfahrt aufzubrechen. Doch als sie mit ihrem Auto in die Straße vor dem Kino einbiegen, bemerken Dimakis und König, dass die Rechtsextremisten bereits auf das Lokal vorrücken wollen. Nicht zuletzt weil sie die Gewaltbereitschaft und die Gefährlichkeit der Nazitruppe nach wie vor unterschätzen, beschließen sie spontan, sich der Auseinandersetzung zu stellen. Entschlossen fahren sie auf die Gruppe zu und halten kurz vor dem Kino an. Dimakis greift sich seine Schrotflinte vom Rücksitz, erklärt gegenüber König, die Jugendlichen verjagen zu wollen, und steigt aus. Mit seiner Flinte im Anschlag, die er zudem hörbar durchlädt, schreit er die vorrückenden Skins an: »Haut ab hier! Was wollt ihr eigentlich? Lasst uns in Ruhe!« Eingeschüchtert ziehen sich die Jugendlichen zurück. Dimakis glaubt, sich den nötigen Respekt verschafft zu haben, und geht rückwärts zum Wagen zurück.

Von Dimakis und König unbemerkt ist Rainer Sonntag inzwischen aus seinem Auto ausgestiegen und von schräg hinten langsam auf den Griechen zugegangen. Erst als er nur noch gut 6 Meter von ihm entfernt ist, erkennt Dimakis den Anführer und richtet sofort seine Schrotflinte auf ihn. Im Gegensatz zu seinen jugendlichen Schlägern zeigt sich der abgebrühte Sonntag von der Waffe völlig unbeeindruckt. Provozierend langsam geht er auf Dimakis zu und ruft: »Schieß doch, du Kanake! Du traust dich ja doch nicht!« Dadurch fassen Sonntags Anhänger wieder Mut, sammeln sich erneut und rücken auf den Wagen von Dimakis und König vor.

Das folgende Geschehen spielt sich in weniger als einer Minute ab. Sichtlich erschrocken von der Wendung der Situation zieht sich Dimakis vorsichtig in Richtung Auto zurück. Fast ist er schon wieder eingestiegen, da hat Sonntag ebenfalls das Auto erreicht und hält die Beifahrertür fest. Nachdem er anfangs noch demonstrativ die Hände erhoben hat, zieht der Obernazi jetzt plötzlich ein Messer. Offensichtlich hat er spontan beschlossen, die »Entscheidungsschlacht« gegen die Bordellbetreiber auf die Straße zu verlegen. Da inzwischen auch einige der jugendlichen Glatzen bis auf Schrittweite zu ihrem Fahrzeug vorgerückt sind, bekommt es nicht allein Dimakis mit der Angst zu tun. Manni König greift zu seiner Reizgasflasche und sprüht den Inhalt in Richtung Rainer Sonntag. Noch während dieser leicht zur Seite ausweicht, löst sich aus Dimakis' Waffe ein Schuss. Von der Schrotladung am Kopf getroffen, bricht Sonntag tot zusammen.

Mit einer derartig dramatischen Eskalation haben die beiden Männer im Wagen niemals gerechnet. Angesichts des blutenden Sonntag auf dem Pflaster und beinahe vollständig umringt von einer halben Hundertschaft fanatischer Anhänger des Naziführers, müssen sie um ihr Leben fürchten. Panisch brausen König und Dimakis davon. Über Umwege fahren sie zum Eroscenter zurück, unterwegs wirft Dimakis sein Gewehr ins Gebüsch. Im Laden angekommen, erfahren sie, dass Sonntag tot ist.

Die Ermordung des Mosambikaners Jorge Gomondai lag gerade acht Wochen zurück. Es war also völlig klar, dass Menschenleben für die rechten Schläger nichts zählten. Dimakis und König konnten in Dresden ihres Lebens nicht mehr sicher sein. Das Risiko einer Verhaftung trat demgegenüber völlig in den Hintergrund. Hals über Kopf entschlossen sich die beiden Männer zur Flucht.

Über Umwege fuhr Kobisch seine Kompagnons zunächst nach Berlin. Von dort reisten sie mit der Bahn über Frankfurt nach Brüssel. Um ihre Spur möglichst zu verwischen, flogen sie sodann über Kopenhagen nach Bangkok. Aufgrund eines internationalen Haftbefehls wurden sie dort schon nach 14 Tagen verhaftet und von Beamten des Bundeskriminalamtes nach Deutschland zurückgebracht.

## Wie man ein Opfer zum Täter macht

Die Sachlage war für mich eindeutig. Rainer Sonntag und seine Nazitruppe, seit Monaten unbehelligt Terror auf Dresdens Straßen verbreitend, hatten den legalen Amüsierbetrieb von Udo Kobisch, Georgios Dimakis, Manni König und ihren beiden türkischen Geschäftspartnern bedroht. Ausdrücklich war die Rede davon, die Betreiber »platt zu machen«. Angesichts der vorausgegangenen Exzesse – wiederholt waren Ausländer und missliebige Gastwirte krankenhausreif geschlagen, in einem Fall gar ermordet worden – mussten die Betreiber des Sexclubs von einer manifesten Gewaltbereitschaft der Neonazis sowohl gegen Sachen als auch gegen Menschen ausgehen. Da sie nach ihren bisherigen Erfahrungen auf den Beistand der Polizei nicht wirklich zählen konnten, hatten sie Vorbereitungen zur Selbstverteidigung getroffen. Sich in dieser Lage auch mit einem Gewehr zu bewaffnen mochte über die Grenze des rechtsstaatlich Akzeptablen hinausgehen – eine vorsätzliche Tötungsabsicht dokumentierte es noch nicht. Die morgendliche Zusammenkunft mit Sonntags Emissären belegte im Gegenteil sehr deutlich das Bemühen von Dimakis und seinen Kollegen um Deeskalation.

In der konkreten Situation des Zusammenstoßes mit Sonntag und seiner Schlägertruppe musste man Dimakis eher eine krasse

Unterschätzung von deren Gewaltbereitschaft vorwerfen. Nur so ließ sich sein mehr dümmliches als heroisches Gebaren erklären. Sobald er von Sonntag erkennbar bedroht wurde, ergriff den Griechen dagegen sofort die Panik. Das psychologische Gutachten ergab denn auch später, dass Dimakis in Stress- und Konfliktsituationen generell zu überängstlichem statt zu überaggressivem Verhalten neigt. Dass er Sonntag erschoss, war eine panische Angstreaktion.

Wie auch immer man die Einzelheiten dreht und wendet: Bei nur einigermaßen wohlwollender Betrachtung handelte es sich bei dem Schuss auf Sonntag ganz klar um Notwehr. Dieser Ansicht folgte das Dresdner Bezirksgericht, das Dimakis in einem gründlich argumentierenden und sorgfältig abwägenden Urteil freisprach. Legte man dagegen sämtliche Umstände willentlich gegen den Beschuldigten aus, käme höchstens eine Verurteilung wegen Totschlags in minder schwerem Fall infrage. So geschah es dann letzten Endes auch: Auf die Revision der Staatsanwaltschaft hin hob der Bundesgerichtshof das Urteil der ersten Instanz auf. In einem zweiten Verfahren wurde Dimakis zu fünf Jahren Haft, Manni König zu zehn Monaten auf Bewährung verurteilt.

Der Skandal in diesen Prozessen waren weniger die Urteile als die erste Anklageschrift der Staatsanwaltschaft Dresden, die von dem aus Baden-Württemberg abgeordneten Oberstaatsanwalt Heck verfasst wurde. Was mich ganz besonders erzürnte: Während seine Behörde nicht sonderlich offensiv gegen den braunen Terror vorging, ja nach meinem damaligen Eindruck die Neonazi-Szene sogar weitgehend untätig gewähren ließ, bot Heck im Prozess gegen Georgios Dimakis alle ihm zu Gebote stehende Härte auf.

Die Absurdität der Anklageschrift begann bereits mit dem Tatvorwurf. Ohne Zögern wurde mein Mandant wegen Mordes angeklagt, und das heißt: einer Tötung aus »niedrigen Beweggründen« beschuldigt. Der 2. Strafsenat des Bezirksgerichts Dresden ließ diese absurde Anklage unverständlicherweise zu. In seinem Eröffnungsbeschluss wies der Vorsitzende Richter Wetz allerdings deutlich darauf hin, dass aufgrund der Sachlage auch eine Anklageerhebung wegen Totschlags im Bereich des Möglichen liege.

Aber Staatsanwalt Heck war vorläufig noch zu kompromissloser Härte entschlossen – obwohl er am Ende der Beweisaufnahme dann doch auf Totschlag plädierte. Seine Anklageschrift sprach gleich zu Beginn von einem »zuvor gefassten Tatplan, gegen die Rechtsradikalen in Dresden Krieg zu führen«. Dementsprechend seien die Angeklagten vor dem fraglichen Kino in der klaren Absicht vorgefahren, »den hier anwesenden Rainer Sonntag aus Hass und Rache zu töten«. Später heißt es nochmals, es könne »keinem Zweifel unterliegen, dass die Angeschuldigten in der Absicht, Sonntag notfalls zu töten, zum Tatort gefahren« seien. Die Formulierung »Krieg führen« zieht sich wie ein roter Faden durch den zwölfseitigen Schriftsatz, der in der abschließenden Feststellung gipfelt, die nötigen Merkmale zur »Mordqualifikation« der Tat lägen zweifelsfrei vor. Nach Überzeugung der Staatsanwaltschaft stehe »fest, dass der in der Tat zum Ausdruck kommende menschenverachtende Hass und die damit verbundene Wut auf niedriger Gesinnung beruhen und letztlich auf eine Lage zurückzuführen sind, die von beiden Angeschuldigten schuldhaft herbeigeführt worden ist«.

Angesichts der wahren Vorgeschichte und der tatsächlichen Geschehnisse war das der blanke Hohn. Da erklären die Neonazis um Rainer Sonntag Dimakis und seinen Geschäftspartnern ganz offen den Krieg – und die Staatsanwaltschaft wirft den Bedrohten vor, sie hätten »gegen die Rechten Krieg führen« wollen. Um ein Haar wäre Georgios Dimakis ein Opfer faschistischer Lynchjustiz geworden – und dann wird er beschuldigt, einen Lynchmord begangen zu haben. Eine Truppe gewalttätiger Skinheads unter Führung eines rechtsextremen Kriminellen verprügelt auf der Grundlage der denkbar niedrigsten Gesinnungen, die Menschen überhaupt hegen können, Ausländer und missliebige Gewerbetreibende – und ein Staatsanwalt wirft den potenziellen Opfern niedrige Beweggründe vor. Rechtsextremisten predigen und praktizieren unbehelligt Terror, menschenverachtenden Hass und Rache – und den Zielpersonen ihres Fanatismus werden ebendiese Motive unterstellt. Mit einem Wort: In der Vorstellungswelt dieses Staatsanwaltes stand die Realität auf dem Kopf. In der vorliegenden Form grenzte seine Anklage schlicht an den Tatbestand der Verfolgung Unschuldiger. Meine Unterstreichungen in der Anklageschrift legen noch heute ein beredtes Zeugnis meiner damaligen Empörung ab.

## Eine beleidigte Behörde

Aus dem Abstand einer Dekade vermag ich die Sache zwar nicht milder, immerhin jedoch etwas sachlicher zu sehen. Natürlich war und ist der Oberstaatsanwalt Heck kein Nazi. Auch lag natürlich die Verfolgung des braunen Terrors in Dresden nicht in seiner persönlichen Zuständigkeit. Insofern richtete sich meine Kritik an der Anklageschrift gegen Georgios Dimakis tatsächlich nie gegen seine Person, sondern gegen die Ignoranz seiner Behörde. Was mich aufbrachte, war wohl nicht einmal so sehr der Kern der Anklageschrift selbst – übertrieben harte Strafanträge war und bin ich nun wahrlich gewohnt. Was mich damals zur Raserei trieb, war der politische Hintergrund des Tatgeschehens. Und dazu gehörte das beinahe unbehinderte Treiben neonazistischer Organisationen und Gruppen in Dresden, Sachsen und ganz Ostdeutschland. Wohl liefen, wie sich später herausstellte, damals bereits mehrere hundert Ermittlungsverfahren gegen rechtsextreme Straftäter. Nur saß bis dahin weder einer der neonazistischen Kriminellen in Untersuchungshaft, noch war einer von ihnen bereits rechtskräftig verurteilt worden. Fakt war für mich: In einem gesellschaftlichen Klima, das dem braunen Ungeist augenscheinlich freien Lauf ließ, sollte ein von Neonazis bedrohter Mensch in einer Notwehrlage zum Mörder und damit ein Opfer zum Täter gemacht werden.

Der Prozess gegen meinen Mandanten erregte überregionales Aufsehen. Denn die Empörung in den Medien über die rechten Ausschreitungen in der untergehenden DDR war beträchtlich. Entsprechend aufmerksam wurde die Hauptverhandlung vor dem Bezirksgericht Dresden von Presse und Fernsehen beobachtet. Einer der Sender, die aus Dresden berichteten, war RTL. Während einer Prozesspause fragte mich ein Reporter nach meiner Einschätzung des ersten Verhandlungstages. Mit dem taufrischen Eindruck des Anklagevortrags in den Ohren, also deutlich in der Hitze des Gefechts, äußerte ich mich vor laufender Kamera einigermaßen polemisch: Nach meiner Einschätzung lese sich die Anklageschrift, als habe sie ein Neonazi verfasst. Mein Statement wurde gesendet und in ungefähr gleichem Wortlaut von der Deutschen Presseagentur verbreitet. Am nächsten Tag stand es dann in *Bild* und in der Münchner *Abendzeitung*.

Ich weiß bis heute nicht, ob und inwieweit der von mir derart hart und polemisch angegangene Oberstaatsanwalt Heck wirklich persönlich beleidigt war. Denn erstaunlicherweise war es nicht er selbst, der mich wegen Beleidigung anzeigte, sondern sein Dienstvorgesetzter, der Leitende Oberstaatsanwalt bei der Staatsanwaltschaft Karlsruhe. Damit ist wohl zur Genüge belegt, dass es in der Angelegenheit nie um eine private und nur insofern vielleicht auch strafrechtlich relevante Beleidigung ging. Beleidigt fühlte sich weniger der Oberstaatsanwalt Heck als vielmehr die Staatsanwaltschaft als Institution – was nicht nur faktisch unmöglich, sondern vor dem Hintergrund der weit gefassten Meinungsfreiheit im Zusammenhang mit staatlichen Maßnahmen auch verfassungsrechtlich überaus bedenklich ist.

Der fristgerecht aus Karlsruhe in München – so liegen die Zuständigkeiten – eingegangene Strafantrag brachte mir ein Ehrengerichtsverfahren wegen »schuldhafter Verletzung des anwaltlichen Gebots zur Sachlichkeit« ein. Von der zuständigen Kammer für den Oberlandesgerichtsbezirk München wurde ich offiziell verwiesen und mit einer Geldbuße von 5.000 DM belegt.

Später hob der Bayerische Ehrengerichtshof für Rechtsanwälte das Urteil auf. In ihrem Freispruch verwies die Kammer ausdrücklich auf ein Urteil des Bundesverfassungsgerichts, nach dem »herabsetzende Äußerungen, die ein Rechtsanwalt im Zusammenhang mit seiner Berufsausübung abgibt«, so lange »kein Anlass zu standesrechtlichen Eingriffen sind«, wie diese Äußerungen nicht »nach Inhalt oder Form als strafbare Beleidigung zu beurteilen sind«. Generell sei ein »standesrechtliches Eingreifen wegen der Verletzung des Sachlichkeitsgebots nur in engen Grenzen statthaft«. Um diese Grenzen zu überschreiten, hätte ich jedoch »entweder bewusst Unwahrheiten verbreiten oder den Kampf ums Recht durch neben der Sache liegende Herabsetzungen belasten« müssen, »zu denen der Verfahrensverlauf keinen Anlass gegeben« hat. Obwohl nach Meinung auch meiner Standeskollegen inhaltlich überzogen und objektiv beleidigend, seien meine polemischen Äußerungen zur Dresdener Anklageschrift insgesamt noch »durch die Wahrnehmung berechtigter Interessen gedeckt«. Schließlich hatte ich mich nicht als Privatmann geäußert. Einzig als Anwalt habe ich im »Kampf ums Recht« harte und polemische Worte gewählt, und zwar deshalb, weil ich die Rechte meines Mandanten durch Form und Inhalt der Anklage auf das Schwerste bedroht sah. Insofern war meine Polemik immer nur ein Urteil über den Inhalt der Anklageschrift, nie über deren Verfasser persönlich.

Das galt in meinen Augen ebenso für eine weitere Formulierung, die ich in einer Anzeige gegenüber dem Generalbundesanwalt wählte. Während des Verfahrens gegen Georgios Dimakis sagten verschiedene Mitglieder der Gruppe um Rainer Sonntag aus. Dabei kamen schwere Straftaten heraus, die bis zur Bildung einer kriminellen Vereinigung reichten. Die Strafprozessordnung verpflichtet die anwesenden Vertreter der Staatsanwaltschaft in solchen Fällen unmissverständlich, entsprechende Einlassungen wörtlich protokollieren zu lassen, damit sie später Gegenstand staatsanwaltlicher Ermittlungen werden können. Nichts dergleichen war während des Dimakis-Prozesses geschehen. Darin sah ich zu Recht eine strafbare Unterlassung, die ich bei der zuständigen Bundesanwaltschaft anzeigte. Und nur in diesem Sinne war denn auch meine Äußerung über den zuständigen Oberstaatsanwalt in Dresden zu verstehen. Ich habe ihn wiederum nur in seiner Funktion, nicht als Person scharf kritisieren wollen, indem ich damals schrieb: »Ein Verfasser einer Anklageschrift, der Straftaten von Neonazis nicht erkennt und durch Strafvereitelung unverfolgt lässt, jedoch die Tötung eines Neonaziführers (…) in einer Notwehrlage als Mord qualifiziert, gibt eine nationalsozialistische Weltanschauung in einer erschütternden Deutlichkeit zu erkennen.« Das war, ich gebe es heute zu, grenzwertig. Aber die gesamte Situation war für mich so ungeheuer empörend, dass ich eine derartig scharfe Polemik im Interesse meines Mandanten für nötig hielt.

Außerdem: Immer wenn es um den Nationalsozialismus und seine Menschheitsverbrechen sowie um die perversen Versuche seiner Wiederauflage in Form von Neonazismus und rechtem Terror geht, verlassen wir in meinen Augen den Bezirk des normalen sachlichen Verstehens und Argumentierens. Auch und vor allem die Justiz hat angesichts ihrer eigenen – verdrängten – Vergangenheit eine historische Verantwortung zu besonderer Sensibilität und Vorsicht im Umgang mit eben jenen Tendenzen, die den deutschen Rechtsstaat schon einmal in ein Unrechtssystem verwandelt haben. Jedem steht es frei zu denken, dass ich bei diesem Thema vielleicht vorschnell ausraste. Sollte dem so sein, dann kann ich nur das Diktum von den Anfängen wiederholen, denen man wehren muss, und auch als gläubiger Katholik mit Luther sagen: Hier stehe ich, ich kann nicht anders.

Kommen wir zum Schluss noch einmal zum rechtlichen Kern der Sache. Was hat es mit dem viel beschworenen »Sachlichkeitsgebot« bei der Ausübung des Anwaltsberufs auf sich? Wie immer, so fördert auch hier der Blick ins Gesetz die Rechtskenntnis. Laut Paragraph 43 der Bundesrechtsanwaltsordnung (BRAO) muss ein Rechtsanwalt »seinen Beruf gewissenhaft ausüben«. Etwas hochgestochen heißt es: »Er hat sich innerhalb und außerhalb des Berufes der Achtung und des Vertrauens, welche die Stellung des Rechtsanwalts erfordert, würdig zu erweisen.« Als, wie es so schön heißt, »unabhängiges Organ der Rechtspflege« muss ich als Anwalt zu einer gerechten Urteilsfindung beitragen. Vorrangig vertrete ich dabei die Interessen meiner Mandanten gegenüber der Staatsanwaltschaft und den Gerichten. So gehört es selbstverständlich zu meiner Aufgabe, dass ich Gerichte, Staatsanwaltschaft und Behörden vor Fehlentscheidungen zu Lasten meines Mandanten bewahre – und dass ich meinen Mandanten vor einer verfassungswidrigen Beeinträchtigung seiner Rechte ebenso wie vor staatlicher Machtüberschreitung schütze. Diese Aufgabe muss ich »gewissenhaft« erfüllen, und zwar im Hinblick auf meinen Mandanten. Dieser muss mir vorbehaltlos vertrauen können, dass ich alles zur Erfüllung meines Auftrags Gebotene unternehme. »Achtung und Vertrauen« muss ich als Anwalt also in erster Linie bei meinem jeweiligen Mandanten genießen und erst danach auch im Lichte der Öffentlichkeit, insofern jeder Bürger als potenzieller Mandant eines Tages meines Rats und Beistands bedürfen könnte. Erst in zweiter Linie verpflichtet mich daher die »Stellung des Rechtsanwalts«, mich auch öffentlich als »würdig« zu erweisen. Mit quasi staatsmännischem Gehabe hat das nichts zu tun.

Von der eher gravitätischen »Würde« geht die Bundesrechtsanwaltsordnung daher schnell zur pragmatischen »Sachlichkeit« über: »Der Rechtsanwalt darf sich bei seiner Berufsausübung nicht unsachlich verhalten. Unsachlich ist insbesondere ein Verhalten, bei dem es sich um die bewusste Verbreitung von Unwahrheiten oder solche herabsetzenden Äußerungen handelt, zu denen andere Beteiligte oder der Verfahrensverlauf keinen Anlass gegeben haben.« Dies ist das bereits mehrfach zitierte »Sachlichkeitsgebot«. Schließt dieses nun ein, dass ich im Interesse meiner Mandanten im Besonderen und zum Schutz des Rechts im Allgemeinen keinesfalls unsachlich, polemisch, ausfallend oder laut werden darf? Nein, sagt das Bundesverfassungsgericht in einem Urteil, das sich ausdrücklich auf die BRAO bezieht. Letztlich wird die Meinungsfreiheit ausschließlich durch die Menschenwürde nach Artikel 1 Grundgesetz beschränkt. Und der Tatbestand der Beleidigung gemäß Paragraph 185 des Strafgesetzbuches fußt im Kern auf diesem Artikel. Deshalb unterliegt die Meinungsfreiheit des Rechtsanwalts grundsätzlich keinen anderen Beschränkungen als die Meinungsfreiheit eines jeden Bürgers.

Ehrverletzende Lügen, persönliche Verleumdungen oder gänzlich unsachliche Beschimpfungen sind von diesem Recht selbstredend nicht gedeckt. Aber die Wahrnehmung meiner anwaltlichen Aufgaben macht es nahezu unmöglich, mit allen Verfahrensbeteiligten immer derart schonend umzugehen, dass sie sich unter keinen Umständen in ihrer Persönlichkeit beeinträchtigt fühlen. Da geht es mir übrigens nicht anders als dem Richter. Nach allgemeiner Auffassung darf ich deshalb im »Kampf um das Recht« auch starke Ausdrücke und sinnfällige Schlagworte benutzen. Ebenso darf ich Urteilsschelte üben oder *ad personam* argumentieren, um beispielsweise die mögliche Voreingenommenheit eines Richters oder die Kompetenz eines Sachverständigen zu kritisieren. Dabei kann es niemals entscheidend sein, ob ich meine Kritik auch anders hätte formulieren können. Denn grundsätzlich unterliegt auch die Form der Meinungsäußerung dem Grundrecht auf Meinungsfreiheit.

Doch die Frage ist ja letztlich nicht, ob ich als Anwalt die gleichen Rechte genieße wie jeder andere Bürger. Das steht außer

Zweifel. Die Frage ist, ob mein anwaltliches – wohlgemerkt nicht mein privates – Recht, laut und deutlich die Meinung zu sagen, nicht zusätzlich gestärkt werden müsste. Richter und Staatsanwälte sind beamtete Vertreter der Staatsmacht, ausgestattet mit erheblichen – mit sehr erheblichen – hoheitlichen Befugnissen. Meine Rechtsstellung als Anwalt, als Vertreter eines freien Berufes, kann sich mit der Machtposition meiner Kontrahenten in keiner Weise messen. Nun will ich um Gottes Willen nicht die Anwälte verbeamten. Gleichwohl halte ich es für unerlässlich, dass ihr Recht auf freie Meinungsäußerung und Kritik an gerichtlichen, staatsanwaltlichen und polizeilichen Maßnahmen deutlich gestärkt wird. Wie sonst sollen wir Anwälte uns gegen die gesetzlich gedeckten und von richterlicher wie staatsanwaltlicher Seite weidlich genutzten Lücken im Rechtssystem zur Wehr setzen? Wie sonst sollen wir auch dann noch für die Unschuld oder zumindest die angemessene Schuld unserer Mandanten kämpfen, wenn das Justizsystem uns jeglichen weiteren Weg verwehrt? Gerade Strafverteidiger brauchen eine starke Stimme – auch in der Öffentlichkeit -, da sie für diejenigen eintreten, die sonst keine Stimme mehr haben.

Ein Vorbild für eine Verbesserung könnte die Rechtsstellung der deutschen Abgeordneten sein. Zum besonderen Schutz ihrer Meinungsfreiheit gibt es nämlich eine klare gesetzliche Regelung. Paragraph 36 des Strafgesetzbuches bestimmt betreffs der Straflosigkeit parlamentarischer Äußerungen und Berichte: »Mitglieder des Bundestages, der Bundesversammlung oder eines Gesetzgebungsorgans eines Landes dürfen zu keiner Zeit wegen ihrer Abstimmung oder wegen einer Äußerung, die sie in der Körperschaft oder in einem ihrer Ausschüsse getan haben, außerhalb der Körperschaft zur Verantwortung gezogen werden. Dies gilt nicht für verleumderische Beleidigungen.« Eine sinngemäß gleiche Bestimmung sollte, so mein Vorschlag, in die Strafprozessordnung eingefügt werden. Denn die starke Machtposition von Richtern und Staatsanwälten braucht das Korrektiv einer starken freien Advokatur.

Deren Rechtsposition muss im Sinne einer Waffengleichheit ausgestaltet sein. Anders ist der Kampf um Recht, Wahrheit und Gerechtigkeit nicht vorstellbar.

# 9. EINE FRAGE DER EHRE

*Strafvereitelung im Amt: Wenn Richter die Rechtsfindung schlicht verweigern*

Zwei kurdische Familien, durch eine Heirat miteinander verschwägert, geraten in erbitterten Streit. Der Grund: Die Ehe zwischen der modernen, wirtschaftlich unabhängigen Frau und dem sehr traditionell eingestellten, überdies seit einiger Zeit arbeitslosen Mann scheitert. Die Familie des Mannes, der seine Frau verlässt und sich fortan in seiner »Ehre« verletzt sieht, gibt der Frau die Schuld. Gleichwohl findet sich Metin Korkmaz mit dem unrühmlichen Ende der Beziehung nicht ab. Er stellt seiner Frau nach, setzt sie unter Druck und beleidigt sie. Alle Vermittlungsversuche seitens des Bruders der Frau, Özcan Koprulu, scheitern. Ende September 2001 kommt es nach einem erneuten Streit zu einem Zusammentreffen der beiden Sippen vor dem Osnabrücker Hauptbahnhof. Der Bruder des Ehemannes, Erol Korkmaz, schießt dabei unvermittelt und mit klarer Tötungsabsicht auf den unbewaffneten Koprulu, der nur dank einer kugelsicheren Weste überlebt.

Aus kaum nachvollziehbaren Gründen, offenbar aber mit den dunklen Hintergründen einer kurdischen Sippenfehde völlig überfordert, konstruiert das Landgericht Osnabrück eine absurde Notwehrsituation und lehnt die Eröffnung eines Strafverfahrens gegen Metin Korkmaz und seine Kumpane ab. Das Oberlandesgericht in Oldenburg bestätigt den wirren, an den Ermittlungen vollkommen vorbeigehenden Beschluss. Der Preis für diese Strafvereitelung im Amt ist hoch. Denn nun bricht sich der verhängnisvolle Kreislauf der Blutrache ungehindert von der Justiz Bahn. Knapp ein Jahr später tötet ein Bruder Özcan Koprulus ein Mitglied der verfeindeten Sippe auf offener Straße – mit 22 Schüssen.

»Kopftuchstreit«, »Hassprediger«, »islamistischer Terror« – unser Bild von den Integrationsproblemen ausländischer, vor allem türkischer Mitbürger, gerät zunehmend in den Bann weniger Reizwörter und Stereotype. In der breiten Öffentlichkeit verfestigt sich der Eindruck, all das habe mit einem ebenfalls zur griffigen Formel herabgesunkenen »Kampf der Kulturen« zu tun. Und der tobe nun einmal diesseits und jenseits eines Abgrundes, der unsere abendländisch-christliche, aufgeklärte, humanistische Kultur von einem rückständigen, fundamentalistischen, in Teilen sogar fanatischen und frauenfeindlichen Islam trenne. Der Fall Korkmaz/Koprulu wirbelt solche Klischees tüchtig durcheinander. Er erschüttert den Mythos, der Aufeinanderprall von Moderne und Tradition sei vor allem ein Konflikt zweier unversöhnlicher Weltreligionen – und zeigt in tragischer Weise, was geschehen kann, wenn sich vermeintlich »objektive« Richter lieber von derartigen Klischees leiten lassen, als ihren »unzweifelhaften« Blick den Tatmotiven zuzuwenden, die sich hinter den Unterschieden zwischen den Kulturen, ihren Sitten und Wertvorstellungen verbergen.

## Rechtsstaat und Rache

Die Akteure unseres Dramas gehören einer Glaubensgemeinschaft an, die von Christen und Moslems gleichermaßen abgelehnt, unterdrückt und bekämpft wird. Die Jesiden, die sich selbst als Volks- und Religionsgemeinschaft verstehen, sind ethnisch ausnahmslos Kurden. Ihr Glaube verbindet Elemente verschiedener Religionen, vor allem des altorientalischen Zarathustra-Kultes, der mystisch-islamischen Strömung des Sufismus, der Gnosis und des orientalischen Christentums. In allen ihren Herkunftsländern – der Türkei, dem Irak, dem Iran, Syrien und Armenien – werden die Jesiden deshalb als nationale wie als religiöse Minderheit gleich doppelt verfolgt. Zu allem Überfluss sind sie schließlich auch noch im eigenen Volk, den überwiegend moslemischen Kurden, eine ausgegrenzte Minorität.

Zugleich, und darin unterscheiden sie sich wieder wenig von den übrigen Kurden, fühlen sie sich stark den alten Traditionen und Wertbegriffen ihres Volkes verpflichtet. Diese fordern nicht allein unser Verständnis, sondern sehr schnell auch unser Recht heraus. Im Mittelpunkt ihrer Vorstellungswelt steht die Familienehre, die es unter allen Umständen zu wahren und verteidigen gilt. Jede Verletzung der Ehre fordert eine Vergeltung, die im Extremfall bis zur Blutrache reichen kann. Dabei sind Vergeltung und Rache keinesfalls Privatsache des Einzelnen. Da jede Ehrverletzung die Sippe als Ganzes trifft, muss im Endeffekt jedes Familienmitglied für die Ehre aller einstehen. Doch gerade weil ihre Kultur die archaische Rache und deren verderblichen Kreislauf noch kennt, sind die Jesiden zugleich Meister der Sippendiplomatie. Jeden Streit versuchen sie zunächst friedlich beizulegen, und jedem möglichen Akt der Vergeltung gehen langwierige, streng geregelte Vermittlungs- und Schlichtungsbemühungen voraus.

Selbstredend kann es zwischen traditionellem Vergeltungsrecht – gleich welcher Volksgruppe – und modernem Rechtsstaat keine Kompromisse geben. Jede Privatjustiz fordert das Straf- und Gewaltmonopol des Staates unmittelbar heraus. Wer bei uns leben will, muss dies ohne jede Einschränkung akzeptieren. Und wer gegen dieses Grundprinzip unseres Rechtsstaates verstößt, muss mit harten strafrechtlichen Konsequenzen rechnen. Mögen eigene Traditionen sie noch so sehr als gerechtfertigt, ja geboten erscheinen lassen: Rachsucht zählt unserem Verständnis nach zu den niedrigsten Beweggründen. Deshalb ist die Blutrache nichts anderes als Mord. Günstigstenfalls kann sie im Lichte eines spontanen Streites gerade noch als Totschlag gewertet werden.

Dennoch gilt es, solche archaischen Traditionen zu kennen und in gewissem Sinne zu verstehen, wenn man Menschen aus fremden Kulturkreisen Brücken zur Akzeptanz unserer Rechtsordnung bauen will. Mangelndes Verständnis, fehlende Einsicht in die Folgen ihres juristischen Vorgehens, wohl auch ein völlig unangebrachter Widerwille, sich mit den fragwürdigen Details einer kurdischen Sippenfehde zu befassen, oder kurz gesagt: Die Ignoranz und Borniertheit am Landgericht Osnabrück – das waren die Kardinalfehler, die geradewegs in eine mörderische Tragödie führten. Zweifelsohne: Es muss eine verfahrensrechtliche Möglichkeit geben, eine Anklage nicht zur Hauptverhandlung zuzulassen – wenn dies berechtigt ist. In Osnabrück aber haben die Richter das Kontroll- und Machtmittel des Eröffnungsbeschlusses für einen Freispruch am grünen Tisch benutzt. Dass das Oberlandesgericht Oldenburg dafür noch Rückendeckung gab, macht die Strafvereitelung im Amt umso schlimmer. Die Nichteröffnung des Prozesses war nicht nur eine sachliche und juristische Fehlentscheidung, aufgrund ihrer Folgen war sie ein rechtspolitisches Versagen erster Güte.

Im vorliegenden Fall habe ich zeitweise den Geschädigten vertreten, der als Nebenkläger auftrat. Özcan Koprulu, 1966 in der Türkei geboren, ist weitgehend in Deutschland aufgewachsen. Seine Familie, wie übrigens auch die der mutmaßlichen Täter, lebt seit den Siebzigerjahren hier. Im Gegensatz zu den Brüdern Korkmaz haben die Koprulus die westliche Lebensweise akzeptiert und in weiten Teilen auch angenommen. Doch der Weg von einem archaischen Racheverständnis zu unseren ziemlich abstrakten juristischen Begriffen von Sühne und Vergeltung ist weit. Ein Anschlag auf Leib und Leben eines Familienmitglieds fordert deshalb selbst im Verständnis der vergleichsweise modern eingestellten Koprulus Vergeltung. Allerdings hätte nach meiner festen Überzeugung ein gerechtes Gerichtsurteil den nach wie vor traditionellen Ehrbegriffen der Familie Genüge getan. Mehr noch, es hätte einen großen Teil der jesidischen und kurdischen Volksgruppe in Deutschland davon überzeugen können, dass das Vertrauen in unseren Rechtsstaat die einzig vertretbare Alternative zur Selbstjustiz darstellt.

So aber war die Entscheidung auf Notwehr, die das Landgericht

Osnabrück unter völliger Verkennung der Umstände fällte, fatal. Dass die deutsche Justiz dem Opfer eines hinterhältigen Anschlags die erwartete – und erwartbare – Gerechtigkeit vorenthielt, musste bei den Beteiligten wie ein Schlag ins Gesicht wirken. Die Osnabrücker Fehlentscheidung entschuldigt natürlich nicht einmal im Ansatz die rächende Mordtat, die ihr später folgte. Aber wenn ein deutsches Gericht den ausländischen Mitbürgern derart brachial die Tür vor der Nase zuschlägt, wie das im vorliegenden Fall geschehen ist, muss es sich zumindest fragen lassen, ob es die Konsequenzen seines Handelns nicht besser hätte überblicken müssen.

## Arbeitslosigkeit und Männerehre

Die Ehe zwischen Birsen Koprulu und Metin Korkmaz, deren Familien aus benachbarten Dörfern in Anatolien stammen, war eine arrangierte Verbindung. Gemäß alten, uns sicher fremden und fragwürdigen Traditionen waren sie einander von ihren Eltern im Kindesalter versprochen worden. Für den konservativen Metin Korkmaz war dieses Vorgehen ebenso wenig zweifelhaft wie die Forderung, seine Frau habe sich ausschließlich um Haushalt und Kinder zu kümmern. Ganz selbstverständlich beanspruchte Korkmaz die Rolle des Herrn im Hause und Ernährers der Familie.

Allerdings hatte sich die Familie seiner Frau im Laufe der Jahrzehnte nicht nur mit dem westeuropäischen Lebensstil und dessen liberalen Einstellungen angefreundet, sondern es in Deutschland zu einigem Wohlstand gebracht. Auch Birsen Korkmaz arbeitete ganz selbstverständlich. Sie war als Immobilienmaklerin erfolgreich und besaß zudem drei Mehrfamilienhäuser in Osnabrück. Mit einem Wort: Sie war wirtschaftlich unabhängig. Dies ging, wenngleich nicht völlig ohne eheliche Spannungen, so lange einigermaßen gut, wie Metin Korkmaz selbst ordentlich verdiente.

1999 wurde der Einzelhandelskaufmann arbeitslos. In den folgenden zwei Jahren, also bis zum Zeitpunkt der hier fraglichen Tat, fand er keinen neuen Job, wodurch sich die Spannungen und Streitereien zwischen den Eheleuten zunehmend verschärften. Die Rollenverteilung stand jetzt endgültig auf dem Kopf: Seine Frau arbeitete nicht nur, sie erzielte das – obendrein durchaus komfortable – Familieneinkommen allein. Dem Ansinnen des Ehemannes, dass seine Frau sich ihm unterordnen solle, war damit auch ökonomisch der Boden entzogen.

Statt sich umso intensiver um eine neue Stellung zu bemühen, verlegte sich Korkmaz aufs Herumhängen in Teestuben und Spielsalons – und aufs Schmollen. Seiner eigenen Aussage gegenüber der Polizei zufolge fühlte er sich durch die Rollenverteilung in der Ehe in seiner »Ehre als Familienoberhaupt« gekränkt. So suchte und fand er einen Sündenbock für seine Arbeitslosigkeit. Er gab seiner Frau und deren Familie die Schuld an der Misere. Diese weigere sich schließlich, ihre Tochter zum nötigen Respekt vor ihm und »der Tradition« anzuhalten. Und mehr noch: Sie würden seine Frau darin bestärken, nicht nur ihrer Arbeit nachzugehen, sondern sich auch ansonsten reichlich frei, ungebunden und widerspenstig zu gebärden.

Immer wieder versuchte vor allem der Bruder von Birsen Korkmaz, Özcan Koprulu, zwischen den Eheleuten zu vermitteln –ganz offenbar nicht im Sinne des Gatten. Während Koprulu ansonsten Probleme und Konflikte innerhalb der Familie meist erfolgreich regelte, versagte hier seine diplomatische Kunst. Denn statt, wie vom Schwager erwartet, seine Schwester zu maßregeln, versuchte er vor allem Metins wachsenden Groll und seine eskalierende Aggressivität zu beschwichtigen. Damit aber stachelte er dessen Hass nur noch weiter an.

Sein schlichtes Weltbild trieb Metin Korkmaz im Sommer 2001 in eine paradoxe Konesequenz: Er zog aus der ehelichen Wohnung aus, schwor der Familie Koprulu »Rache« – und begann seine Frau zu terrorisieren. Mittlerweile unterstützten Özcan Koprulu und seine Familie offen die Pläne der Schwester, den Auszug ihres Mannes zum Anlass einer endgültigen Trennung, ja einer offiziellen Scheidung zu nehmen. Metin Korkmaz und Mitglieder seiner Familie, bei denen er abwechselnd unterkam, lauerten Birsen Korkmaz deshalb regelmäßig auf, beschimpften und bedrohten sie und übten Telefonterror aus. Zudem versuchten Korkmaz' Leute, Birsen in der kurdisch-jesidischen Gemeinde menschlich und geschäftlich in Verruf zu bringen.

Aus europäischer Perspektive muss uns diese Schmutz- und Hasskampagne unverständlich erscheinen. Immerhin hatte ja Metin Korkmaz seine Frau verlassen, nicht umgekehrt sie ihn. Doch statt die Zerrüttung seiner Ehe und das hasserfüllte Klima zwischen beiden als traurige Tatsache anzuerkennen, verlangte Metin Korkmaz von Birsen immer wieder, ihm zu »gehorchen« und seine »Ehre« wiederherzustellen, indem sie zu ihm zurückkehrte. Auf befremdliche Art kämpfte Korkmaz somit zugleich gegen und um seine Frau. Und er zog ohne Rücksicht auf Verluste beide Familien in den privaten Ehekrieg hinein.

## Hinterhalt am Hauptbahnhof

Ende September 2001 kommt es in der bis dahin bloß unerfreulichen Fehde zur ersten Eskalation. An einem Samstagnachmittag fährt Birsen Korkmaz aus Bielefeld, dem Wohnort ihrer Familie, zu einer Wohnungsbesichtigung in einem ihrer Osnabrücker Miethäuser. Noch vor dem Eintreffen des Interessenten fährt der jüngste Bruder ihres Mannes, der 26-jährige Erol Korkmaz, mit quietschenden Reifen vor. Auf offener Straße stößt er wütende und großenteils unflätige Flüche und Beschimpfungen gegen seine Schwägerin aus. Der Auftritt gipfelt in der Drohung, man werde ihr Verhalten gegenüber dem Bruder Metin »rächen«. Da sie fürchtet, Erol könne handgreiflich werden, flüchtet sich Birsen Korkmaz in ihr im nämlichen Haus gelegenes Verwaltungsbüro.

Von dort ruft sie ihren Bruder Özcan an. Sie schildert ihm den Vorfall und bittet ihn, zu ihrem Schutz nach Osnabrück zu kommen. Özcan Koprulu sagt zu und verspricht, noch einmal mit Erol Korkmaz zu reden. In den nächsten Stunden finden eine Reihe von Telefonaten zwischen Koprulu und den Brüdern Korkmaz statt, deren Inhalt sich wohl zu weiten Teilen auf wechselseitige Beschimpfungen beschränkt. Beide Seiten behaupten allerdings später, die jeweils andere habe ihnen mit der Anwendung von Gewalt gedroht. Unbestritten ist nur, dass die Männer vereinbaren, sich um halb acht in einer Dönerbude am Osnabrücker Hauptbahnhof zu einer »Aussprache« zu treffen.

Beide Familien nehmen den Streit derart ernst, dass sie in Mannschaftsstärke anreisen. Metin Korkmaz selbst bleibt dem Treffen fern. Dafür hat Erol Korkmaz seinen Bruder Salim und seinen Neffen Turgut Cebesoy im Schlepptau. Özcan Koprulu erscheint mit seinen Schwestern Tülay und Birsen sowie deren Freundin Selvi Günay. Außerdem halten sich sein Bruder Altan und zwei weitere, unbekannte männliche Familienmitglieder im Hintergrund. Unabhängige Zeugen wollen gesehen haben, dass auch diese Männer bewaffnet gewesen seien. Özcan Koprulu führt zwar keine Pistole mit sich, rechnet aber offenbar mit einer Schießerei. Denn bei dem Treffen trägt er eine kugelsichere Weste. Sie wird ihm wenige Minuten später das Leben retten.

Zunächst trifft man die Brüder Korkmaz im verabredeten Imbiss nicht an. Auf dem Rückweg zum Auto kommt Koprulu und seinen Schwestern die Gruppe jedoch auf dem belebten Bahnhofsvorplatz entgegen. Es ist jetzt 19.40 Uhr, an diesem Wochenende herrscht reger Publikumsverkehr. Als die Brüder noch gut fünf Meter von Özcan Koprulu entfernt sind, zieht Erol Korkmaz ohne jede Vorwarnung oder Andeutung eine Pistole vom Kaliber 7,65 Millimeter und feuert insgesamt sechs Schüsse auf Koprulu ab. Drei davon treffen ihn in den Brust- und Bauchbereich. Ohne die kugelsichere

Weste wären die Treffer mit Sicherheit tödlich gewesen. Ferner erleidet Özcan Koprulu zwei glatte Durchschüsse am rechten Arm und am linken Oberschenkel. Ein Querschläger zertrümmert die Glasscheibe eines Wartehäuschens. Zum Glück wird in der ausbrechenden Panik kein Unbeteiligter verletzt.

Zeitgleich versucht auch Salim Korkmaz, eine Waffe zu ziehen und auf Koprulu zu schießen. Doch Birsen Korkmaz drängt ihn mutig beiseite und verhindert Schlimmeres. Turgut Cebesoy hat zwar ebenfalls die Hand am Gürtel, beschränkt sich aber darauf, Erol Korkmaz anzufeuern: »Schieß, Onkel, schieß! Los, keine Angst!«

Zwei Polizisten, die gerade mit ihrem Diensthund Streife gehen, hören die Schüsse, sehen das Mündungsfeuer der Pistole und erkennen unzweifelhaft, wie einzig und allein Erol Korkmaz die typische Schusshaltung einnimmt. Weitere Zeugen bestätigen, dass niemand außer ihm geschossen habe. Dennoch wird Korkmaz später behaupten, Koprulu habe seinerseits mindestens einmal auf ihn geschossen, er selbst sich daraufhin lediglich verteidigt, bevor dann die Waffe seines Schwagers geklemmt habe. Erst die kriminaltechnische Untersuchung von Korkmaz' Pistole zeigt, was ihn auf die Idee für diese Schutzbehauptung gebracht hat: Sein Abzug hat blockiert, eine Patrone sich deshalb im Magazin verklemmt. Als bald darauf die Polizei den Bahnhofsvorplatz systematisch absucht, findet sie, abgesehen von den drei Projektilen in Koprulus Schutzweste, lediglich Geschosshülsen, die eindeutig aus Korkmaz' Waffe stammen. Ebenso werden die verräterischen Schmauchspuren später nur an den Händen von Erol und Salim Korkmaz nachgewiesen.

Während sich Özcan Koprulu verletzt am Boden windet, ergreift der Schütze die Flucht durch den Bahnhof. Einer der Streifenbeamten, die die Schießerei beobachtet haben, nimmt zusammen mit seinem Hund die Verfolgung auf. Die kurze Jagd endet auf Gleis 11. Korkmaz wirft noch seine Pistole ins Gleisbett, dann wird er gestellt, gefesselt und abgeführt. Auf der Wache beginnt der Verhaftete zu heulen. Der Polizeibericht vermerkt nüchtern: »Er erklärte entschuldigend, dass ›Er‹ seine Frau ›gefickt‹ habe. Weitere Angaben zum Sachverhalt machte er nicht.« »Er«, sein Opfer Özcan Koprulu, wird derweil ins Krankenhaus gefahren, wo man dessen Fleischwunden ambulant versorgt.

Kurz nach 21 Uhr meldet sich Metin Korkmaz, Birsens Mann, auf der Polizeiwache seines gegenwärtigen Aufenthaltsortes, einer nahe gelegenen westfälischen Kleinstadt. Telefonisch hat er von der Schießerei erfahren und will sich nun nach dem Gesundheitszustand seiner Brüder erkundigen. Allerdings verraten seine Einlassungen eine etwas zu genaue Kenntnis der Tatumstände. So entsteht der Verdacht, dass auch er als Mitwisser oder Anstifter am fraglichen Verbrechen beteiligt gewesen sein könnte. Deshalb wird er vorläufig festgenommen und nach Osnabrück überstellt. Doch da sich weder gegen ihn noch gegen Turgut Cebesoy ein dringender Tatverdacht erhärten lässt, werden sie am folgenden Tag wieder auf freien Fuß gesetzt. Gegen Erol und Salim Korkmaz ergeht dagegen Haftbefehl wegen des Versuchs eines gemeinschaftlichen Mordes. Da seine Waffe nicht sichergestellt werden kann, kommt Salim Korkmaz schon nach fünf Tagen wieder frei. Einzig der Schütze verbringt die nächsten vier Monate in Untersuchungshaft, bevor er gegen Kaution Haftverschonung erhält.

## Eröffnungsbeschluss für eine Vendetta

Da einige der Beteiligten wegen verschiedener Aktivitäten im Umfeld der verbotenen kurdischen Separatistenorganisation PKK aktenkundig sind, schloss die Polizei zunächst einen politischen Hintergrund für die Schießerei vor dem Osnabrücker Bahnhof nicht aus. Sehr schnell jedoch machten die Aussagen verschiedener Familienmitglieder deutlich, dass es sich um eine rein private Fehde gehandelt hatte. Während der polizeilichen Ermittlungen konnten die genauen Hintergründe des Streits jedoch nicht wirklich geklärt werden, da beide Seiten sehr unterschiedliche Versionen der Geschichte präsentierten. Auch bezüglich der Frage, wie und warum genau es zur Verabredung am Bahnhof kam, blieben Widersprüche bestehen. Ebenso wenig wurde abschließend geklärt, ob sich an jenem Abend tatsächlich bewaffnete Angehörige der Familie Koprulu in der Nähe aufgehalten hatten. Immerhin war in der Vergangenheit gegen einige von ihnen wegen Gewaltdelikten sowie unerlaubten Waffenbesitzes ermittelt worden. Und bei einer späteren Durchsuchung ihres Hauses in Bielefeld wurden Waffen sowie weitere Hinweise darauf gefunden, dass es sich bei den Koprulus nicht ausschließlich um Klosterschüler handelte.

So erhielt die Version der Ereignisse, in der sich die Korkmaz-Sippe als argloses Opfer präsentierte, eine gewisse Nahrung. Erol Korkmaz beschrieb bei einer späteren Vernehmung die Dinge wie folgt: Ende August sei sein Bruder Metin zu ihm gekommen und habe ihm erzählt, dass er Streit mit seiner Frau habe. Jetzt fürchte er die Rache seines Schwagers. Özcan Koprulu habe dann tatsächlich in den folgenden Tagen des Öfteren bei ihm angerufen und verlangt, dass er seinen Bruder vor die Tür setze. Andernfalls werde er ihm »den Kopf abreißen« und seine Frau und seine Mutter »ficken«. Insgesamt sechs Mal habe er ihm gedroht, mehrmals auch ganz offen damit, ihn umzubringen. Am fraglichen Tattag habe er selbst am Nachmittag eine Prüfung bei der Industrie- und Handelskammer in Bielefeld absolviert, bevor ihn Koprulu gegen sechs angerufen und ihm mitgeteilt habe, er habe jetzt »die Schnauze voll«. Man solle Metin Korkmaz gefälligst »tot oder lebendig« herausgeben. Finde man sich nicht in zwei Stunden am Bahnhof in Osnabrück ein, dann werde er vorbeikommen, um Metin zu »killen« und alle übrigen zu »ficken«. Einzig aus Angst und zum Selbstschutz habe er deshalb eine Pistole eingesteckt und sei mit seinem Bruder Salim und Turgut Cebesoy nach Osnabrück gefahren.

Am Bahnhof angekommen, habe er sofort erkannt, dass man

von zahlreichen Mitgliedern der Koprulu-Sippe umringt sei. Sofort sei Özcan Koprulu auf ihn und seine Begleiter zugelaufen und habe gerufen: »Auf dich habe ich schon lange gewartet, jetzt bist du dran!« Dann habe sein Schwager mindestens einmal auf ihn geschossen. Zur Selbstverteidigung habe er seinerseits zunächst vor Koprulu in den Boden gezielt. Erst als dieser weiter auf ihn angelegt habe, habe er direkt auf ihn geschossen. Da seine Treffer keine Wirkung gezeigt hätten, habe er panisch losgeballert. Schließlich habe Koprulu erneut abgedrückt, aber seine Waffe habe wohl geklemmt. Dann habe auch noch Tülay Koprulu eine kleine Pistole gezogen. Nach seiner festen Überzeugung sei er zum Ort des Geschehens bestellt worden, weil Özcan Koprulu und seine Verwandten ihn hätten töten wollen.

Diese Notwehrversion wurde von Erol Korkmaz und seinem Anwalt schon im Verlauf der Haftprüfungstermine wiederholt zum Besten gegeben. Stets wies die Staatsanwaltschaft in ihren Stellungnahmen trotzdem eindringlich darauf hin, dass es am zentralen Faktum keine ernst zu nehmenden Zweifel geben könne: Einzig Erol Korkmaz hatte auf dem Bahnhofsvorplatz geschossen. Ohne die kugelsichere Weste hätte er Özcan Koprulu getötet. Demgegenüber betrafen alle anderen Fragen und Zweifel eher Randbereiche des Geschehens vor und während der Tat. Und dass gegen Mitglieder der Familie Koprulu, darunter auch das Tatopfer selbst, schon ermittelt worden war, bewies überhaupt nichts. Denn erstens ging es dabei nicht um Angriffe auf den späteren Schützen. Zweitens erfolgte aufgrund dieser Ermittlungen niemals eine Verurteilung, die Verfahren wurden vielmehr allesamt eingestellt. Und drittens würden diese Ermittlungen im vorliegenden Fall überhaupt nichts präjudizieren. Dass eine Person möglicherweise zur Anwendung von Gewalt bereit ist, kann einen direkt nicht einmal betroffenen Dritten ja wohl kaum legitimieren, diese Person niederzuschießen.

Und doch machte die 6. Strafkammer des Landgerichts Osnabrück unter dem Vorsitzenden Richter Kirschbaum die Darstellung des Hauptbeschuldigten zur Grundlage ihres Beschlusses, die Eröffnung eines Hauptverfahrens abzulehnen. Die Staatsanwaltschaft hatte gegen Erol und Salim Korkmaz sowie Turgut Cebesoy Anklage wegen versuchten Totschlags beziehungsweise Beihilfe dazu erhoben. Das Gericht befand nun, für die den Angeschuldigten zur Last gelegten Straftaten bestehe »kein hinreichender Tatverdacht«. Natürlich sei nicht zu bestreiten, dass Erol Korkmaz auf Özcan Koprulu geschossen habe. Doch »wahrscheinlich« würden die Beweise nicht genügen, »um die Rechtswidrigkeit der Tat« festzustellen: »Vielmehr besteht nach Aktenlage bei den gegebenen Beweismöglichkeiten die Wahrscheinlichkeit, dass der Angeklagte Erol Korkmaz nach dem Grundsatz ›in dubio pro reo‹ wegen nicht auszuschließender Notwehrlage (…) freizusprechen ist.« Seine Version, man habe ihn zum Bahnhof bestellt, um ihn zu töten, und er habe dort in Notwehr gehandelt, werde »nicht zu widerlegen sein«.

Wahrscheinlich, vielleicht, bei den gegebenen Beweisen im Zweifel für den Angeklagten … Selbst für das Deutsch von Juristen sind das reichlich viele Konditionalbegriffe auf einmal. So viele, dass es einer gerichtlichen Beweisaufnahme bedurft hätte, um offene Fragen in Gewissheiten zu verwandeln. Einzig eine Hauptverhandlung hätte die Tathintergründe, das Tatgeschehen und die zahlreichen Detailfragen im Umfeld klären können. Gerade wenn es an der Glaubwürdigkeit von Täter, Opfer und wichtigen Zeugen gleichermaßen berechtigte Zweifel gab, wären diese nur durch eine Gerichtsverhandlung auszuräumen gewesen. Angesichts all dieser Unwägbarkeiten verbot sich eine Entscheidung nach Aktenlage. Genau diese aber traf das Gericht. Es beschloss allein aufgrund der bisherigen Ermittlungen und zusätzlich beigezogener Akten, dass Koprulu genauso gut Täter oder Mitschuldiger hätte gewesen sein können. Der Gipfel war, dass die Richter auch noch gegen das Gebot des rechtlichen Gehörs verstießen. Sie machten Annahmen zum Nachteil des Tatopfers zur Grundlage ihres Beschlusses, ohne den Betroffenen überhaupt danach befragt zu haben.

Somit war das Fazit des Beschlusses der 6. Strafkammer des Landgerichts Osnabrück vom 25. Juli 2002 schlicht eine so genannte »unzulässige Beweisantizipation«: Was zu beweisen gewesen wäre, wurde per Federstrich als bereits bewiesen unterstellt. Es sei, so die Richter, »nicht zu widerlegen, dass zunächst der als gewaltbereit bekannte Özcan Koprulu eine Waffe zog und auf Erol Korkmaz richtete«. Deshalb sei »davon auszugehen, dass die von diesem abgegebenen Schüsse zur Abwehr eines gegenwärtigen rechtswidrigen Angriffs erforderlich waren. (...) Die Eröffnung des Hauptverfahrens war danach aus tatsächlichen Gründen abzulehnen.«

Schon ein kurzer Blick auf die Vorgeschichte und die Ermittlungsergebnisse zeigt, dass der Beschluss, die Anklage gegen Erol und Salim Korkmaz sowie Turgut Cebesoy nicht zuzulassen, aus der Luft gegriffen war. Zumindest am Kerngeschehen, wonach einzig Korkmaz auf seinen Schwager geschossen hatte, ließen weder die Indizien noch die Zeugenaussagen einen vernünftigen Zweifel zu – sieht man einmal von den Schutzbehauptungen der Beschuldigten selbst ab. Rechtlich haben die Richter ihren Ermessensspielraum eindeutig überzogen. Und rechtspolitisch war ihr Beschluss eine Katastrophe. Denn indem er die rechtsstaatliche Klärung des Falles verweigerte, öffnete er – zugegebenermaßen ungewollt – die Schleusen für eine stammesrechtliche Blutrache.

Die Frage ist: Was trieb das Gericht zu diesem Entschluss? Gewiss zählten beide beteiligten Seiten, die Familien des Täters wie des Tatopfers, nicht zu den liebenswürdigsten und friedlichsten aller Mitbürger. Auch waren die unmittelbaren Folgen der Schießerei eher harmlos. Das Opfer war nur leicht verletzt worden. Doch das war einzig der vielleicht nicht weisen, aber immerhin realistischen Voraussicht Özcan Koprulus zu verdanken.

Wäre Özcan Koprulu getötet worden, hätte das Gericht den Fall nicht ignorieren können. Doch nicht das Resultat, der Vorsatz macht das Kapitalverbrechen. Die Richter haben dagegen aus dem Resultat, den zwei Fleischwunden des Opfers, ein Bagatelldelikt konstruiert. Und dieses meinten sie dann guten Gewissens unverfolgt lassen zu können. Warum? Ich fürchte, weil ihnen das ganze Umfeld der Tat, alle Beteiligten und ihre offenbar archaische Vendetta nicht geheuer waren. Vermutlich fürchteten sie ein Verfahren mit auf Türkisch keifenden Prozessparteien, dunklen Hintergründen und unauflöslichen Gespinsten aus Lügen, Zweckbehauptungen und parteiischen Zeugenaussagen. Dabei ist solcher Abscheu in Strafsachen am wenigsten zu gebrauchen. Viel wichtiger wäre es gewesen, der drohenden skandalösen Selbstjustiz zweier Immigrantensippen zum frühestmöglichen Zeitpunkt Einhalt zu gebieten. Ein ebenso entschiedenes wie gerechtes Urteil hätte den folgenden Kreislauf der Blutrache gestoppt. Nur wenn der Rechtsstaat vor dieser ihm absolut feindlichen, widerwärtigen und antizivilisatorischen »Tradition« unter keinen Umständen kneift, wird er deren Anhänger auf Dauer in die Schranken weisen können. Das Gegenteil erreicht man, wenn man, ganz gleich ob vornehm oder angewidert, aus der Perspektive des westlichen Rechtsstaates bewusst die Augen davor verschließt.

## Grausame Blutrache

Das Attentat auf Özcan Koprulu musste nach den Regeln einer traditionellen Sippenfehde wie eine Anstiftung zum Mord wirken. In dem Moment, in dem er auf seinen Schwager schoss, wusste Erol Korkmaz, dass er damit einen Akt der Blutrache heraufbeschwor. Die Ehre der Familie seines Opfers konnte nach den für beide Seiten geltenden traditionellen Wahnvorstellungen nur durch einen Racheakt oder durch eine formelle Unterwerfungsgeste gerettet werden. Der Vollzug der Blutrache war potenziell für jedes Mitglied der Familie Koprulu verpflichtend. Wer sich dieser Pflicht entziehen oder gar widersetzen würde, musste seinerseits mit Ehrverlust und der Ausstoßung aus dem Sippenverband rechnen. Die Verpflichtung zur Blutrache war somit derart übermächtig, dass alle strafrechtlichen, sozialen und ökonomischen Konsequenzen ignoriert werden mussten. Wer immer den Fememord vollziehen würde, er würde seine Selbstaufgabe, ja Selbstzerstörung akzeptieren.

Im Bewusstsein dieser Gefahr bemühten sich die näheren und weiteren Verwandten des Schützen in den folgenden Wochen und Monaten intensiv um eine friedliche, zumindest aber unblutige Beilegung des Zwistes. Bisher unbeugsam in ihrer Gier nach Rache zeigte sich die Korkmaz-Sippe nun in geradezu unterwürfiger Weise nach Vergebung und Versöhnung strebend. Schon Anfang Oktober fand ein Treffen zwischen Vertretern beider Familien im Hause Koprulu in Bielefeld statt, auf dem man angestrengt nach Möglichkeiten suchte, die Gefahr der Blutrache für den Anschlag vom 29. September des Jahres abzuwenden. Deshalb blieben die unmittelbar Beteiligten, abgesehen vom Opfer selbst, diesen Unterhandlungen auch fern.

Über den Verlauf des Treffens gibt es unterschiedliche Versionen. Diejenige der Koprulus klingt eindeutig zu harmlos: Mitglieder der Familie Korkmaz hätten lediglich einen Besuch abgestattet, um für den verletzten Özcan Koprulu Genesungswünsche zu überbringen. Näher an der Wahrheit bewegt sich vermutlich die Gegenseite: Jedes Anerbieten einer Versöhnung sei von der Familie Koprulu, besonders aber dem Oberhaupt Ibrahim Koprulu und seinem Sohn Özcan abgewiesen worden. Einzig eine von Erol Korkmaz vor beiden versammelten Sippen vollzogene öffentliche Selbstbezichtigung und Entschuldigung sei als eventuell akzeptable Sühne genannt worden. Dies wiederum wäre natürlich für die Sippe Korkmaz inakzeptabel gewesen, hätte es doch deren völlige Entehrung bedeutet.

Mittlerweile konzentrierten sich der Zorn und das Verlangen nach Vergeltung auf Seiten der Koprulus vor allem auf die Person von Turgut Cebesoy. Aufgrund der von außen kaum nachvollziehbaren Verwicklungen eines jesidischen Ehrenhändels war der Neffe des Schützen wohl am wenigsten zur Anwendung von Gewalt gegen Özcan Koprulu legitimiert gewesen. Dass er seinen Onkel Erol Korkmaz derart heftig zur misslungenen Mordtat angefeuert hatte, hatte also die Koordinaten der Rache in seine Richtung verschoben. So fand Ende 2001 ein weiteres Treffen in Bielefeld statt, diesmal mit rund 30 Teilnehmern beider Seiten. Im Kern ging es darum, Turgut aus der ganzen Sache herauszuhalten. Auf einem dritten Treffen in kleinerem Kreis Anfang 2002 bemühte sich eine Reihe weitläufigerer Verwandter der Cebesoys nochmals energisch um eine friedliche Beilegung der Affäre. Offenbar umsonst. Nach Aussagen mehrerer Zeugen, keiner von ihnen natürlich wirklich unparteiisch, beharrten Vater und Sohn Koprulu kompromisslos auf ihrem Standpunkt, Turgut Cebesoy könne unter keinen Umständen vergeben werden. Vielmehr müsse er sterben.

Weit darüber hinaus behaupteten später Metin und Erol Korkmaz, Ibrahim Koprulu habe nicht nur Rache verlangt, er habe vielmehr seinen jüngsten Sohn Yilmaz angestiftet, Turgut Cebesoy zu töten. Der älteste Sohn Özcan habe ihn dabei nicht nur unterstützt, sondern sogar bekundet, er würde Turgut nicht einmal dann verzeihen, wenn der Vater es täte. Diejenigen, die die ganze Katastrophe ursprünglich ausgelöst hatten, erdreisteten sich tatsächlich, Ibrahim und Özcan Koprulu wegen Anstiftung zum Mord anzuzeigen. Aber weder ließen sich ihre Anschuldigungen in einem späteren Verfahren gegen Vater und Sohn Koprulu beweisen, noch konnte einwandfrei geklärt werden, welche der Koprulu-Söhne bei den fraglichen Zusammenkünften überhaupt anwesend waren.

Es muss deshalb wohl Yilmaz Koprulus eigener, über Monate gereifter Entschluss gewesen sein, den verhassten Turgut Cebesoy zu töten. Fühlte er sich zur Tat berufen? War er als jüngster der Brüder traditionell zum Vollzug der Rache bestimmt? Oder wurde doch von Vater und Bruder direkter Druck auf ihn ausgeübt? Auf diese Fragen wird es nie eine Antwort geben.

Am 26. August 2002 trafen Täter und Opfer zufällig und für beide Seiten überraschend aufeinander. Die Führerscheine der beiden Kurden waren einige Monate zuvor eingezogen worden, weshalb sich beide an diesem Tag beim Technischen Überwachungsverein in Bielefeld einer Führerscheinnachprüfung unterziehen mussten. Zusammen mit drei Begleitern, darunter wohl auch einer oder zwei seiner Brüder, fing Yilmaz Koprulu den erklärten Erzfeind seiner Familie noch auf der Straße vor dem TÜV-Gelände ab. Zusammen mit einem zweiten Schützen, der später nicht mehr identifiziert werden konnte, jagte er dem wehrlosen Mann 22 Kugeln in den Körper. Beide Schützen zielten ausschließlich auf den Körper. Turgut Cebesoy verblutete in wenigen Minuten. Sein Tod, fraglos eine brutale Hinrichtung, war das Ende einer verbrecherischen Familienfehde, die von der Justiz hätte vermieden werden können.

Am 25. Mai 2003 verurteilte das Landgericht Bielefeld Yilmaz Koprulu wegen Mordes an Turgut Cebesoy zu lebenslanger Haft. Sein Entschluss, eine Nebenfigur in diesem irrsinnigen Streit mit äußerster Brutalität zu töten, war vor Gericht weder zu widerlegen noch in das Licht irgendwelcher mildernden Umstände zu rücken. Das Urteil ist inzwischen rechtskräftig. Der jüngste Bruder Özcan Koprulus wird das verderbliche und kriminelle Sinnen seiner Sippe nach Rache abbüßen müssen, während Erol und Salim Korkmaz als Auslöser dieser Rache unbehelligt bleiben. Immerhin: Während der gerichtlichen Beweisaufnahme wurde doch noch festgestellt, dass Özcan Koprulu bei der Schießerei Ende September 2001 in Osnabrück definitiv nicht geschossen hatte. Damit ist die Strafvereitelung gegenüber Erol und Salim Korkmaz wenigstens indirekt amtlich.

Und dann wurde zwischen November 2003 und Februar 2004 auch noch gegen Özcan und Ibrahim Koprulu wegen des Vorwurfes der Anstiftung zum Mord verhandelt. Diese Tat konnte ihnen nicht nachgewiesen werden. Beide Männer befanden sich zum Zeitpunkt der Bluttat bereits seit einigen Wochen in der Türkei.

Nachdem Vater und Sohn acht beziehungsweise sieben Monate in Untersuchungshaft gesessen hatten, wurden sie freigesprochen.

Die Tat aber, die den ganzen Abgrund von Blut und Verbrechen überhaupt aufgerissen hatte, ist bis heute strafrechtlich ungesühnt. Turgut Cebesoy wurde auf grausame Art ermordet. Aber seine kriminellen Onkel Erol und Salim Korkmaz laufen bis heute frei herum – weil die bundesdeutsche Justiz sich weigerte, zum richtigen, und das heißt zum frühestmöglichen Zeitpunkt Recht zu sprechen. Ein von mir angestrengtes Verfahren vor dem Europäischen Gerichtshof in Den Haag in dieser Sache ist noch anhängig. Allen nationalen und internationalen Rechtsnormen zufolge wäre es inakzeptabel, wenn eine derartige Strafvereitelung im Amt tatsächlich durchgehen werden würde.

# 10. FURCHTBARE JURISTEN VOR UND NACH 1945

*Ungesühntes Naziunrecht: Warum die deutsche Justiz traditionell unfähig ist, ihre Fehlurteile zu korrigieren*

*Es ist unbestritten: Die Bundesrepublik Deutschland hat in den ersten Dekaden nach ihrer Gründung darin versagt, sich geistig mit dem Nationalsozialismus auseinanderzusetzen und zwischen dem NS-Regime und dem neuen, demokratischen Staatswesen einen scharfen personellen Schnitt zu machen. Hitler, Goebbels, Himmler und mit ihnen viele führende Nazis entzogen sich der Verantwortung für ihre Verbrechen durch Selbstmord. Vor den Nürnberger Kriegsverbrechertribunalen wurden gerade mal knapp 200 hohe NS-Funktionäre, Generäle und Industrielle angeklagt. Von den 36 dort gefällten Todesurteilen wurden zwar 24 vollstreckt, 38 weitere Angeklagte wurden jedoch freigesprochen und fast alle in Nürnberg verhängten Haftstrafen bis 1956 aufgehoben. Der so genannte »Stellvertreter des Führers« Rudolf Heß war der einzige Nazi, der lebenslänglich im Spandauer Kriegsverbrechergefängnis einsaß. Der Rest kam davon – unter den Augen, teilweise mit Duldung oder sogar im Dienst der Bundesrepublik. Auf den unteren und mittleren Ebenen des Staatsdienstes fanden ehemalige Funktionsträger des Regimes fast ausnahmslos neue Anstellungen. Viele von ihnen, vorneweg der berüchtigte Kanzleramtssekretär Hans Globke, einst Kommentator der Nürnberger NS-Rassengesetze und dann die Graue Eminenz hinter Konrad Adenauer, sowie der ehemalige Marinerichter und spätere Ministerpräsident von Baden-Württemberg, Hans Filbinger, machten beeindruckende Karrieren. Dazu bedurfte es nicht viel: Neben geschönten Biografien und Bündeln von »Persilscheinen« ebneten den ehemaligen Nazis eine Reihe skandalöser gesetzlicher Regelungen zum Verjährungs-, Beamten- und Versorgungsrecht den Weg zurück zum »treuen Staatsdiener«.*

*In der ersten Reihe des Versagens stand die Justiz. Schon im Nürnberger Juristenprozess mussten sich 1947 nur 14 führende Nazijuristen vor Gericht verantworten. Zwar zeigte der Prozess detailliert auf, in welch ungeheurem Ausmaß die Gerichtsbarkeit als willfähriges Instrument des nazistischen Terrorregimes fungiert hatte. Doch die strafrechtlichen Konsequenzen hielten sich in beschämend überschaubarem Rahmen: vier lebenslange und sechs Haftstrafen sowie vier Freisprüche. Einer der Verurteilten starb 1950 in Haft, die übrigen wurden 1950 und 1951 freigelassen. 1956 war auch der letzte Nazirichter wieder auf freiem Fuß.*

*Die Parlamente und Gerichte der Bundesrepublik Deutschland entwickelten seit 1949 einen großen Ehrgeiz, die juristische Verfolgung und Bestrafung von NS-Justizverbrechen nicht zu fördern, sondern vielmehr zu verhindern. Das oberste Prinzip der nahezu unverhüllten Totalamnestie übernahm man von den in Nürnberg Angeklagten. Diese hatten sich darauf berufen, nur geltendes Recht angewendet und nicht etwa vorsätzlich und in vollem Unrechtsbewusstsein das Recht gebrochen zu haben. In den Fünfzigerjahren legitimierten Gesetzgeber und Gerichte bis hinauf zum Bundesgerichtshof großzügig diesen fatalen »Positivismus«. Dabei wurde vor allem der Straftatbestand der Rechtsbeugung ausgehöhlt – mit der Folge, dass bis heute kaum ein Richter wegen offensichtlichen Justizunrechts belangt werden kann. Nach damaliger Gesetzgebung und Rechtsprechung wäre nicht einmal der oberste NS-Blutrichter Roland Freisler wegen Rechtsbeugung verurteilt worden. Wie also soll man jemals wieder einen deutschen Richter wegen geringerer Verfehlungen anklagen, ohne dass man eingedenk der Opfer des Nationalsozialismus vor Scham in den Boden versänke?*

Unschuldig angeklagt – weil die Staatsanwaltschaften im Zuge ihrer Ermittlungen, ganz gleich ob bewusst oder unbewusst, Tatsachen verdrehen und dadurch, wie im Fall Otmar Schuster, unbescholtene Existenzen ruinieren. Berufungsgerichte, die die Wahrheit auf den Kopf stellen, ohne dass es dafür von Rechts wegen Beweise geben kann. Revisionsinstanzen und Strafkammern, die das Recht beugen, um in beispielloser Kumpanei den Unrechtsurteilen ihrer Kollegen wenn schon nicht zur Wahrheit, so »wenigstens« zur formaljuristischen Korrektheit zu verhelfen. Richter, die Absprachen platzen lassen, stattdessen den wehrlosen Mandanten in den Rücken fallen – und damit einen Menschen wie Josef Peters zu Unrecht für viele Jahre hinter Gitter bringen. Ausgefuchste Richter, die ein offenkundig falsches Urteil »revisionssicher« verpacken, um den berechtigten Widerspruch dagegen schon im Vorfeld zu unterbinden – was einen Mann wie Sabahattin Yalman lebenslang ins Zuchthaus verfrachtet. Ungebührlich harte Urteile, die als »Abschreckung« zwar den einzelnen Täter treffen, aber in Wahrheit für die Allgemeinheit gedacht sind: In völliger Verkennung der vermeintlichen Wirksamkeit solcher Abschreckungsurteile werden sie nach wie vor von den Hardlinern unter den Richtern gerne gesprochen, wenn ihnen – ja wenn ihnen – wie im Fall Eugen Siebert schlichtweg der Geduldsfaden reißt. Und schließlich das genaue Gegenteil: Ein Gewalttäter wie Erol Korkmaz, dessen Tat unzweifelhaft bewiesen ist, darf als freier Mann herumlaufen, weil das Gericht gegen ihn kein Verfahren eröffnen will. Wer würde glauben, dass solch skandalöse Zustände ausgerechnet auf das Konto der deutschen Justiz der letzten 60 Jahre gehen? Das allein ist schon schlimm genug. Viel schlimmer aber ist, dass gegen manche dieser Fälle kein einziges gesetzliches Kraut gewachsen ist, dass sie im Rahmen unserer Rechtsordnung tatsächlich »rechtens« sind – und bleiben. Was ist das für ein System, das derartige Unrechtsurteile von vermeintlich »objektiven«, ja »unfehlbaren« Richtern unwidersprochen lässt? Es ist ein System mit einer langen, teilweise düsteren Tradition, die bis in die Gegenwart fortwirkt.

Nach landläufiger Vorstellung gibt es eine Macht der Gerechtigkeit und eine Macht des Faktischen. Die Politik orientiert sich immer an der Macht des Faktischen. Doch leider orientiert sich die Justiz nicht immer und ausschließlich an der Macht der Gerechtigkeit.

Nach dem Ende der Herrschaft der Nationalsozialisten gab es durchaus verschiedene Vorstellungen, wie man auf die Einmaligkeit ihrer Verbrechen reagieren sollte. Die Nazis hatten nicht nur, wie alle Diktaturen, ihre innenpolitischen Gegner brutal unterdrückt. Hitlerdeutschland hatte nicht nur, wie für Krieg führende Mächte weithin üblich, fremde Völker überfallen, unterworfen und ausgeplündert. Wehrmacht und SS-Divisionen hatten sich nicht einmal damit begnügt, den gesamten europäischen Kontinent in Schutt und Asche zu legen und einen Weltkrieg zu entfachen. Alle Kriegsverbrechen wurden dadurch in den Schatten gestellt, dass die Nazis erst- und einmalig in der Menschheitsgeschichte die massenhafte Vernichtung von Minderheiten und vor allem die physische Vernichtung der Juden Europas in den NS-Konzentrationslagern industriell organisierten.

Die Mehrheit der Deutschen hatte die nationalsozialistische Diktatur gewollt. Sie hatte gewusst, dass Hitlers Machtergreifung früher oder später Krieg bedeuten würde. Und sie hätte zumindest wissen können, welche Verbrechen in ihrem Namen begangen wurden. Solch ein Staat, der sich derart unfassbare Gräueltaten hatte zuschulden kommen lassen wie Nazideutschland, musste nach 1945 mit Stumpf und Stiel beseitigt werden. Und ein Volk, das seinen verbrecherischen Führern bis zur Stunde des Untergangs gefolgt war, verdiente seitens der Sieger jeglichen nur denkbaren Argwohn.

So gab es denn auch in Amerika anfänglich das Konzept des Morgenthauplans. Dieser hätte bedeutet, Deutschland in ein Agrarland zurückzuverwandeln und alle Nazifunktionäre zur Zwangsarbeit in einen Steinbruch zu schicken. Durchgesetzt hat sich – teils noch der milden Weisheit der Roosevelt-Regierung zu danken, überwiegend schon dem heraufziehenden Kalten Krieg geschuldet – der Marshallplan. Die hungernde Bevölkerung erhielt aus Amerika Carepakete; finanzielle und industrielle Hilfeleistungen aus der ganzen Welt trugen wesentlich zu jenem Wirtschaftswunder bei, das nur wenige Jahre nach Kriegsende in Deutschland blühte. So verdankte die Bundesrepublik Deutschland ihren raschen Wiederaufstieg zur Wirtschaftsmacht und ihre gefestigte Demokratie der Macht des Faktischen.

## Der Nürnberger Juristenprozess

Die Macht der Gerechtigkeit hinkte demgegenüber notorisch hinterher. Die Nürnberger Kriegsverbrecherprozesse waren zwar völkerrechtlich wegweisend und für die Dokumentation der Naziverbrechen unentbehrlich. Aber sie wurden von den Deutschen nicht als Sieg der Gerechtigkeit begrüßt, sondern als »Siegerjustiz« beargwöhnt. Zudem wurde dort nur eine kleine Minderheit verurteilt. Eine strafrechtliche Verfolgung, die die Mehrheit aller Naziverbrecher betraf, hätte die deutsche Justiz spätestens nach der Gründung der Bundesrepublik leisten müssen. Diese jedoch blieb anfangs völlig aus, zog sich später quälend lange hin und führte in viel zu wenigen Fällen zu den nötigen harten Strafen. Anfang der Fünfzigerjahre reagierte die Justiz zunächst noch auf Anzeigen von NS-Verbrechen aus der Bevölkerung. Doch die Verfahren, die sich oft auf Straftaten aus der Vorkriegszeit bezogen, wurden sehr schnell weniger. War es 1949 noch zu 1.523, 1950 immerhin noch 908 Verurteilungen gekommen, sank deren Zahl in der Folgezeit kontinuierlich. 1954 waren es lediglich 44, 1955 ganze 22 Fälle, in denen Personen wegen NS-Verbrechen belangt wurden. Der Gesetzgeber versagte nicht weniger: Handstreichartig verkürzte der Deutsche Bundestag in einer der ersten Handlungen nach seiner Konstituierung zuerst die Verjährungsfristen für Naziverbrechen und verabschiedete dann ein Amnestiegesetz für alle Straftaten außer Mord.

Das Versagen der Gerechtigkeit erwies sich da als besonders eklatant, wo die Justiz über sich selbst hätte zu Gericht sitzen müssen. Denn die deutschen Richter, Staatsanwälte und Justizbürokraten hatten sich nahezu vollzählig der NS-Diktatur angedient. Unter dem Deckmantel des Rechts hatten sie tausendfach Unrechtsurteile gesprochen und offene Verbrechen bis hin zu Mord und Völkermord legitimiert. Gerade da, wo sie formell korrekt Nazirecht sprachen, verletzten sie bewusst die Normen des materiellen Rechts. Doch keiner von ihnen wurde deswegen nach deutschem Recht verurteilt, kein Nazijurist hat je seine Schuld in einem deutschen Gefängnis abgebüßt. Die Geschichte lehrt, dass vieles Unrecht auf dieser Welt ungesühnt bleibt. Aber nach allen Maßstäben von Recht und Gerechtigkeit bleibt dieses Versäumnis der Justiz nach 1945 eine ewige Schande für unser Land.

Das Scheitern einer Selbstreinigung der Gerichte und der Justizverwaltung zeichnete sich bereits in Nürnberg ab. Schon von Januar bis Dezember 1947 fehlten beim Juristenprozess vor dem amerikanischen Militärtribunal die größten Verbrecher auf der Anklagebank: Der seit 1932 amtierende Reichsjustizminister Franz Gürtner war im Januar 1941 verstorben, sein Nachfolger Otto Thierack hatte unmittelbar nach seiner Verhaftung am 30. April 1945 Selbstmord begangen, ebenso wie 1946 der Reichsgerichtspräsident Erwin Bumke. Und der berüchtigte Präsident des Volksgerichtshofes, Roland Freisler, war bei einem Bombenangriff auf Berlin im Februar 1945 ums Leben gekommen. Verhandelt wurde also gegen 14 weitere führende Juristen des Regimes – und zwar nicht aufgrund konkreter Einzelvorwürfe, sondern aufgrund des organisierten Verstoßes der gesamten deutschen Justiz gegen die Normen des in allen zivilisierten Staaten geltenden Strafrechts sowie des übergeordneten Menschen- und Völkerrechts. Zu den Hauptvorwürfen zählten:

»Gräueltaten und Verbrechen gegen Personen und Eigentum« einschließlich »Plünderung von Privateigentum, Mord, Folterung und ungesetzlicher Einkerkerung«.

Die aktive »Aufrichtung einer Schreckensherrschaft zur Unterdrückung der politischen Gegner des nationalsozialistischen Regimes« und von »Juden aller Nationalität, Polen, Ukrainern, Russen und anderen Staatsangehörigen der besetzten Gebiete«, vor allem durch eine umfassende Sondergerichtsbarkeit.

Die Mitwirkung der Justiz an der nationalsozialistischen Rassenpolitik, vor allem an den gesetzlichen Regelungen zur Zwangssterilisation und an tausendfachem Mord im Rahmen der staatlichen Euthanasie.

Die Mitwirkung an zahlreichen Gesetzesänderungen im Familien- und Erbrecht, aufgrund derer jüdisches Vermögen rechtswidrig und entschädigungslos enteignet worden war.

Inhaltlich stellte das Urteil von Nürnberg eine kompromisslose Abrechnung mit den Verbrechen der nationalsozialistischen Blut- und Rassenjustiz dar. Das vorgelegte Beweismaterial, so die Richter in ihrer Urteilsbegründung, habe zweifelsfrei ergeben, dass die Angeklagten »die schmutzige Arbeit übernahmen, die die Staatsführer forderten, und das Justizministerium als Werkzeug zur Vernichtung der jüdischen und polnischen Bevölkerung, zur Terrorisierung der Einwohner der besetzten Gebiete und zur Ausrottung des politischen Widerstands im Inneren benutzten«. In vollem Bewusstsein seien die NS-Juristen dabei dem »Programm einer rassischen Vernichtung unter dem Deckmantel des Rechts« gefolgt. Damit hätten sie das Recht in schrecklicher Weise pervertiert, denn, so die richtungsweisende Feststellung der Richter, »die Preisgabe des Rechtssystems eines Staates zur Erreichung verbrecherischer Ziele untergräbt diesen mehr als ausgesprochene Gräueltaten, welche den Talar des Richters nicht besudeln«. Das Fazit des Urteils ist vernichtend, seine Formulierung zu Recht berühmt:

*»Die Beschuldigung, kurz gesagt, ist die der bewussten Teilnahme an einem über das ganze Land verbreiteten und von der Regierung organisierten System der Grausamkeit und Ungerechtigkeit unter Verletzung der Kriegsgesetze und der Gesetze der Menschlichkeit, begangen im Namen des Rechts unter Autorität des Justizministeriums und mit Hilfe der Gerichte. Der Dolch des Mörders war unter der Robe des Juristen verborgen.«*

Die Rechtsfolgen dieses Urteils standen allerdings in seltsamem Kontrast zu seinem Tenor. Von den in Nürnberg zu vier lebenslangen und sechs hohen Haftstrafen Verurteilten musste keiner seine Strafe wirklich absitzen. Die meisten von ihnen befanden sich schon Anfang der Fünfzigerjahre wieder auf freiem Fuß. So verbindet sich mit beinahe jedem der folgenden 16 Namen ein Versagen der Gerechtigkeit.

Vier der Angeklagten erhielten lebenslange Freiheitsstrafen, die wenige Jahre später ausnahmslos in begrenzte Zuchthausstrafen umgewandelt und dann ausgesetzt wurden. Franz Schlegelberger, von 1927 bis 1931 Ministerialdirektor, bis 1942 Staatssekretär im Reichsjustizministerium, schließlich für drei Monate kommissarischer Justizminister und von Hitler mit einer Apanage von 100.000 Reichsmark pensioniert, wurde schon 1950 wegen Haftunfähigkeit entlassen. Der bundesdeutsche Staat zahlte ihm zunächst Dienstbezüge in Höhe von 160.000 DM nach, sodann erhielt er eine gigantische Pension von 2.894 DM – ein Facharbeiter verdiente damals rund 400 DM. Als wäre nichts gewesen, gab Schlegelberger juristische Standardkommentare heraus, so etwa zum Handelsgesetzbuch. So zynisch es auch klingt, noch heute erscheint ein Lehrbuch mit dem Titel *Das Recht der Gegenwart* unter seinem Namen. Schlegelberger starb Ende 1970 in Flensburg. Auch Curt Rothenberger, seit 1937 Justizsenator in Hamburg, anschließend Oberlandesgerichtspräsident und 1942/43 Staatssekretär im Reichsjustizministerium, kam bereits 1950 frei und bezog bis zu seinem Tod die Pension eines Gerichtspräsidenten. Herbert Klemm, seit 1933 persönlicher Referent des sächsischen und späteren Reichsjustizministers Thierack, 1935 bis 1940 im Reichsjustizministerium und anschließend in der NSDAP-Parteikanzlei in München tätig, war Anfang 1944 zum Staatssekretär im Justizministerium aufgestiegen. Er wurde 1951 aus der Haft entlassen. Ebenso verließ Rudolf Oeschey, zunächst Vorsitzender des besonders brutalen Sondergerichts in Nürnberg, später Reichsanwalt beim Volksgerichtshof, 1951 das Gefängnis. Sein Nachfolger beim Nürnberger Sondergericht, Oswald Rothaug, auch er Ankläger beim Volksgerichtshof, wurde 1956 als letzter verurteilter Nazijurist aus der Haft entlassen.

Alle von vornherein zu begrenzten Freiheitsstrafen verurteilten Juristen waren da längst in ein ruhiges bürgerliches Leben zurückgekehrt. Josef Altstötter, Mitglied des Reichsgerichts und seit 1943 Ministerialdirektor und Leiter der Abteilung für bürgerliches Recht im Justizministerium, hatte fünf Jahre Zuchthaus erhalten. Als er 1950 auf freien Fuß kam, ließ er sich als Rechtsanwalt nieder. Wilhelm von Ammon, seit 1935 in der Strafrechtsabteilung desselben Ministeriums tätig, wurde zu zehn Jahren Zuchthaus verurteilt, ebenso Günther Joel, von 1933 bis 1943 Referent für Strafsachen im Justizministerium sowie Verbindungsmann zu SS und Gestapo, seit 1943 Generalstaatsanwalt in Hamm. Beide wurden 1951 begnadigt. Auch Ernst Lautz, als Oberreichsanwalt beim Volksgerichtshof seit 1939 insbesondere mit Verfahren wegen Hoch- und Landesverrats befasst, musste seine Strafe von zehn Jahren Zuchthaus nicht absitzen, da man ihn 1951 begnadigte. Stattdessen erhielt er die Pension eines Generalstaatsanwalts in Höhe von monatlich 1.342 DM. Einzig Wolfgang Mettgenberg, der zuletzt Ministerialdirigent für Strafrechtspflege und Strafvollstreckung gewesen war, erlebte das vorzeitige Ende seiner zehnjährigen Zuchthausstrafe nicht mehr: Er starb 1950 im Gefängnis.

Freigesprochen wurden in Nürnberg schließlich Paul Barnickel, von 1938 bis 1944 Reichsanwalt beim Volksgerichtshof, dann beim Reichsgericht, Hermann Cuhorst, Vorsitzender des Sondergerichts Stuttgart, Günther Nebelung, Senatspräsident am Volksgerichtshof, und Hans Petersen, einer der von den Nazis sorgfältig ausgewählten Laienbeisitzer Freislers. Barnickel und Nebelung waren später als Rechtsanwälte tätig. Ein weiterer Angeklagter, Carl Westphal, der als leitender Mitarbeiter im Reichsjustizministerium gearbeitet hatte, beging vor Verhandlungsbeginn Selbstmord, während Ministerialdirektor Karl Engert schon 1947 wegen Verhandlungsunfähigkeit auf freien Fuß gesetzt worden war.

Damit verlief in Nürnberg der einzige Versuch, das nationalsozialistische Justizunrecht juristisch aufzuarbeiten, sehr schnell im Sande. Und ermuntert durch die teilweise milden Urteile sowie vor allem durch die frühzeitigen Begnadigungen, legte die bundesdeutsche Justiz das Thema ihrer eigenen Vergangenheit bald gänzlich zu den Akten. Akribisch dokumentiert hat dieses skandalöse Versagen der Historiker Ingo Müller in seinem erstmals 1977 veröffentlichten Standardwerk *Furchtbare Juristen. Die unbewältigte Vergangenheit unserer Justiz*, das nach wie vor eine der zuverlässigsten Quellen darstellt und aus dem ich deshalb im Folgenden ausführlich referieren werde. Müller gelingt eine bewundernswerte Dokumentation zur deutschen Nazijustiz, in der er Ross und Reiter, Namen und Aktenzeichen mit Datum und allen Einzelheiten nennt. Ich gehe davon aus, dass deutsche Generalstaatsanwälte und Justizminister lesen können. Obwohl der Autor tausende Unrechtsurteile und die auf ihrer Grundlage begangenen Morde nachweist und damit zweifellos die Initialzündung für eine breite Auseinandersetzung in der Öffentlichkeit geliefert hat,[10] sind die in diesem Zuge aufgedeckten Verbrechen von offizieller Seite, von Justiz und Politik, gänzlich unkommentiert geblieben. Deshalb nahm ich Müllers Buch 1993 zur Grundlage, um anlässlich meines 70. Geburtstages eine Denkschrift zu verfassen, die ich an alle im Deutschen Bundestag vertretenen Parteien, an den Bundespräsidenten, den Bundeskanzler, die Präsidenten unserer obersten Bundesgerichte sowie die öffentlich-rechtlichen Rundfunkanstalten

---

10 Zu nennen sind hier vor allem die Arbeiten von Jörg Friedrich (*Freispruch für die Nazi-Justiz*, Hamburg 1983), Gerhard Fieberg (*Justiz im nationalsozialistischen Deutschland*, Köln 1984), Günter Spendel (*Rechtsbeugung durch Rechtsprechung*, Berlin/New York 1984), Bernd Rüthers (*Entartetes Recht. Rechtslehren und Kronjuristen im Dritten Reich*, München 1988) sowie der von Norbert Frei, Dirk van Laak und Michael Stolleis herausgegebene Band *Geschichte vor Gericht. Historiker, Richter und die Suche nach Gerechtigkeit* (München 2000), auf die ich mich gleichfalls beziehe.

schickte. Außer kurzen, förmlichen Antwortbriefen blieb jede Reaktion aus. 1996 habe ich auf gleicher Grundlage ein Gesetz zur Beseitigung des nach wie vor bestehenden nationalsozialistischen Justizunrechts gefordert. Dazu habe ich erneut die in diesem Lande politisch Verantwortlichen angeschrieben, um sie mit den offiziell ignorierten Tatsachen zu konfrontieren. Das Ergebnis war abermals niederschmetternd. 1998 wurde mir vom Bundestagspräsidenten Wolfgang Thierse (SPD) kurz und förmlich mitgeteilt, dass unser Parlament die Angelegenheit als »erledigt« betrachte.

Es scheint fast, als wolle nach wie vor weder die Politik noch die Gerichtsbarkeit offiziell eingestehen, dass Naziunrecht auch von denen begangen wurde, die aufgrund ihres Berufs und ihrer Berufung auf der Seite von Wahrheit und Gerechtigkeit stehen sollten – obwohl die Fakten längst auf dem Tisch liegen. Warum aber verschließt die Justiz ihre Augen vor der eigenen unrühmlichen Vergangenheit? Hält sie ihre persönliche Fehl- und Verführbarkeit für schlicht unmöglich? Kann in der deutschen Justizgeschichte einfach nicht sein, was nicht sein darf? Die negativen Folgen solch ignoranter höchstrichterlicher Selbstüberschätzung sind, die in diesem Buch geschilderten Fälle haben es gezeigt, bis in die Gegenwart spürbar. Und sie treffen vorwiegend diejenigen, die am meisten auf eine unabhängige, objektive Rechtsprechung angewiesen sind: diejenigen, die sich nicht wehren können, obwohl es für sie um alles, eben um Schuld oder Unschuld, um Wahrheit und Gerechtigkeit, geht.

Ich für meinen Teil betrachte, solange ich noch einen Finger rühren kann, weder das Fortbestehen von NS-Unrecht in der Justiz noch die Folgen der skandalösen Amnestie für Deutschlands Nazirichter als erledigt. Meine persönliche Betroffenheit ist dabei nur einer der Ausgangspunkte meines Engagements. Mein Vater, während der Weimarer Republik Beamter im badischen Innenministerium in Karlsruhe und engagiertes Mitglied der katholischen Zentrumspartei, dann während des Zweiten Weltkriegs Verwaltungsoffizier bei der Luftwaffe, wurde 1942 von einem Standgericht wegen »Wehrkraftzersetzung« zum Tode verurteilt und erschossen – in Wahrheit ein Justizmord an einem standhaften Antifaschisten. Meinen Einsatz sehe ich ebenso wenig allein als Bemühen um historische Gerechtigkeit, so nötig diese 60 Jahre nach der Befreiung von der Hitlerdiktatur bleibt. Vor allem sehe ich darin eine rechtspolitische Notwendigkeit, um endlich auch gegenwärtiges Justizunrecht wieder mit allen gebotenen rechtlichen Mitteln bekämpfen zu können. Die deutsche Justiz hat Tausende notorischer Rechtsbrecher in Robe ungestraft entkommen lassen. Dazu hat sie den Straftatbestand der Rechtsbeugung, der ein zentrales Gegengewicht zur Macht der richterlichen Unabhängigkeit darstellt, bis zur Wirkungslosigkeit entkernt. Gerade deshalb müssen die schlimmen Fakten zum Thema des ungesühnten Naziunrechts immer wieder offengelegt werden. Denn wir dürfen nicht vergessen: Diejenigen Richter und Staatsanwälte, die heute ganz bewusst oder aufgrund verhängnisvoller Fehleinschätzungen das Recht beugen, stehen in einer ungebrochenen Tradition, in der Rechtsbeugung auf der Tagesordnung stand und dennoch niemals bestraft wurde. Wie kann vor diesem Hintergrund in der Gegenwart ein höchstrichterliches Bewusstsein dafür wachsen, dass Justizirrtümer keinesfalls unumstößlich sind, sondern der Überprüfung, der Kontrolle, ja der gesetzlichen Ahndung bedürfen?

## Rechtsbeugungen im Unrechtsstaat

Man sagt, die deutsche Justiz sei auf dem rechten Auge blind. Diese Blindheit begann in den Jahren vor 1933. Damals zimmerten deutsche Rechtsgelehrte an den Grundlagen des nationalsozialistischen Unrechtsstaates. Allen voran der Staatsrechtler Carl Schmitt, eine der führenden Figuren im Nationalsozialistischen Rechtswahrerbund. Sein wohl berüchtigtster Aufsatz, zugleich ein absoluter moralischer Tiefpunkt der deutschen Rechtswissenschaft, trug den Titel *Der Führer schützt das Recht*. Damit legitimierte er 1934 die Fememorde im Zusammenhang mit dem Röhm-Putsch, indem er erklärte, die Mordbefehle Hitlers seien angesichts des »übergesetzlichen Staatsnotstandes« in Wahrheit »echte Gerichtsbarkeit« gewesen. Der »Führer« unterstehe in solchen Situationen nicht dem Recht, sondern sei selbst »höchster Gerichtsherr«.

Zu Schmitts unmittelbaren Schülern zählte auch der später höchst einflussreiche Grundgesetz-Kommentator Theodor Maunz. Nur am Rande sei daran erinnert, dass zwar dessen publizistische Nazivergangenheit bekannt war, weshalb er schon 1964 als bayerischer Justizminister zurücktreten musste. Doch erst nach seinem Tod 1993 nahm man zur Kenntnis, dass der offenbar unbelehrbare Nazi in der Bundesrepublik über 20 Jahre anonymer Autor und Berater der rechtsextremen *Nationalzeitung* gewesen war.

Einem anerkannten Strafrechtler, Professor Edmund Metzger, verdankte der Nationalsozialismus darüber hinaus die Vereinnahmung des unabhängigen Rechts durch die verbrecherische Naziideologie, und zwar durch folgende, äußerst tendenziöse Definition: »Materiell rechtswidriges Handeln ist jedes Handeln gegen die deutsche nationalsozialistische Weltanschauung.« Reichsjustizminister Gürtner prägte 1934 den perversen Begriff des »Schutzrechts als Aufgabe deutscher Strafrechtspflege«. Darunter verstand er die »Reinigung der Gemeinschaft von minderwertigen Menschen« und das »Kampfrecht«, den politischen Gegner zu vernichten. Ebenso wurde die »Staatsnotwehr« als Recht anerkannt, was einen Rechtfertigungsgrund für Gesetzesbrüche schuf, der schwerste Straftaten bis hin zum Fememord straflos stellte. Diese neue Form des nationalsozialistischen »Rechts« lieferte das Instrumentarium für Rechtsbeugung und Justizmord.

Professor Karl Larenz sprach den deutschen Juden frühzeitig ihre Rechtsfähigkeit ab und dekretierte: »Rechtsgenosse ist nur, wer Volksgenosse ist; Volksgenosse ist, wer deutschen Blutes ist.« Roland Freisler, der spätere Präsident des Volksgerichtshofes,

...te den Weg für die Nürnberger Rassengesetze, die zum Teil ...gar in vorauseilendem Gehorsam befolgt wurden. So berichtete der Karlsruher Generalstaatsanwalt im Herbst 1935 an das Justizministerium, dass in seinem Oberlandesgerichtsbezirk im Sommer eine größere Zahl von Juden wegen »Rassenschande« in »Schutzhaft« genommen worden sei. In Einzelfällen sei es bereits zu Anklagen gekommen – und das, obwohl die entsprechenden Strafvorschriften offiziell noch gar nicht in Kraft getreten waren.

Den fleißigen und linientreuen NS-Juristen reichten ihre perversen Gesetze zur Entrechtung und Verfolgung jüdischer Bürger nicht einmal aus für ihr verbrecherisches Tun. Selbst das Unrecht in Gesetzesform mussten sie noch beugen, um ungestört Todesurteile verhängen zu können. Denn die Nürnberger Rassengesetze vom September 1935 waren wohl zur rechtsförmigen Bemäntelung eines brutalen Antisemitismus und zur totalen Diskriminierung jüdischer Bürger gemacht worden, aber nicht zur Legitimierung offenen Mordens. Zu ihrem größten Menschheitsverbrechen, der Vernichtung von über sechs Millionen europäischen Juden, haben sich die Nazis ja nie offen bekannt, sodass sie sich auch nie um dessen juristische Verklausulierung bemühten. Den zynisch als »Endlösung der Judenfrage« bezeichneten Holocaust haben sie vielmehr 1942 auf einer Geheimkonferenz besprochen, deren Teilnehmerkreis und technokratischer Tonfall genauso zu einem Treffen von Eisenbahnvorständen gepasst hätte. Während ihr rasender Vernichtungswille sich dort in den eiskalten Dimensionen siebenstelliger Zahlenkolonnen austobte, gab es längst den rassistischen Justizmord in Einzelfällen. Und dabei wirkte die Justiz übereifrig mit.

Die Nürnberger Rassengesetze stellten jede Form des sexuellen Umgangs zwischen Juden und »Ariern« unter Strafe. Die Todesstrafe allerdings war dafür selbst in diesen ruchlosen Gesetzen nicht vorgesehen. Um also jüdische Bürger mit dem Anschein des Rechts umbringen zu können, mussten die Nazirichter auf andere Gesetze zurückgreifen, die sie zudem noch auf abenteuerliche Weise zurechtbogen. Zu diesen gehörten die so genannte »Volksschädlingsverordnung« und das »Gewohnheitsverbrechergesetz«. Zwei Beispiele verdeutlichen, wie solche Todesurteile formaljuristisch korrekt konstruiert wurden.

Der 28-jährige ungarische Diplomingenieur Werner Holländer, in Deutschland geboren und evangelisch getauft, erfuhr erst 1941, dass seine Eltern jüdischer Abstammung waren. Verständlicherweise sah er darin keinen Grund, sowohl seinen Lebenswandel zu ändern als auch seine Liebesbeziehung zu einer Nichtjüdin zu beenden. Doch nach den Nürnberger Rassengesetzen galt er plötzlich als »Volljude«. Deshalb verurteilte ihn das Sondergericht beim Oberlandesgericht Kassel am 20. April 1943 wegen »Rassenschande« zum Tode und ließ ihn Ende Mai 1944 hinrichten. Dies war nur möglich, indem man die Nürnberger Gesetze mit den nicht weniger niederträchtigen Bestimmungen zur Aburteilung von »Gewohnheitsverbrechern« verknüpfte. Die Nazis hatten per Gesetz bestimmt, dass Wiederholungstäter auch für unbedeutende Straftaten zum Tode verurteilt werden konnten. Worin bestand nun das todeswürdige »Verbrechen« Werner Holländers? Selbst nach den Nazigesetzen hätte die Tatsache, dass er mit einer Nichtjüdin schlief, als Fortsetzungsdelikt gewertet werden müssen. Doch die Richter stempelten ihn zum »gefährlichen Gewohnheitsverbrecher« ab und beugten so nicht nur das Recht, sondern gleich auch noch das auf Nazi-Rechtswegen entstandene Unrecht. Schließlich hatte er ja mehr als einmal Geschlechtsverkehr mit seiner »arischen« Freundin gehabt – ganz klar eine Wiederholungstat! Die Perfidie dieses Todesurteils gipfelt in seiner fanatischen Begründung: »Dass der Angeklagte (...) trotz der Kriegszeiten (...) die Stirn hatte, derartige Verbrechen zu begehen, lässt die Tat nach gesundem deutschem Volksempfinden todeswürdig erscheinen. Es ist nach deutschem Rechtsempfinden ein Gebot gerechter Sühne, dass der Angeklagte, der während des Krieges Deutschlands mit den Anhängern des Weltjudentums die deutsche Rasse in den Schmutz zu treten wagte, vernichtet wird. Hierzu zwingt auch die beispiellose Gemeinheit und Skrupellosigkeit wie der schnöde Vertrauensbruch, mit der der Angeklagte als ein typischer Vertreter der jüdischen Rasse (…) vorgegangen ist.«

Bald umging man den normalen Rechtsweg zur Gänze. Seit 1938 konnten alle Verbrechen und seit 1939 sogar leichte Vergehen vor Sondergerichten angeklagt werden. Diese waren mit drei Berufsrichtern besetzt und entschieden in erster wie in letzter Instanz. Das Berufungs- und Revisionsrecht war damit praktisch abgeschafft und jeglicher Rechtsbeugung Tür und Tor geöffnet. Das berüchtigte Sondergericht Nürnberg kombinierte 1942 in einem skandalösen Verfahren gegen den Vorsteher der jüdischen Kultusgemeinde, Leo Katzenberger, die Rassengesetze mit der »Volksschädlingsverordnung«. Mit ihr hatten sich die Nazis Anfang September 1939 eine juristische Universalwaffe zur beliebigen Verhängung von Todesurteilen geschaffen. So wurden beispielsweise »Plünderer«, die bei Luftangriffen Diebstähle begingen, zum Tode verurteilt, ohne sich nur im Mindesten verteidigen zu können. Eigens dafür eingerichtete »Plünderer-Kammern«, die bei schweren Luftangriffen sofort zusammentraten, fällten seit 1942 im Schnellverfahren unmittelbar zu vollstreckende Todesurteile. Mithilfe des Paragraphen 4 der Verordnung ließ sich jede Straftat zu einem Kapitalverbrechen deklarieren. Dort hieß es: »Wer vorsätzlich unter Ausnutzung der durch den Kriegszustand verursachten außergewöhnlichen Verhältnisse eine sonstige Straftat begeht, wird unter Überschreitung des regelmäßigen Strafrahmens mit Zuchthaus bis zu 15 Jahren, mit lebenslangem Zuchthaus oder mit dem Tode bestraft, wenn dies das gesunde Volksempfinden wegen der besonderen Verwerflichkeit der Straftat erfordert.«

So wurde auch Leo Katzenberger zum Tode verurteilt – weil er den nach den Rassengesetzen inkriminierten Geschlechtsverkehr mit seiner angeblichen Freundin unter »Ausnutzung der dem deutschen Volk durch Kriegseinwirkung aufgezwungenen Verdunklung« ausgeübt hätte, nämlich nachts! Dabei musste sogar nach NS-Gesetzen die vermeintliche Beweiswürdigung des Gerichts als überaus fragwürdig gelten. Denn die Beschuldigten selbst hatten ein intimes Verhältnis stets bestritten, und außer trüben Gerüchten und Denunziationen aus der Nachbarschaft gab es für die »Tat« keine Beweise. Nur um sich ein Bild von dem ungeheuerlichen Tonfall deutscher Richter in jener Zeit machen zu können, sei der Vorsitzende in diesem Strafverfahren, der bereits erwähnte NS-Richter Rothaug zitiert. Im Laufe der Verhandlung hatte er den Angeklagten zunächst mehrfach als »syphilitischen Juden« und »Vertreter des Weltjudentums« beschimpft, bevor er in den Urteilsgründen zynisch erklärte, der Angeklagte kenne »den Standpunkt des völkisch empfindenden deutschen Menschen in der Rassenfrage genau« und sei sich also bewusst gewesen, »dass er mit seinem Verhalten dem völkischen Empfinden des deutschen Volkes ins Gesicht schlug«. Das Gericht erachte es deshalb »für geboten, als einzige mögliche Antwort auf die Frivolität des Angeklagten gegen ihn die Todesstrafe auszusprechen«.

Ein weiteres Beispiel für den unglaublichen Missbrauch der Formen des Rechts und der Gerichte waren die angeblichen »Rechtsmittel« des so genannten »Außerordentlichen Einspruchs« und der »Nichtigkeitsbeschwerde«, die 1939 beziehungsweise 1940 in Kraft gesetzt wurden. Damit konnten die Anklagebehörden bereits rechtskräftige Urteile noch einmal kassieren und nachträglich härtere Strafen verlangen. Der »Außerordentliche Einspruch« wurde meist in direktem Auftrag Hitlers oder anderer Nazibonzen vom Oberreichsanwalt eingelegt und führte zwingend zur Aufhebung des angefochtenen Urteils. Der Fall musste dann vor einem besonderen Senat des Reichsgerichts, dem so genannten »Gerichtshof des Führers« neu verhandelt werden – mit dem Ziel eines Todesurteils. Den Entscheidungen in diesen Verfahren maß man die Bedeutung von Grundsatzurteilen bei. Sämtliche Akten über außergerichtliche Einsprüche trugen deshalb den Vermerk »geschichtlich besonders wertvoll«, wurden entsprechend verwahrt und sind daher vollständig erhalten geblieben. »Wertvoll« sind sie vor allem deshalb, weil sie einzigartige Dokumente des mörderischen Zusammenspiels zwischen Justizministerium, Reichsanwaltschaft und Reichsgericht darstellen.

Ein besonders krasser Fall der mörderischen Anwendung dieser Erlasse ereignete sich 1941 im besetzten Prag. Zwei tschechische Staatsbürger, die Brüder Karl und Wenzel H., hatten bereits benutzte Kleiderbezugsscheine entwendet und verkauft. Wegen dieser Gaunerei verurteilte sie das Sondergericht Prag am 7. November zu acht beziehungsweise zehn Jahren Zuchthaus – was an sich schon eine übermäßig harte Bestrafung war. Der Oberreichsanwalt Wolfgang Immerwahr-Fränkel, ein Herr, der uns später noch einmal begegnen wird, legte gegen diese Entscheidung eine Nichtigkeitsbeschwerde ein. Das Reichsgericht hob daraufhin das Urteil auf und verwies die Sache nach Prag zurück, versehen mit dem Hinweis: »Sollte das Sondergericht neuerdings zur Bejahung der Voraussetzungen für die Anwendbarkeit des § 4 der Verordnung gegen Volksschädlinge kommen, so wird es hier erörtern müssen, ob nicht auf die Todesstrafe als die schwerste der angedrohten Strafen zu erkennen ist.« Zwar sah der angesprochene Paragraph keineswegs automatisch, sondern nur bei »besonderer Verwerflichkeit der Tat« die Todesstrafe vor – aber für brave NS-Richter war das natürlich eine Gummiklausel. Das Sondergericht verstand den Fingerzeig und verurteilte die beiden Brüder nach erneuter Verhandlung zum Tode.

Die Pervertierung der Rechtsprechung durch die Nazis führte insgesamt seit 1939 zu einer unfassbaren Inflationierung von Todesurteilen. Wurde etwa das Hören ausländischer Sender ursprünglich »nur« mit Zuchthausstrafe geahndet, verwandelte es die »Volksschädlingsverordnung« in all jenen Fällen zum todeswürdigen Delikt, in denen angeblich »die Widerstandskraft des deutschen Volkes gefährdet« wurde – was die blutrünstigen Sondergerichte beliebig befinden konnten. Am Ende wurde die Verordnung sogar auf das Hören von Musiksendungen feindlicher oder neutraler Staaten angewendet. Jede noch so kleine Straftat, jedes Bagatelldelikt, ja sogar Antragsdelikte führten schließlich zur Verhängung der Todesstrafe.

In ihrem Rassenwahn hielten es die Nazijuristen für geboten, neben der »Reinheit des deutschen Blutes« auch die »Erbgesundheit des deutschen Volkes« zu wahren. Während der Nazizeit wurden Zehntausende von geistig oder körperlich behinderten Menschen und chronisch Kranken im Rahmen staatlich verordneter Euthanasieprogramme umgebracht. Als die Mordmaschinerie Anfang 1940 systematisch anlief, kam es zu Gerüchten und Unruhe in der Bevölkerung. Vereinzelt liefen Ermittlungsersuche lokaler Staatsanwaltschaften und Gerichte beim Reichsjustizministerium ein. Justizminister Gürtner erkannte glasklar, dass es sich bei den Aktionen um puren Mord handelte. Statt sich aber dem Treiben entgegenzustemmen, beruhigte er sein juristisches Gewissen, indem er vom Kabinett dessen »gesetzliche Regelung« forderte. Daraufhin drückte man ihm eine Kopie von Hitlers Ermächtigungsschreiben an die Organisatoren des Euthanasieprogramms, Philipp Bouhler und Professor Karl Brandt, in die Hand. Artig akzeptierte Gürtner diesen »Führerbefehl« als Gesetz – und drängte nun auf den Erlass von »Ausführungsbestimmungen« im Straf-, Personenstands- und Erbrecht, damit die Justiz das Morden formaljuristisch korrekt begleiten könne. NSDAP-Reichsleiter Bouhler, obwohl durch kein staatliches Amt dazu legitimiert, lehnte das Ansinnen des Ministers kaltschnäuzig ab. So blieb eine gewisse Unruhe in der Justiz, bis sich nach Gürtners Tod am 29. Januar 1941 dessen kommissarischer Nachfolger Franz Schlegelberger – besagter Nachkriegskommentator des HGB – der Sache annahm.

Am 23. und 24. April 1941 berief dieser eine der hochkarätigsten Juristenversammlungen des Dritten Reiches nach Berlin ein. Teilnehmer waren der Präsident des Volksgerichtshofes und spätere Justizminister Thierack, sein Nachfolger beim Volksgerichtshof, der damalige Justizstaatssekretär Freisler, Reichsgerichtspräsident

Dr. Bumke, die Oberreichsanwälte beim Reichsgericht und beim Volksgerichtshof, zahlreiche hohe Beamte des Justizministeriums sowie sämtliche 34 Präsidenten der deutschen Oberlandesgerichte und die zugehörigen Generalstaatsanwälte.

Zunächst machte Schlegelberger die Elite der deutschen Justiz persönlich mit dem »Führerbefehl« zur Euthanasie vertraut. Es folgten Vorträge der als »Ärztliche Oberreichsleiter« firmierenden NS-Mordfunktionäre Viktor Brack und Werner Heyde. Nachdem schließlich keiner der obersten Juristen des Reiches auch nur den Hauch eines Zweifels über Art und Umfang des grausigen Vernichtungsprogramms mehr hegen konnte, erklärte Schlegelberger kühl: Da ein rechtlich geltender Erlass des Führers für diese Maßnahmen vorliege, könnten Bedenken gegen ihre Durchführung wohl nicht mehr gegeben sein. Sämtliche in Amtsleiteruniform erschienenen Richter und Staatsanwälte nahmen seine Weisungen kommentarlos entgegen: Erstens seien Anzeigen im Zusammenhang mit der »Aktion« nicht zu bearbeiten, sondern unmittelbar ans Justizministerium weiterzuleiten, zweitens alle entsprechenden Vorgänge sofort zur »Vortragssache« zu erklären und dadurch den unteren Instanzen zu entziehen. Ohne sich auch nur eine Sekunde über die Ungeheuerlichkeit der Vorgänge den Kopf zu zerbrechen oder deren Rechtmäßigkeit wenigstens ansatzweise anzuzweifeln, wandten sich die Teilnehmer – ganz die korrekten Bürokraten gebend – den Detailfragen zu, etwa nach der standesamtlichen Behandlung der fraglichen »Todesfälle«. Im August 1942, nachdem über 70.000 Menschen ermordet worden waren, wurde die Euthanasie offiziell beendet. Inoffiziell ging das Morden weiter, und noch einmal rund 100.000 Menschen fielen ihr zum Opfer.

Man muss es sich tatsächlich immer wieder vor Augen führen: Widerspruchs- und bedenkenlos wurden im Verlauf einer einzigen geschäftsmäßigen Sitzung die Topjuristen des Reichsgerichts, 34 deutsche Oberlandesgerichtspräsidenten und 34 deutsche Generalstaatsanwälte, zusammen mit einem Dutzend hoher Beamter des Justizministeriums zu wissentlichen Mördern von 170.000

hilflosen Menschen! Und das, weil ihnen ein gewissenloser kommissarischer Justizminister einen handgeschriebenen Wisch ihres »Führers« unter die Nase hielt, in dem dieser zwei NS-Funktionäre ohne jedes staatliche Amt mit einer selbst nach damals geltender Rechtslage völlig illegalen Mordaktion beauftragte. Wenn nicht ihr zweifellos fehlendes Gewissen, dann hätten schlicht die 1941 geltenden Gesetze die deutsche Justizelite verpflichtet, Hitler wegen Anstiftung zum Mord anzuklagen!

## Mörder in roter Robe

Die normale Justiz reichte den Nazis bald nicht mehr aus. Also wurde per Gesetz vom 24. April 1934 der Volksgerichtshof geschaffen. Zunächst sollte dieser ausschließlich für Hoch- und Landesverrat, Angriffe auf den Reichspräsidenten, schwere Wehrmittelbeschädigung sowie Mord oder Mordversuch an Mitgliedern der Reichs- oder Landesregierungen zuständig sein. Doch schon 1936 wurde er zum ordentlichen Gericht erklärt. Mit dem bewährten Altnazi Otto Thierack bekam er einen standesgemäßen Präsidenten, und als sichtbares Zeichen ihrer Rangerhöhung verlieh Hitler den Richtern per Erlass die bis dahin dem Reichsgericht vorbehaltenen symbolträchtigen roten Roben. Justizminister Gürtner nannte die am Volksgerichtshof tätigen Richter eine »Kampftruppe zur Niederschlagung und Abwehr aller Angriffe gegen die äußere und innere Sicherheit des Reiches«. Im *Rechtsspiegel*, der Zeitschrift des NSDAP-Rechtsamtes, hieß es: »Das, was die Reichswehr nach außen ist, ist nach unserer Überzeugung der Volksgerichtshof im innenpolitischen Leben. Sein Ziel ist, die Sicherheit der Regierung im Inneren zu gewährleisten. Hierin hat er ähnliche Aufgaben wie die Staatspolizei.« 1939 verlangte Karl Engert, der Vizepräsident des Gerichts, seine Mitglieder müssten in erster Linie Politiker und nicht Richter sein. Der Oberstaatsanwalt Parrisius verkündete ganz offen, Zweck des Volksgerichtshofes sei es nicht, objektiv Recht zu sprechen, sondern die Gegner des Nationalsozialismus zu vernichten. Dieser blutigen Aufgabe kam das Terrorgericht mehr als gründlich nach: Von 1934 bis 1945 produzierten dort insgesamt 577 Richter, Schöffen und Staatsanwälte rund 5.000 Todesurteile. Keiner von ihnen musste je für seine Justizmorde büßen.

Als 1942 der frühere Justizstaatssekretär Roland Freisler auf den Präsidentenstuhl des Volksgerichtshofes wechselte, wurde die blutigste Phase dieses Scheingerichts eingeleitet. Unter seinem Vorsitz wurden beinahe im Akkord rund 2.000 Todesurteile gefällt. Eines der am häufigsten eingesetzten Instrumente zu deren Inflationierung war eine NS-Strafrechtsverordnung zur Bekämpfung der »Wehrkraftzersetzung« – einer der vielen Gummiparagraphen, unter die sich nach Belieben nahezu alles subsumieren ließ. Neben dem Abhören von »Feindsendern« führten nun selbst harmloseste regimekritische oder »defätistische« Äußerungen zur Verhängung der Todesstrafe. Einen entsprechenden Katalog von Bemerkungen stellte 1944 der Ministerialdirektor im Justizministerium Dr. Vollmer zusammen:

»Der Krieg sei verloren;

Deutschland und der Führer hätten den Krieg sinnlos oder frivol vom Zaun gebrochen und müssten ihn verlieren;

die NSDAP solle oder werde abtreten und nach italienischem Muster den Weg zum Verständnisfrieden freimachen;

eine Militärdiktatur müsse und werde Frieden schließen können;

man müsse langsamer arbeiten, damit endlich Schluss sei;

ein Eindringen des Bolschewismus sei nicht so schlimm, wie es die Propaganda schildere, und werde nur den führenden Nationalsozialisten schaden;

Engländer oder Amerikaner würden den Bolschewismus an der deutschen Grenze zum Stehen bringen;

Mundpropaganda und Feldpostbriefe mit der Aufforderung, die Gewehre wegzuwerfen oder umzudrehen;

der Führer sei krank, unfähig, ein Menschenschlächter.«

Die Unterwürfigkeit der obersten NS-Richter ging so weit, dass sie eigenmächtig den Geltungsbereich der betreffenden Verordnung erweiterten. Denn deren Wortlaut zufolge mussten entsprechende Äußerungen zumindest in der Öffentlichkeit gemacht werden. Völlig ohne Druck oder Zwang seitens der Naziregierung entwickelte das oberste Reichsgericht aber sehr schnell eine Rechtsprechung, die den Begriff der Öffentlichkeit auf jede Zusammenkunft von mehr als drei Menschen ausdehnte. Selbst Zweifel, Kritik, Witze oder Spott im Freundes- und Bekanntenkreis oder im Intimbereich der Familie konnten zum Gegenstand der nazistischen Blutjustiz werden.

Das blutige Schlusskapitel zur finsteren Geschichte des Volksgerichtshofes schrieben die Richter Freisler und Rehse nach dem missglückten Attentat vom 20. Juli 1944. Hitler selbst ordnete als selbst ernannter »oberster Gerichtsherr« die Art des Verfahrens gegen die Attentäter an: »Innerhalb von zwei Stunden nach der Verkündung des Urteils muss es sofort vollstreckt werden. Die müssen sofort hängen ohne jedes Erbarmen! Sie sollen gehängt werden wie Schlachtvieh!« Alle Widerstandskämpfer, die nicht zuvor wie Stauffenberg standrechtlich erschossen worden waren, wurden im Zuchthaus Plötzensee an Fleischerhaken aufgehängt.

## Ganze drei Gerechte

Hätte man sich da nicht 1945 verwundert die Augen reiben müssen, als viele Nazis im Zuge der Entnazifizierung nicht nur schamvoll das Prädikat des Mitläufers oder des Unbelasteten für sich beanspruchten? Nein, plötzlich wollte jeder Deutsche im Widerstand gewirkt haben. Vor den Spruchkammern der Alliierten bekannten plötzlich auch zahlreiche großbürgerliche Juristen ihre bislang perfekt verborgene »Abneigung« gegenüber dem Regime. Überdurchschnittlich viele von ihnen gehörten angeblich zu den »Märzgefallenen«, die erst Anfang 1933 der NSDAP oder einer ihrer Unterorganisationen beigetreten waren. Nun versuchte sich jeder mit der Lüge herauszuwinden, diesen Schritt natürlich nicht freiwillig gemacht zu haben. Doch allen Legenden zum Trotz: Ganze drei Richter finden wir unter den Widerstandskämpfern gegen das Naziregime. Ganze drei ...

Der eine ist Dr. Karl Sack. Der Amtsrichter wechselte 1934 zur Militärgerichtsbarkeit und stieg bis zum Richter am Reichskriegsgericht auf. Dort erwies er sich zunächst als regimetreuer Jurist, indem er eine eher exzessive Auslegung des Straftatbestands der Fahnenflucht befürwortete, die zu zahlreichen Todesurteilen beitrug. Bis 1942, als er Chef der gesamten Heeresjustiz wurde, verlief seine juristische Karriere deshalb äußerst gradlinig. Zu Beginn der Vierzigerjahre jedoch kam Sack in Kontakt mit Widerstandskreisen in Nachrichtendienst und Militär. Die Verschwörer des 20. Juli, in deren Pläne er eingeweiht war, wollten ihn nach geglücktem Attentat zum Reichsjustizminister ernennen. Nach dessen Scheitern wurde Karl Sack am 9. August 1944 verhaftet, in einem Standgerichtsverfahren zum Tode verurteilt und am 9. April 1945, vier Wochen vor Kriegsende, im KZ Flossenbürg erhängt.

Der zweite Widerstandskämpfer aus dem Kreis der deutschen Spitzenjuristen war Hans von Dohnanyi, Vater des Dirigenten Christoph von Dohnanyi und des SPD-Politikers Klaus von Dohnanyi. Seine juristische Laufbahn begann 1929 im Reichsjustizministerium als persönlicher Referent des Ministers. Später war er als Reichsgerichtsrat am obersten deutschen Gericht tätig, bevor er 1939 ins Auslandsamt beim Oberkommando der Wehrmacht wechselte, einem der Zentren des militärischen Widerstandes gegen Hitler. Schon nach dem Röhm-Putsch von 1934 suchte von Dohnanyi Kontakt zum Widerstand. Privat dokumentierte er seit jener Zeit die ihm bekannt gewordenen Verbrechen des Regimes, um Beweismittel für einen möglichen späteren Prozess zu sammeln. Anfang 1943 beteiligte er sich am gescheiterten Attentat Henning von Tresckows auf Hitler. Am 5. April festgenommen, wurde das Verfahren durch den zuständigen Karl Sack absichtlich verschleppt. Seit Anfang 1944 im Konzentrationslager Sachsenhausen interniert, wurde nach dem 20. Juli die Beteiligung von Dohnanyis am Widerstandskreis um Stauffenberg aufgedeckt. Am 8. April 1945 wurde er in einem Standgerichtsverfahren zum Tode verurteilt.

Karl Sack und Hans von Dohnanyi büßten die Teilnahme an der Verschwörung gegen Hitler mit dem Leben. Ihre mutige Haltung und ihr Widerstand hätten der gesamten Richterschaft zum Beispiel gereicht. Doch selbst diese beiden aufrechten Männer wurden nicht wegen einer gegen das Regime gerichteten richterlichen Tätigkeit verfolgt. Im Gegenteil, beide machten in der NS-Justiz zunächst steile Karrieren. Dagegen gab es nur einen einzigen Fall, in dem ein Richter sich dem System in Ausübung seines Amtes widersetzte: den Fall des Vormundschaftsrichters Dr. Lothar Kreyssig.

In seiner Jugend stramm deutschnational eingestellt, war Kreyssig Amtsrichter in Augustusburg und Chemnitz. Dort löste er sich unter dem Einfluss seines Vorgesetzten, des Landgerichtspräsidenten Rudolf Ziel, von seiner kurzzeitigen Sympathie für nationalsozialistische Ideen. 1934 schloss er sich der Bekennenden Kirche an und wurde schon im September 1935 zum Präsidenten der 1. Sächsischen Bekenntnissynode gewählt. Sein offenes Eintreten für die Bekennende Kirche brachte ihn dann in Konflikt mit den vorgesetzten Behörden und der NSDAP. Als Vormundschaftsrichter in Brandenburg bemerkte Kreyssig Anfang der Vierzigerjahre, wie sich die Nachrichten über Todesfälle unter seinen behinderten Mündeln häuften. Am 8. Juli 1940 meldete er den Verdacht, dass Kranke gezielt ermordet würden, ans Reichsjustizministerium. Daraufhin wurde er nach Berlin einbestellt, wo Gürtner persönlich ihm den Euthanasiebefehl Hitlers vorlegte. Doch statt nun wie alle anderen Kollegen zu kuschen, erklärte Kreyssig mutig, ein solches »Führerwort« schaffe kein Recht. Dann erstattete er Anzeige wegen Mordes gegen den verantwortlichen NS-Reichsleiter Bouhler. Den Anstalten, in denen Mündel von ihm untergebracht waren, untersagte er, diese ohne seine Zustimmung zu verlegen. Am 10. Dezember 1940 wurde er deshalb vorläufig beurlaubt und am 4. März 1942 endgültig in den Ruhestand versetzt, allerdings unter Wahrung seiner vollen Bezüge. Durch seine konsequente Haltung bewies Kreyssig, dass man sich, auch ohne das eigene Leben aufs Spiel zu setzen, den Verbrechen der NS-Justiz verweigern konnte. Diese mutige Erkenntnis hatte er all seinen Kollegen und Vorgesetzten in der NS-Justiz voraus.

## Nazirichter unterwandern die bundesdeutsche Justiz

Angesichts der Verstrickung der Justiz in das Naziregime hätte es nur einen konsequenten Schritt geben dürfen: Vorbehaltlich einer Überprüfung im Einzelfall hätten die Besatzungsmächte sämtliche deutschen Richter entlassen und eine eigene Justiz errichten müssen. In der Tat gab es solche Pläne. Dagegen standen aber nicht nur Sprachprobleme, sondern auch die unserem Justizwesen völlig fremden angelsächsischen Rechtstraditionen. Zudem brachte das Ende des Krieges alles andere als ein Ende der Kriminalität mit sich. Vielmehr musste nach der Kapitulation möglichst schnell ein funktionierendes Rechtswesen seine Arbeit aufnehmen, um völlige Anarchie oder ein rein militärisches Standrecht zu vermeiden. Und dazu brauchte man Juristen, die mit den bestehenden Verhältnissen vertraut waren.

Im Herbst 1944 hatte US-General Eisenhower alle deutschen Gerichte in den bereits besetzten Gebieten einstweilig für geschlossen erklärt. Neunzig Prozent aller Justizangestellten verloren 1945 zunächst ihre Stellung. Doch nach den strengen politischen Kriterien der Alliierten ließ sich kaum ein berufserfahrener Jurist auftreiben, der nicht »belastet« gewesen wäre. Im Oberlandesgerichtsbezirk Bamberg etwa, einem der ersten deutschen Gerichte, die ihre Arbeit wieder aufnahmen, fand man nur sieben unter 302 Richtern und Staatsanwälten, die nicht in der NSDAP gewesen waren. Also griffen die Besatzungsmächte – wider besseres Wissen – sehr bald wieder auf Deutschlands braune Richter zurück. Beinahe jeden von ihnen erklärte man zum »unentbehrlichen Fachmann«. Der Nachweis einer vormaligen Verbeamtung wurde automatisch zum Persilschein.

Das war der Freibrief für die Nazijuristen, die Nachkriegsjustiz zu unterwandern. 1948 fanden sich in der britischen Besatzungszone unter den Präsidenten der Amtsgerichte schon wieder 30 Prozent und unter den Landgerichtsräten und -präsidenten über 80 Prozent ehemalige Parteigenossen. In den anderen westlichen Zonen bot sich ein ähnliches Bild. Aus einem Bericht des amerikanischen Landeskommissars für Bayern, Hochkommissar McCloy, über die Gefahr einer Renazifizierung der Landesbehörden geht hervor, dass dort 1949 von 924 Richtern und Staatsanwälten genau 752, also 81 Prozent, ehemalige Nazis waren. Und die Internationale Juristenkommission sprach 1952 in ihrem Report von »952 belasteten Richtern und Staatsanwälten, die immer noch in der Justiz der Bundesrepublik tätig sind«. Ich will hier nicht erneut Namen aufzählen. Auf den Seiten 200–220 seines Buches nennt Ingo Müller eine Vielzahl von Nazirichtern und Staatsanwälten, die in der bundesrepublikanischen Nachkriegsjustiz in zum Teil hohen Rängen ihren »Dienst« ausübten.

Am 11. Mai 1951 beschloss der 1. Deutsche Bundestag rückwirkend zum 1. April das so genannte »131er-Gesetz«, das gemäß der Übergangsbestimmung in Artikel 131 des Grundgesetzes die bis dahin nicht endgültig geklärten Rechtsverhältnisse der Beamten des untergegangenen Deutschen Reiches regelte. Das heftig umstrittene Gesetz räumte der großen Mehrheit von ihnen eine Wiederverwendung im öffentlichen Dienst beziehungsweise entsprechende Pensionszahlungen ein. Es verpflichtete Bund, Länder und Gemeinden, bei Neueinstellungen mindestens 20 Prozent ehemaliger Nazis zu berücksichtigen. Behörden, die die Quote nicht erfüllten, mussten Strafen in Höhe der eingesparten Gehälter zahlen. Die Zahl der »131er« betrug mehr als eine halbe Million; bis 1964 wurden über 17 Milliarden DM für ihre Integration und Versorgung ausgegeben. Die mehr als berechtigte Kritik an dieser fragwürdigen »Resozialisierung« brachte es damals auf den Punkt: Die ehemaligen Nazibeamten seien die einzige Gruppe von NS-Opfern, die die Bundesrepublik je entschädigt habe.

Die Reintegration von Exnazis in den öffentlichen Dienst war damit beschlossen. Und trotzdem stieß das Gesetz bei vielen Juristen auf Widerspruch, nicht etwa weil es einen skandalösen Beitrag zur Rehabilitierung der Nazijuristen leistete, sondern weil es nicht restlos allen von ihnen einen Anspruch auf Wiedereinstellung gewährte. Nach wie vor war die Auffassung weit verbreitet, dass das Deutsche Reich am 8. Mai 1945 keineswegs zu bestehen aufgehört habe und daher die Beamtenverhältnisse weiter Bestand hätten. Genau diese Ansicht lag einer Klage zugrunde, mit der 34 ehemalige Gestapobeamte vor das Bundesverfassungsgericht zogen. Das Gericht erklärte darauf am 17. Dezember 1953 unmissverständlich: »Alle Beamtenverhältnisse sind am 8. Mai 1945 erloschen.« Die Reaktion war ein Proteststurm unter Deutschlands Juristen. Der – im Gegensatz zum Bundesverfassungsgericht – fast ausschließlich mit ehemaligen Richtern des Dritten Reiches besetzte Bundesgerichtshof besaß sogar die Stirn, dem Urteil, das immerhin Gesetzeskraft hatte, nicht zu folgen – ein in der Geschichte einmaliger Vorgang richterlicher Auflehnung. Die vom Verfassungsgericht penibel aufgezählten Unrechtsakte nationalsozialistischer Richter und Beamten nannte der Große Zivilsenat des Bundesgerichtshofes unter Vorsitz seines Präsidenten Hermann Weinkauff bloße »Zierrate«, die die eigentliche Arbeit der Beamtenschaft nicht nennenswert beeinflusst hätten: »Der überwiegende Teil der deutschen Beamten hat sich trotz des schimpflichen und rechtswidrigen Drucks in erster Linie dem Staate und seinen legitimen Aufgaben verpflichtet gefühlt.« Und der Treueeid auf Hitler habe schließlich nicht ihm persönlich, sondern dem »obersten Staatsorgan« gegolten.

Überhaupt wurde mit der Errichtung des Bundesgerichtshofes in Karlsruhe eine ungebrochene Kontinuität zum Reichsgericht hergestellt. Bei seiner feierlichen Einweihung am 8. Oktober 1950 beschwor der damalige Justizminister Thomas Dehler (FDP) »die Erinnerung an die ausgezeichneten Leistungen des Reichsgerichts« und rief aus: »Mein Wunsch ist, dass der Geist dieses Gerichts auch die Arbeit des Bundesgerichtshofes durchwaltet.« Das war eine ebenso ungeheure wie vermutlich unbedachte Ironie in der Rede des vorzeigeliberalen Justizministers. Denn wie wir noch sehen werden, hat der Nazigeist des Reichsgerichts tatsächlich den »neuen Geist« am Bundesgerichtshof über weite Strecken bestimmt.

Derweil sickerten andernorts zu schwersten Strafen verurteilte Nazijuristen wieder in den westdeutschen Justizdienst ein. So war etwa der Sondergerichtsvorsitzende Adolf Raderschall in Luxemburg zum Tode verurteilt worden, die Staatsanwälte Leon Drach und Josef Wienicke erhielten fünfzehn beziehungsweise zehn Jahre Zuchthaus. Wienicke wurde in Abwesenheit verurteilt, da er einen Urlaub auf Ehrenwort dazu benutzt hatte, sich nach Westdeutschland abzusetzen. Dr. Otto Bauknecht, während der Besatzungszeit ebenfalls Richter am Sondergericht Luxemburg, hatte vier Jahre Gefängnis bekommen. 1954 wurde der letzte luxemburgische Nazirichter – und zwar unter Anwendung von Menschlichkeitsmaßstäben, die ihnen bei ihrer eigenen Tätigkeit völlig fremd gewesen waren – begnadigt und in die Bundesrepublik abgeschoben. Die Verurteilten des Luxemburger Juristenprozesses kamen sämtlich wieder in der bundesdeutschen Justiz unter. Wienicke wurde 1953 Staatsanwalt in Koblenz und kurz darauf zum Oberstaatsanwalt befördert. Und auch Drach amtierte bald nach seiner Über-

nahme als Oberstaatsanwalt. Der zum Tode verurteilte Raderschall erhielt eine Amtsrichterstelle. Otto Bauknecht avancierte
1956 in Bad Kreuznach zum Landgerichtspräsidenten, und obwohl seine Luxemburger Verurteilung bekannt war, wurde er
schließlich als Präsident des Justizprüfungsamtes in Rheinland-
Pfalz verantwortlich für die Ausbildung des gesamten dortigen
Juristennachwuchses. Der in der Tschechoslowakei zu lebenslanger Haft verurteilte Blutrichter von Prag, Dr. Kurt Bellmann,
dessen Unterschrift nachweislich unter 110 Todesurteilen stand,
stieg nach seiner Abschiebung in die Bundesrepublik zum Landge-
richtsdirektor in Hannover auf. Selbstverständlich verhinderte
auch eine Verurteilung in der DDR keine westdeutsche Justizkar-
riere. Im Juni 1948 war der ehemalige Staatsanwalt Erich Angerer,
der als Ankläger beim Landgericht Leipzig mehrfach mit Erfolg die
Todesstrafe gefordert hatte, von der Großen Strafkammer des
Landgerichts Dresden wegen Verbrechen gegen die Menschlichkeit
zu zwölf Jahren Zuchthaus verurteilt worden. Nach Verbüßung
seiner Strafe ging er in den Westen und wurde Erster Staatsanwalt
in Essen. Oberflächlich entnazifizierte braune Richter und sogar
verurteilte Rechtsbrecher in Robe bevölkerten so zu Hunderten die
westdeutsche Nachkriegsjustiz, betrieben Nazikumpanei und gei-
stige Brunnenvergiftung und kassierten fette Pensionen.

## Naziunrecht als »positives Recht«?

Rechtsbeugungen, Willkürurteile, übermäßige und grausame Bestrafungen, absurde Todesurteile am Fließband, dazu Strafvereitelung und Begünstigung im Amt, eine völlige Aushebelung des
Legalitätsprinzips, ja, wie im Fall des NS-Euthanasieprogramms,
sogar Billigung heimtückischer Morde aus niedrigen Beweggründen, schließlich eine wissentliche und gewollte Zerstörung des

Rechtsstaates hinter der Maske des formellen Rechts: Es gibt keinen einzigen Straftatbestand, dessen ein Richter oder Staatsanwalt überhaupt im Amte schuldig werden kann und der nicht von Nazijuristen verübt wurde. Die gesamte Justiz hatte den rechten Arm zum Hitlerschwur erhoben. Gebildete Menschen hatten öffentlich und feierlich bekundet, dass sie nicht mehr auf Gesetzestreue, sondern auf »Führertreue« verpflichtet seien. Schamlos hatte man die Berufung auf den Buchstaben des Gesetzes als »typisch jüdisches« und »liberalistisches« Rechtsdenken diffamiert. Keine geringere Instanz als der Große Strafsenat des Reichsgerichts unter Vorsitz seines Präsidenten Bumke hatte 1938 die deutsche Richterschaft ermahnt: »Der Aufgabe, die das Dritte Reich der Rechtsprechung stellt, kann diese nur gerecht werden, wenn sie bei der Auslegung der Gesetze nicht am Wortlaut haftet, sondern in ihr Innerstes eindringt und zu ihrem Teile mitzuhelfen versucht, dass die Ziele des Gesetzgebers verwirklicht werden.« Und diese Ziele hießen – daran konnte kein Jurist ernsthafte Zweifel hegen – brutale Unterdrückung politischer Gegner, Kriegstreiberei, aggressiver Imperialismus, Rassenhass und Völkermord. Um von moralischen Maßstäben vorsichtshalber einmal ganz zu schweigen – wer nach zwölf Jahren Nazidiktatur auch nur einen Funken juristischen Verstandes übrig behalten hatte, dem musste diese Realität der NS-Justiz 1945 offenbar werden.

Sollte ein Gesetzgeber bestimmen, dass Gartenzäune am Waldrand nicht rot angestrichen werden dürfen, dann mag ein Verwaltungsrichter privat durchaus am Sinn einer solchen Bestimmung zweifeln, aber er wird das seltsame Gesetz anwenden müssen. So vielleicht ließe sich vereinfacht der Grundsatz der Geltung des positiven Rechts erläutern. Aber wenn ein Staat absolute Grundsätze des materiellen Rechts, die sich in jedem Gesetzbuch der Welt finden, aushebelt, wenn elementare rechtsstaatliche Verfahrensprinzipien suspendiert werden, wenn ein Staatspräsident handschriftliche und mündliche Mordbefehle erteilt, dann mag ein verbrecherisch gesinnter Mensch, selbst wenn er von Beruf Richter ist, sich privat an diesem kriminellen Treiben beteiligen. Aber für sich in Anspruch zu nehmen, er habe bei all dem nur das geltende Recht angewendet, das ist keine fromme Legende, das ist eine Ungeheuerlichkeit. Nicht nur, dass fast alle von den Nazis geschaffenen Gesetze einen Bruch des übergeordneten materiellen Rechts darstellten. Nicht nur, dass diese Gesetze nicht auf rechtsstaatlichem Wege zustande gekommen waren. Selbst an die damals geltenden Gesetze haben sich Hitlers willige Vollstrecker in Robe oft genug nicht gehalten. Sogar die ruchlosesten Verordnungen haben sie noch verdreht und gebeugt, um Menschen für Nichtigkeiten an die Wand stellen oder an den Galgen knüpfen zu können.

Dass all dies mit der Unterordnung unter faktisch geltendes, also positives Recht nichts mehr zu tun hatte, genau das wollte der Rechtsgelehrte Gustav Radbruch (1878–1949) mit seiner berühmten Formel klarstellen. Sein Aufsatz *Gesetzliches Unrecht und übergesetzliches Recht* von 1946 gehört wohl zu den einflussreichsten rechtstheoretischen Texten des vorigen Jahrhunderts. Der Sozialdemokrat, der seine Heidelberger Professur im Mai 1933 sofort verloren hatte, war ursprünglich ein strenger Positivist gewesen. Ein auf rechtmäßigem Wege zustande gekommenes Gesetz galt ihm als zwingend gültig, und zwar unabhängig von Inhalt und Rechtswert der mit ihm aufgestellten Norm. Seine Position verstand er allerdings vor allem als Verpflichtung, die Gesetze jener Weimarer Republik strikt zu befolgen, die von der großen Mehrzahl seiner Kollegen scharf abgelehnt wurde. Dass sein strikter Positivismus nach 1945 zum Teil in Anspruch genommen wurde, um die vermeintlich rechtstreue Haltung der Richter in der NS-Zeit argumentativ zu rechtfertigen, stellt eine nachträgliche Verhöhnung seiner Arbeit und seiner Person dar. Denn den wesentlichen Aspekt seiner Formel – die Grenzen des positiven Rechts klar zu bestimmen – mussten all diese Versuche ignorant überlesen.

Radbruch schrieb: »Der Konflikt zwischen der Gerechtigkeit und der Rechtssicherheit dürfte dahin zu lösen sein, dass das positive, durch Satzung und Macht gesicherte Recht auch dann den

Vorrang hat, wenn es inhaltlich ungerecht und unzweckmäßig ist, es sei denn, dass der Widerspruch des positiven Gesetzes zur Gerechtigkeit ein so unerträgliches Maß erreicht, dass das Gesetz als ›unrichtiges Recht‹ der Gerechtigkeit zu weichen hat.« Noch unmissverständlicher kommt dieser Grundgedanke im zweiten Teil seiner Formel zum Ausdruck, der ohne jeden Zweifel auf alle Strafgesetze und kriegsrechtlichen Ausnahmeverordnungen und auf jedes öffentlich-rechtliche und zivilrechtliche antisemitische Unrechtsgesetz der Nazis angewendet werden muss: »Wo Gerechtigkeit nicht einmal erstrebt wird, wo die Gleichheit, die den Kern der Gerechtigkeit ausmacht, bei der Setzung positiven Rechts bewusst verleugnet wurde, da ist das Gesetz nicht etwa nur ›unrichtiges Recht‹, vielmehr entbehrt es überhaupt der Rechtsnatur.« Der »Widerspruch des positiven Gesetzes zur Gerechtigkeit« hatte zwischen 1933 und 1945 unzweifelhaft ein »unerträgliches Maß« erreicht. Der »Kern der Gerechtigkeit« war »bei der Setzung positiven Rechts bewusst verleugnet« worden. Also hatte jegliches NS-Recht »überhaupt der Rechtsnatur entbehrt«. Wie demgegenüber die Legende von der Gesetzestreue der NS-Juristen nach dem Kriege überhaupt in Umlauf kommen konnte, ist eines der dunklen Rätsel der bundesdeutschen Justizgeschichte.

Als einer der Ersten benutzte wohl der Kölner Staatsrechtler Hermann Jahrreiß, der in Nürnberg den NS-General Jodl verteidigte, das Positivismusargument. Während er den alliierten Richtern zu erklären suchte, was er für das deutsche Rechtssystem hielt, führte er in etwa Folgendes an: Schon Gerhard Anschütz – ein weiterer Kronjurist der Weimarer Republik – habe wie Radbruch die Auffassung vertreten, dass Gesetze, die in einem ordnungsgemäßen Verfahren erlassen worden seien, von der Justiz weder aus verfassungsrechtlichen noch aus ethischen Gründen infrage gestellt werden dürften. Und so furchtbar sie in ihren Folgen auch gewesen seien, die Gesetze, die die Richter im Dritten Reich angewendet hätten, seien sie immerhin im Zuge ordnungsgemäßer Verfahren zustande gekommen.

Diese Auffassung funktionierte naturgemäß nur, wenn man die verfassungsrechtliche Realität des NS-Staates akzeptierte – was eine abenteuerliche Argumentationskette erforderte. Hitler war ja tatsächlich auf verfassungsmäßigem Wege Reichskanzler geworden. Der Reichstag hatte sich, vor allem mit dem Ermächtigungsgesetz vom 23. März 1933, gegenüber der Exekutive tatsächlich selbst entmachtet. Hitler hatte im August 1934 als so genannter Führer und Reichskanzler sowie als oberster Befehlshaber der Wehrmacht die höchsten exekutiven Staatsämter auf sich vereinigt. Und am Ende hatte der Diktator sich sogar »legal« zum gesetzgebenden Organ erklärt: In seiner letzten Sitzung am 26. April 1942 hatte ihn der Reichstag offiziell zum obersten Gerichtsherrn erhoben. Auch wenn dies durch reine Akklamation in einem Einparteienparlament geschah, verfassungsrechtlich, so der Schlussstein kühner Staatsrechtslogik, habe es sich trotz allem noch um den im März 1933 gewählten 8. Reichstag gehandelt – und damit um ein ordentliches Verfassungsorgan. Hitler sei also wirklich *legibus absolutus* gewesen.

Das Positivismusmärchen wurde zur ersten Grundlage dafür, dem ganzen Berufsstand der deutschen Juristen einen pauschalen Persilschein auszustellen. Es wurde nur zu gern von all jenen übernommen, die wegen ihrer in der Nazizeit begangenen Verbrechen wenigstens einmal vor Gericht standen. Und die Kollegen auf den Richterbänken akzeptierten es allzu bereitwillig. So begann jene schlimme Nazikumpanei der Nachkriegszeit, in der vermeintlich entnazifizierte Richter ihre braunen Berufskollegen vor dem Zugriff des Rechtsstaates schützten und selbst Mörder am Ende freisprachen.

## Braune Richter, weiß gewaschen

In einzelnen Fällen begannen deutsche Richter bereits während der Besatzungszeit damit, altes Naziunrecht auf nachgerade absurde Weise zu bestätigen. So schickte zum Beispiel das Landgericht Lübeck am 23. Dezember 1946 einen Journalisten für fünf Monate ins Gefängnis. Am 29. Dezember 1943 war dieser von einem Militärgericht in Stralsund zum Tode verurteilt worden. Doch nach der Verhandlung hatte er einen Polizeibeamten niedergeschlagen und war geflüchtet. Fast eineinhalb Jahre hatte er untertauchen können. Als er nach dem Krieg meinte, seine Verfolgung sei beendet, wurde er in Lübeck verhaftet und wegen Widerstandes gegen die Staatsgewalt und versuchten Totschlags angeklagt. Den angeblichen Vorsatz, der Mann habe damals den Beamten töten wollen, leitete das Landgericht Lübeck aus der Tatsache ab, dass er ein scharfer Gegner des Nationalsozialismus gewesen sei! Das Oberlandesgericht Kiel bestätigte den Beschluss am 26. März 1947 mit der ungeheuerlichen Begründung, die »Amtstätigkeit eines Vollzugsbeamten« sei »bei pflichtgemäßer Vollstreckung immer rechtmäßig. Deshalb muss ein Verurteilter die Vollstreckung des Urteils dulden, wenn die Entscheidung rechtskräftig geworden ist.« Der Journalist wanderte für fünf Monate hinter holsteinische Gefängnismauern, weil er sich vom NS-Staat nicht hatte hinrichten lassen wollen!

Vom Todesurteil gegen den Ingenieur Werner Holländer habe ich schon berichtet. Der Vorsitzende Richter in diesem Verfahren, Fritz Hassencamp, stand wegen dieses Urteils 1952 zusammen mit seinem Beisitzer Dr. Edmund Keßler vor dem Schwurgericht Kassel. Die Staatsanwaltschaft forderte sechs beziehungsweise fünf Jahre Zuchthaus. Aber es geschah das Ungeheuerliche: Obwohl schon die Anklage den Fall nur als Totschlag verfolgt wissen wollte, wo doch zweifelsfrei der Tatbestand eines Justizmordes aus niedrigen Beweggründen erfüllt war, sprach man die beiden Nazirichter frei. Wenngleich ihr Spruch, so die mild gestimmten Kollegen, eindeutig ein Fehlurteil gewesen sei, das weder die Umstände der Tat noch die Persönlichkeit des Täters mit der notwendigen Sorgfalt gewürdigt habe, sei das Urteil doch durch die damalige Rechtslage im Kern gedeckt gewesen. Aufgrund der »leichtfertig« und keineswegs zwingend verhängten Todesstrafe könne man die Richter zwar von einer »moralischen Schuld« nicht freisprechen. Aber eine strafrechtliche Schuld – und hier stoßen wir erstmals auf die schlimmen Folgen eines eingeschränkten Verständnisses von Rechtsbeugung – setze eben voraus, dass die Richter wissentlich und willentlich das Recht hätten beugen wollen. Dies könne ihnen jedoch als überzeugten Nationalsozialisten gerade nicht vorgeworfen werden, da sie ja geglaubt hätten, das geltende Recht zu verwirklichen. Keßlers Verteidiger verstieg sich zu der irrsinnigen Schlussbemerkung, nicht nur der Tenor des damaligen Urteils habe mit dem Gesetz übereingestimmt – das eben auch die Todesstrafe zugelassen habe. Sein Mandant sei überdies »Nationalsozialist mit gläubigem, reinem Herzen« gewesen, »ein gottbegnadeter Jurist, prädestiniert zum königlichen Richter«, der für das Recht notfalls sein Leben ließe. Solch verschmockter Nazikitsch durfte in einem deutschen Gerichtssaal 1952 ohne Ordnungsruf dahergeredet werden! Völlig richtig bemerkte später der Würzburger Strafrechtler Günter Spendel in seiner Studie *Rechtsbeugung durch Rechtsprechung* von 1984 zum skandalösen Kasseler Freispruch:

»Welches Ausmaß geistiger Beschränktheit und Verbohrtheit wird hier den NS-Richtern von ihren Kollegen entlastend zugebilligt, über die ein Gericht bei einem Nichtjuristen als Täter hinwegginge! (...) Wenn der rechtskundige Richter einen Juden aufgrund von vier Liebesverhältnissen mit ›arischen‹ Frauen und der darin gesehenen ›Rassenschande‹ als ›gefährlichen Gewohnheitsverbrecher‹ qualifizieren und deshalb zum Tode verurteilen zu dürfen glaubte, soll dies eine beachtliche Überzeugung oder strafbefreiende Vorstellung sein. In Wahrheit ist hier der Urteilende nicht ein strafloser Irrtums-, sondern ein in seiner fanatischen NS-Ideologie befangener strafbarer Überzeugungstäter, der sehr wohl wusste, dass seine Meinung selbst nicht von allen Vertretern des NS-Regimes geteilt wurde.« Weder die große öffentliche Empörung noch eine Aufhebung des Urteils durch den Bundesgerichtshof halfen damals gegen die Kasseler Nazikumpanei. In einem zweiten Prozess sprachen die Richter wiederum ihre NS-Kollegen frei. Schon Ende 1952 waren Hassencamp und Keßler wieder unbescholtene Juristen mit weißer Weste. Es versteht sich leider fast von selbst, dass beide in den Justizdienst zurückkehren durften.

Kein glatter Freispruch, aber ein unendlich verschlepptes Verfahren verhinderte, dass die Miturheber des Nürnberger Urteils gegen Leo Katzenberger zur Verantwortung gezogen wurden. Dabei war es völlig klar, dass der damalige Vorsitzende des Sondergerichtes, Oswald Rothaug, ein Exempel hatte statuieren wollen. Das Todesurteil hatte er vor einem ausgewählten Publikum geladener Mitglieder von NSDAP, Sicherheitsdienst, Wehrmacht und Justiz gefällt. Die Nazifunktionäre waren dazu sogar in Galauniform erschienen. Alle Voraussetzungen des Tatbestandes der Rechtsbeugung waren auf geradezu klassische Weise erfüllt: Der Sachverhalt war verfälscht (Katzenberger hatte gar keine sexuelle Beziehung zu der fraglichen Frau), das Gesetz falsch angewandt (eine Anwendung der »Volksschädlingsverordnung« lag selbst nach Nazirecht fern) und die Strafzumessung missbräuchlich vorgenommen worden (die Todesstrafe sah das angeblich verletzte Rassengesetz gar nicht vor). Selbst der damalige Justizstaatssekretär und spätere Blutrichter Freisler hatte das Urteil in einer schriftlichen Stellungnahme als »kühn« bezeichnet.

Rothaug war in Nürnberg verurteilt und nach neun Jahren Haft begnadigt worden. Ohne dass man ihn wegen irgendeines Naziurteils hätte belangen können, starb er friedlich 1967. Doch seine beiden Beisitzer beim Sondergericht Nürnberg, die Landgerichtsräte Dr. Karl Josef Ferber und Dr. Heinz Hugo Hoffmann, hatten sich während des Juristenprozesses 1947 als Zeugen eingelassen. Ferber hatte dort ausgesagt, der vorgeworfene Sachverhalt sei im

Zuge des Verfahrens seines Erachtens nicht erwiesen worden. Und Hoffmann bezeichnete das Urteil in einer eidesstattlichen Versicherung als »untragbar, ungerecht und unmenschlich«. Das waren zwei glatte, gerichtlich bestens dokumentierte Geständnisse.

Trotzdem vergingen mehr als zehn Jahre, bis die am selben Ort sitzende Staatsanwaltschaft sich zur Aufnahme von Ermittlungen bequemte. Die Ausforschung der Sach- und Aktenlage nahm weitere acht Jahre in Anspruch. Erst am 4. März 1968, fast auf den Tag genau 26 Jahre nach ihrem Mordurteil, saßen die Herren Ferber und Hoffmann dann wieder in demselben Gerichtssaal, in dem sie zusammen mit dem Nazirichter Rothaug Leo Katzenberger in den Tod geschickt hatten. Die Staatsanwaltschaft zeigte sich nach einem Vierteljahrhundert des Nichtstuns jetzt wenigstens konsequent: Sie beschuldigte die Männer des gemeinschaftlich begangenen Mordes.

Doch auf einmal – man kannte natürlich genau die Musterurteile zum Thema vorsätzliche Rechtsbeugung – wollten die Nazirichter Ferber und Hoffmann von ihren Aussagen 1947 vor dem Nürnberger Tribunal nichts mehr wissen: Sie seien 1942 von der Richtigkeit ihres Urteils durchaus überzeugt gewesen, ihre gegenteiligen Einlassungen seien von den amerikanischen Anklägern »erpresst« worden. Nach 13 Verhandlungstagen kam es am 5. April 1968 zu einem verstörend milden Urteil: drei beziehungsweise zwei Jahre Haft wegen Totschlags in minder schwerem Fall. Die Begründung legte ein beinahe schon zärtliches Verständnis für die Angeklagten an den Tag. Nachdem er endlich tot war, konnte man risikolos auf den damaligen Vorsitzenden Rothaug einprügeln. Als fanatischer Nazi sei der gewiss seinem Rassenhass, also einem niedrigen Beweggrund gefolgt, weshalb er wohl ein Mörder gewesen sei. Aber Ferber und Hoffmann seien doch »sonst untadelig durch das Leben gegangen«, nie habe auf ihrem Wirken ein »Makel gelastet«, und »nie in ihrem Leben wären sie zu einem Verbrechen fähig oder gar bereit gewesen, hätte sie nicht das Schicksal im Zeitalter der NS-Diktatur zum Sondergericht verschlagen«. Fazit: Einzig die schlimmen Zeitläufte hatten sie zu ihrer Tat getrieben.« Wer im demokratischen Staat groß geworden ist, kann die damalige Situation der Angeklagten nicht voll nachempfinden, und selbst derjenige, der die nationalsozialistische Epoche noch wachen Auges erlebt hat, wird Schwierigkeiten haben, sich dorthin zurück zu versetzen.« Wenn das keine mildernden Umstände waren! Angesichts solch zynischer Richterprosa fragt sich, ob es wohl Krokodilstränen waren, die den Richtern bei der Abfassung ihrer skandalösen Urteilsbegründung die Wange herunterliefen. Fotos zeigen jedenfalls nach der Urteilsverkündung zwei grinsende Angeklagte, die sich wohl ihren Teil gedacht haben.

Zufrieden aber waren sie trotzdem nicht und gingen – wie übrigens auch die Staatsanwaltschaft – in die Revision. Allerdings war die ehemals solide Mehrheit der Altnazis bei den zuständigen Strafsenaten des Bundesgerichtshofes Ende der Sechzigerjahre geschwunden. So hob der Bundesgerichtshof das Urteil mit entsprechend deutlichem Tenor auf: Hinsichtlich des Mordvorwurfes sei der Sachverhalt nicht erschöpfend gewürdigt worden, die Erwägungen zum Tatvorwurf der vorsätzlichen Rechtsbeugung durch Verfälschung des Sachverhalts seien schon »von ihrem Ansatz her« verfehlt. Ironie der Geschichte: Noch bevor das Landgericht Nürnberg sich diese massive Urteilsschelte aus Karlsruhe zu Herzen nehmen konnte, wurden die Beschuldigten siech. Ferber schied gleich zu Beginn des zweiten Prozesses wegen Verhandlungsunfähigkeit aus, der Angeklagte Hoffmann legte sich in den nächsten Jahren eine Gehirnsklerose zu. Der Prozess geriet zur Hängepartie, die zunächst unendlich oft vertagt und schließlich abgebrochen wurde.

1976 war auch Nazirichter Hoffmann angeblich endgültig verhandlungsunfähig. Dabei störte sich das Gericht nicht im Mindesten daran, dass er nach wie vor – und sogar noch Jahre nach dem Einstellungsbeschluss – als Rechtsanwalt in Frankfurt aktiv war. In seiner Begründung entblödete es sich nicht auszuführen, der Angeklagte sei »wegen eines hirnorganischen Altersabbaus nur für eine lang andauernde, sachlich komplizierte und emotional belastende Gerichtsverhandlung als verhandlungsunfähig anzusehen, nicht aber im Hinblick auf die Führung einer Anwaltskanzlei«. Hätte der angeblich kranke Hoffmann 1942 nur 10 Prozent der Milde gezeigt, die ihm hier zuteil wurde, hätte Leo Katzenberger dem Naziterror vielleicht entkommen können.

Eine außerordentlich beeindruckende Karriere in der deutschen Nachkriegsjustiz machte auch jener Herr, der uns im Prager Prozess gegen die Brüder Karl und Wenzel H. 1941 im besetzten Prag begegnet war: der damalige Reichsanwalt Wolfgang Immerwahr-Fränkel. Der überzeugte Naziankläger, Ingo Müller zufolge ein »Fanatiker der Todesstrafe«, wurde 1962 tatsächlich zum Generalbundesanwalt, also zum obersten Ankläger der Republik befördert. Im Zuge der Entnazifizierung war es ihm gelungen, seine Blutspur zu verwischen. Nur aufgrund von erdrückendem und unbezweifelbarem Beweismaterial aus der DDR konnte er nach einigen Wochen wieder aus dem Amt entfernt werden. Allerdings – Nazis konnten zwischen Prozess und Pension wählen – behielt der unfreiwillige Frührentner seine vollen Bezüge. Ein aufgrund der DDR-Akten später gegen ihn eingeleitetes Verfahren stellte das Oberlandesgericht Karlsruhe am 3. September 1964 ein. Die Begründung räumte auch diesem fanatischen Nazi großzügig das Privileg eines Verbotsirrtums ein: Fränkel sei nicht nachzuweisen gewesen, dass er »während des Krieges (...) die Gültigkeit der genannten Bestimmungen auch nur bezweifelt, geschweige denn ihre Ungültigkeit erkannt« habe.

Jahrelang spielten die Gerichte diese Art von Motivpingpong: Entweder einem Nazirichter fehlte das Unrechtsbewusstsein, dann war er freizusprechen, oder er urteilte aus tiefer Überzeugung und also ohne rechtsbeugerischen Vorsatz, dann war er auch freizusprechen. Einer der wenigen demokratischen Juristen in einer Spitzenposition, der hessische Generalstaatsanwalt Fritz Bauer, kommentierte die »Bewusstseinsspaltung« der Nazirichter höchst zutreffend: »In den Entnazifizierungsakten lesen wir, dass sie samt und sonders dagegen waren. Sollen aber Staatsanwälte und Richter etwa wegen exzessiver Todesurteile zur Rechenschaft gezogen werden, so beteuern sie, damals in ungetrübter Übereinstimmung mit ihrem Gewissen verfolgt und hingerichtet zu haben, womit nach herrschendem Justizrecht Rechtsbeugung und Totschlag entfallen.«

## Der Fall Rehse

Der schlimmste Fall von Nazikumpanei in der Rechtsprechung der deutschen Nachkriegsjustiz, zugleich der Gipfelpunkt einer geistigen Brunnenvergiftung durch einen NS-Juristen, drehte sich um einen der Beisitzer am Volksgerichtshof, den ehemaligen Kammergerichtsrat Hans-Joachim Rehse. 1939 hatte er beim obersten NS-Terrorgericht als Ermittlungsrichter angefangen, 1941 war er Beisitzer im 1. Senat unter Roland Freisler geworden. Diese Funktion übte er bis Kriegsende aus, weshalb Rehse auch über die Widerstandskämpfer des 20. Juli urteilte.

Nach dem Krieg wurde Rehse die Mitwirkung an mindestens 230 Todesurteilen konkret nachgewiesen. 1962 ermittelte die Staatsanwaltschaft München gegen ihn, stellte das Verfahren jedoch mit der üblichen Begründung ein, dem Beschuldigten könne keine willentliche Rechtsbeugung und kein bewusster Tötungsvorsatz nachgewiesen werden. Nach Erscheinen einer umfangreichen Dokumentation über das Schicksal katholischer Priester vor Hitlers Tribunalen, die allein 15 Todesurteile mit Rehses Unterschrift anführte, ermittelte die Staatsanwaltschaft Berlin erneut gegen ihn. 1967 erhob sie in einigen besonders eklatanten Fällen von Rechtsbeugung Anklage wegen versuchten und vollendeten Mordes. Sie konzentrierte sich dabei auf jene Fälle, in denen der Begriff der Öffentlichkeit in Paragraph 5 der NS-Kriegssonderstrafrechtsverordnung so ausgelegt worden war, dass auch vertrauliche Äußerungen im kleinsten Kreis als öffentlich gegolten hatten. Am 3. Juni 1967 verurteilte ein Berliner Schwurgericht den ehemaligen Blutrichter wegen Beihilfe zum Mord in drei Fällen und Beihilfe zum versuchten Mord in vier Fällen zu fünf Jahren Zuchthaus.

Warum nur Beihilfe zum Mord? Nach der bei NS-Verbrechen üblichen Täterschaftskonstruktion schob auch dieses Urteil demjenigen die Hauptschuld zu, der mit dessen Folgen nicht mehr zu rechnen hatte – weil er entweder verhandlungsunfähig, haftunfähig oder bereits verstorben war. Der eigentliche Täter der vom Volksgerichtshof begangenen Justizmorde sei Roland Freisler gewesen, der auf den 1. Senat des Gerichts einen »beherrschenden Einfluss ausgeübt« habe. Sein Beisitzer Rehse habe sich dessen Autorität untergeordnet. Wenigstens aber erkannte das Gericht – endlich einmal im Gegensatz zur bislang gängigen Rechtsprechung – in Rehses nazistischer Verblendung keinen mildernden Umstand. Es sei eindeutig ein Unterschied, ob ein Richter im Einzelfall über die tatsächliche Würdigung eines Sachverhalts oder die Auslegung eines Gesetzes irre oder ob er in politischer Verblendung über einen langen Zeitraum hinweg rechtsfremde Ziele zu verwirklichen trachte. Eine Befragung seines Gewissens vorausgesetzt, habe Rehse das Unrechtmäßige seines Handelns erkennen müssen. Wie die Berliner Richter sehr richtig feststellten, hätte man selbst Roland Freisler freisprechen müssen, wenn die feste Überzeugung von der Rechtmäßigkeit der NS-Gesetze jeglichen Vorsatz der Rechtsbeugung ausschließe. Denn die Behauptung, er sei politisch verblendet gewesen, hätte man ihm wohl am wenigsten widerlegen können.

Sowohl die Staatsanwaltschaft als auch Rehse selbst legten gegen das Urteil Revision ein. Am 30. April 1968 entschied der 5. Strafsenat des Bundesgerichtshofes über den Fall. Besondere Bedeutung maß er der Frage bei, ob richterliche Beisitzer im Falle einer Rechtsbeugung seitens des Gerichtsvorsitzenden als Mittäter oder nur als Gehilfen anzusehen seien. Entgegen ihrer sonstigen

Praxis in NS-Prozessen gingen die Bundesrichter nun plötzlich aber nicht mehr von einer Beihilfe, sondern von einer Mittäterschaft aus. Dabei beriefen sie sich auf den auch im Dritten Reich gültigen Paragraphen 1 des Gerichtsverfassungsgesetzes. Demnach sei selbst ein Richter am Volksgerichtshof bei einer Abstimmung unabhängig, gleichberechtigt, nur dem Gesetz unterworfen und seinem Gewissen verantwortlich gewesen. Auch Rehse hätte daher allein seinen eigenen Rechtsüberzeugungen folgen müssen.

Diese Rabulistik des Bundesgerichtshofes lud zu Missverständnissen geradezu ein. Bei oberflächlicher Betrachtung sah sie zunächst wie eine späte Rechtfertigung des Volksgerichtshofes als ordentliches Gericht aus. Doch in Wahrheit sollte diese Argumentation Rehse lediglich das Richterprivileg sichern. Denn wenn man ihn nicht als Gehilfen der Morde Freislers ansah, sondern als selbstständigen Täter, dann musste man ihm auch persönlich einen Mordvorsatz und die dazu gehörenden niedrigen Beweggründe nachweisen. Und da die Tatvorwürfe des Totschlags und der Rechtsbeugung 1968 längst verjährt waren, konnte man Rehse einzig noch wegen Mordes oder Beihilfe zum Mord belangen. Obwohl die Berliner Richter in ihrem erstinstanzlichen Urteil ihr Verständnis von Rechtsblindheit detailliert ausgeführt hatten, sah der Bundesgerichtshof hier Unklarheiten und Widersprüche. Eine politische Verblendung, so erklärten die obersten Richter, sei mit dem Vorsatz der Rechtsbeugung nicht identisch. Mit der unverhüllten Empfehlung, Rehse freizusprechen, verwiesen die Bundesrichter die Sache deshalb nach Berlin zurück.

Das Urteil, das ein neues Schwurgericht unter Vorsitz des jungen Kammergerichtsrats Dr. Ernst-Jürgen Oske am 6. Dezember 1968 sprach, war nicht nur ein Freispruch für Rehse. Es war zugleich ein skandalöser, offen faschistischer Freispruch für den ganzen Volksgerichtshof und für die gesamte NS-Justiz. 1956 hatte selbst der Bundesgerichtshof festgestellt, der Volksgerichtshof sei kein ordentliches Gericht gewesen, sondern nur eine Ausnutzung gerichtlicher Formen zur widerrechtlichen Tötung und Vernichtung politischer Gegner des Naziregimes. Fünfzehn Jahre später musste man sich an den Kopf fassen, was Oske in seinem Urteil niederzuschreiben sich traute. Nicht genug, dass er den hundertfachen Mörder Rehse freisprach. Die Urteilsbegründung war ein einziges Nazipamphlet. So war dort unter anderem zu lesen: »Die extreme Anwendung der Vorschrift über Feindbegünstigung in dem Sinne, dass jede abfällige Äußerung über das NS-Regime dem Feind nütze, hielt sich im Rahmen vertretbarer Gesetzesauslegung. Sie entspricht dem Wesen moderner Kriege. Und die Nazigesetze insgesamt entsprechen dem Recht eines jeden Staates in Zeiten gefährlicher Bedrängnis von außen, seinen Bestand im Inneren durch harte Kriegsgesetze zu sichern.« Den Feststellungen des Volksgerichthofes zufolge hätten das Attentat auf Hitler und der Umsturzversuch vom 20. Juli 1944 demnach den Tatbestand der Feindbegünstigung immerhin objektiv erfüllt. Ein Irrsinn! Der Mühe derart detaillierter Tatsachenfeststellungen hatten sich die NS-Blutrichter überhaupt nicht unterzogen. Hochverrat, Feindbegünstigung, Defätismus – auf dem Weg zu den von Hitler angeordneten sofortigen Todesurteilen wollte man sich mit solchen Unterscheidungen nicht lange aufhalten. »Auf das alles kommt es nicht an«, hatte Freisler getobt, »denn jeder Volksgenosse weiß, dass ein solches Ausscheren aus einer Kampffront eine ungeheuerliche Schandtat ist, ein Verrat an unserem Volk in seinem Lebenskampf. Ein solcher Verrat ist todeswürdig.«

Doch damit noch nicht genug. Richter Oske befand, dass sich die Beweisführung des Volksgerichtshofes »im Rahmen sachlicher Überlegungen gehalten« habe! Auch dass die Nazirichter eine inkriminierte Äußerung schon dann als öffentlich ansahen, wenn der »Täter« nur zu einer Einzelperson gesprochen hatte, wollte Oske nicht beanstanden. Eine derartige Ausdehnung des Begriffs der Öffentlichkeit erschien ihm »bedenklich«, aber vertretbar. Den Gipfel des Skandals lieferte eine Äußerung Oskes zum Charakter des Volksgerichtshofes: »Nach der Rechtsprechung des Bundesgerichtshofes handelte es sich bei dem VGH um ein unabhängiges, nur dem Gesetz unterworfenes Gericht im Sinne des § 1 Gerichtsverfassungsgesetz.« Das war vom Bundesgerichtshof zwar nie behauptet worden. Aber in seinem Bestreben, auch noch den letzten Terrorrichter des Dritten Reiches von seiner Verantwortung freizusprechen, hatte er dieses Missverständnis geradezu provoziert. Und im Hirn des jungen Ernst-Jürgen Oske war diese Saat aufgegangen. Was dem Bundesgerichtshof noch als rechtstaktischer Winkelzug galt, verwandelte dieser in eine Generalabsolution für die schlimmsten Verbrecher der deutschen Justizgeschichte.

Die Staatsanwaltschaft legte gegen das empörende Urteil Revision ein. Doch bevor es zu einer erneuten Verhandlung kommen konnte, starb der Angeklagte Rehse. Richter Oskes Generalpardon für den Volksgerichtshof blieb unwidersprochen. Es ist, so unfassbar es klingt, das letzte Wort der westdeutschen Justiz zu den Verbrechen eines Nazijuristen geblieben.

## Rechtsbeugung, bedingt und unbedingt

Die faktische Reinwaschung der Nazijustiz ist umso beschämender, als es an vernichtenden höchstrichterlichen Verdikten über die Justiz der Jahre 1933 bis 1945 keinesfalls fehlte. Das Nürnberger Juristenurteil hatte von fortschreitender Entartung des Rechtssystems und von Prozessen bar jeder Grundbestandteile der Rechtlichkeit gesprochen, der Oberste Gerichtshof der britischen Zone von nazistischer Justizlenkung sowie von Maßnahmen, die mit Gerichtsurteilen nur die äußere Form gemeinsam hatten, in Wirklichkeit aber Akte administrativer Vernichtung waren. Das Bundesverfassungsgericht war nach eingehender Betrachtung aller Gerichtszweige der Straf-, Zivil-, Finanz- und Verwaltungsgerichtsbarkeit sowie der Militär- und Sondergerichte zu dem Ergebnis gekommen: »*Überall tritt zutage, dass die Richter es für ihre*

*Pflicht hielten, jeweils anzuwendende Bestimmungen ganz im Sinne der allgemeinen Zielsetzungen des Nationalsozialismus – und das heißt: über das vom Wortlaut zwingend Geforderte hinaus – auszulegen und anzuwenden.«*

Selbst der Bundesgerichtshof hatte einmal geurteilt, die Tätigkeit des Volksgerichtshofes habe mit Rechtsprechung nichts zu tun gehabt, sie sei nur Ausnutzung gerichtlicher Formen zur widerrechtlichen Tötung gewesen. Diese klaren Worte des obersten deutschen Strafgerichts fanden sich allerdings leider nicht in einem Urteil gegen Richterkollegen, sondern gegen eine Denunziantin, die mehrere Personen der NS-Gerichtsbarkeit ausgeliefert hatte. Der Bundesgerichtshof hielt deren Verurteilung 1956 mit der Begründung für angemessen, der Volksgerichtshof sei kein Gericht gewesen, was der Frau hätte bekannt sein müssen. Die verhängnisvolle Vorliebe der Nachkriegsjustiz für das Positivismusmärchen, alle NS-Richter hätten besten Gewissens lediglich geltendes Recht abgewendet, verlangte dagegen ausgerechnet den eigenen Kollegen diesen Kenntnisstand nicht ab.

Dafür trägt eine Rechtsprechung der Gerichte bis hinauf zum Bundesgerichtshof die Verantwortung, die den Straftatbestand der Rechtsbeugung vollends ausgehöhlt hat. Von seinem Ursprung her ist der Paragraph 336 des Strafgesetzbuches ein wesentliches Korrektiv zur richterlichen Unabhängigkeit. Der Richter, ansonsten nur an Recht und Gesetz gebunden, soll dann bestraft werden können, wenn er im Lauf eines Verfahrens einzelne Tatsachen oder den Sachverhalt insgesamt verfälscht, wenn er die Gesetze falsch anwendet oder bei der Strafzumessung seinen Ermessensspielraum überschreitet. Objektiv haben Abertausende von Urteilen der NS-Justiz diese Merkmale der Rechtsbeugung erfüllt. Dies ist in der bundesdeutschen Rechtsprechung zur NS-Justiz auch kaum je bestritten worden. Die Spitze wurde dem Straftatbestand der Rechtsbeugung erst durch eine praktisch nicht zu erfüllende Forderung an die subjektiven Tatvoraussetzungen abgebrochen. Denn um sich der Rechtsbeugung schuldig zu machen, muss ein Richter vorsätzlich handeln. Was aber gilt in diesem Zusammenhang als Vorsatz?

In der allgemeinen Rechtsprechung ist das weitgehend unumstritten. Um sich einer vorsätzlichen Tat schuldig zu machen, genügt es, wenn der Täter die strafbaren Folgen seiner Tat für möglich hält und sie billigend in Kauf nimmt. Die Juristen sprechen hier von »bedingtem Vorsatz«. Schießt beispielsweise ein flüchtiger Einbrecher auf einen ihn verfolgenden Polizisten, macht er sich je nach Lage der Dinge der Körperverletzung, des versuchten beziehungsweise vollendeten Totschlags oder des Mordes schuldig – auch wenn er »nur« schießt, um nicht wegen des Einbruchs verhaftet zu werden. Denn es spielt keine Rolle, dass er die Tatfolge, die Verletzung oder den Tod des Polizisten nicht eigentlich und an sich will, sondern nur als Mittel zum Zweck betrachtet.

Ganz analog müsste auch ein Richter der Rechtsbeugung schuldig sein, der damit rechnet oder rechnen muss, dass seine Entscheidung fehlerhaft ist, und der sich mit diesem Umstand abfindet – aus welchen Gründen auch immer. An diesem Maßstab gemessen hätten alle Nazirichter wegen ihrer Mord- und Terrorurteile verurteilt werden müssen. Schon der unerträgliche Widerspruch fast aller Nazigesetze zu den Grundlagen eines jeden zivilisierten Rechtssystems musste jedem Juristen offensichtlich sein. Erst recht galt dies für die willkürlichen Überschreitungen aller denkbaren Ermessensspielräume bei der Strafzumessung. Und von den juristisch offiziell abgesegneten Mordaktionen im Rahmen der staatlichen Euthanasie hatte selbst ein eingefleischter Nazijurist nicht guten Glaubens annehmen können, sie stünden mit den geltenden Gesetzen in Einklang.

Um die NS-Juristen ungeschoren davonkommen zu lassen, musste man also die Kriterien für den subjektiven Tatvorsatz so weit verschärfen, dass praktisch kein Fehlurteil mehr von ihnen erfasst werden konnte. Dies geschah in einer Reihe von Urteilen, die als Voraussetzung einer strafbaren Rechtsbeugung den bestimmten Vorsatz verlangten. Das heißt: Ein Richter muss wissentlich und willentlich das Recht beugen. Damit wurde der Paragraph 336 des Strafgesetzbuches de facto zu einem Richterprivileg umfunktioniert. Jeder Jurist, dem eine Rechtsbeugung vorgeworfen wird, muss nun bloß noch behaupten, er habe sein Urteil subjektiv für rechtens gehalten, um einer Strafverfolgung zu entgehen oder freigesprochen zu werden. Diese Praxis der Rechtsprechung hat im Resultat dazu geführt, dass auf Anzeigen wegen Rechtsbeugung hin heute meist nicht einmal mehr die Staatsanwaltschaft ermittelt. Und wenn sie ermittelt, wird das Verfahren für gewöhnlich sehr zügig wieder eingestellt. Diese Erfahrung musste ich in meiner Praxis als Strafverteidiger mehrmals machen, unter anderem im Zuge des skandalösen Geschehens um die im Fall Josef Peters gleich in Serie gefällten Unrechtsurteile.

Denn die praktisch unerfüllbare Forderung hinsichtlich der subjektiven Tatvoraussetzungen macht – ohne dass es dafür einer offenen Justizkumpanei überhaupt bedürfte – schon die Eröffnung eines Verfahrens nahezu unmöglich, von einer Verurteilung ganz zu schweigen. Dass dieses Richterprivileg alle Nazijuristen vor dem Zugriff der bundesdeutschen Justiz schützte, ist an sich schon Skandal genug. Aber dass die bundesdeutsche Justiz zu diesem Zweck das Korrektiv des Paragraphen 336 völlig ausgehebelt hat, lastet bis in die Gegenwart auf der deutschen Rechtsprechung. Eines der wesentlichen Rechtsmittel zur Verhinderung von Justizunrecht droht auf Dauer verloren zu gehen, wenn nicht endlich ein Umdenken in Rechtswissenschaft und Rechtsprechung einsetzt.

Zwei Urteile des Bundesgerichtshofes aus dem Jahre 1956 waren hier im fatalsten Sinne wegweisend: zum einen das bereits erwähnte Urteil im Fall Rehse, zum anderen das so genannte Thorbeck-Urteil. Im Fall Rehse hatte der Bundesgerichtshof unmissverständlich festgestellt, dass eine Verurteilung nach Paragraph 336 den Nachweis eines bestimmten und nicht nur eines bedingten Vorsatzes erfordere. Und weiter: *»Wer wegen seiner Tätigkeit als Beamter oder Schiedsrichter bei der Leitung oder Entscheidung einer Rechtssache zur Verantwortung gezogen wird, kann auch*

*nach anderen Vorschriften als § 336 StGB (insbesondere nach*
*§§ 211 f., 239 StGB) nur dann verurteilt werden, wenn ihm eine*
*Rechtsbeugung im Sinne des § 336 StGB nachgewiesen ist.«*

Im Klartext: Ein Richter kann wegen Mordes (§ 211 StGB), wegen Totschlags (§ 212 StGB) oder auch wegen Freiheitsberaubung (§ 239 StGB) nur dann belangt werden, wenn zugleich die Straftat der Rechtsbeugung erwiesen ist. Das ist, wie gesagt, nur möglich, falls auch subjektiv eine willentliche und wissentliche Verletzung geltenden Rechts vorliegt. Und das wiederum ist, wie wir gleichfalls gesehen haben, so gut wie unmöglich. Angesichts dieser absurden Kette gesetzlicher Unmöglichkeiten bleibt nur eines sicher: Es ist bis in die Gegenwart überhaupt unmöglich, einen Richter wegen schweren Justizunrechts zur Verantwortung zu ziehen.

Beinahe noch kläglicher versagte der Bundesgerichtshof in seiner dritten und letzten Entscheidung zum Fall des SS-Richters Thorbeck. An diesem Urteil, einem traurigen Dokument nahezu unverhüllter Nazikumpanei, wirkten zwei ehemalige NS-Juristen mit: Ernst Mantel, ab 1937 Obergerichtsrat, später Oberkriegsgerichtsrat, und Ludwig Martin. Dieser, vor 1945 bei der Reichsanwaltschaft tätig, wurde 1961 sogar Generalbundesanwalt. Der Angeklagte in jenem Verfahren, Dr. Otto Thorbeck, war Vorsitzender jenes SS-Standgerichts, das im April 1945 im KZ Flossenbürg Abwehrchef Wilhelm Canaris, Wehrmachtsgeneral Hans Oster, Heereschefrichter Dr. Karl Sack, Pastor Dietrich Bonhoeffer und Hauptmann Ludwig Gehre zum Tode verurteilt hatte. Zusammen mit Thorbeck angeklagt war der damalige Ankläger Walter Huppenkothen.

Das fragliche Standgerichtsverfahren hatte selbst nach damals geltendem Gesetz schwer wiegend gegen formelles und materielles Recht verstoßen. Der offene Rechtsbruch hatte damit begonnen, dass ein SS-Standgericht für die Angeklagten, allesamt keine Mitglieder dieser Naziorganisation, überhaupt nicht zuständig war. Mit dem KZ-Lagerkommandanten als Beisitzer war es zudem nicht ordnungsgemäß besetzt. Weder waren Verteidiger bestellt worden, noch hatte es einen Protokollführer gegeben. Die Angeklagten waren gefoltert worden, keines der vorgelegten Beweismittel entsprach den Vorschriften.

Anfang der Fünfzigerjahre mussten sich Thorbeck und Huppenkothen deshalb vor dem Landgericht München unter anderem wegen Beihilfe zum Mord verantworten. Die beiden Münchner Freisprüche wurden vom Bundesgerichtshof aufgehoben. Deutlich wiesen die Richter darauf hin, dass Gesetze, die die Gerechtigkeit nicht einmal anstreben und alle weltweit gültigen Rechtsüberzeugungen grob missachten, kein Recht schaffen. Wer solchen Gesetzen folge, verwirkliche Unrecht. In einem dritten Verfahren vor dem Landgericht Augsburg wurde Thorbeck dann endlich zu vier, Huppenkothen zu sieben Jahren Zuchthaus verurteilt. Natürlich gingen die Angeklagten abermals in Revision – und das Unfassbare geschah. Der Bundesgerichtshof änderte seine Auffassung grundlegend, hob 1956 die Verurteilungen auf und sprach die Angeklagten von dem Vorwurf frei, durch die Standgerichtsverfahren Beihilfe zum Mord geleistet zu haben.

In seiner Begründung behandelte der Senat das SS-Standgericht tatsächlich als ordnungsgemäßes Gericht, bezeichnete das offenkundige Scheinverfahren als ordnungsgemäßen Prozess und das Urteil als dem damaligen Recht entsprechend! Die Begründung war ein Schlag ins Gesicht der Gerechtigkeit. Denn den Widerstandskämpfern des 20. Juli 1944 wurde höchstrichterlich bescheinigt, sie hätten »nach den damals geltenden und ihrer rechtlichen Wirksamkeit an sich nicht bestreitbaren Gesetze die Merkmale des Landesverrates – mindestens teilweise auch des Hochverrates – verwirklicht«. Den SS-Richtern könne nicht zum Vorwurf gemacht werden, sie hätten nicht geprüft, inwieweit das Verhalten der Angeklagten rechtlich und moralisch gerechtfertigt gewesen sei. Insofern sei ihnen eine willentliche Rechtsbeugung auch nicht nachweisbar.

Dass der Bundesgerichtshof dieser Rechtsauffassung zum Paragraphen 336 des Strafgesetzbuches im Kern über 40 Jahre treu geblieben ist, dass die höchsten bundesdeutschen Strafrichter damit selbst das Recht gebeugt und gleichzeitig gegenüber kriminellen Nazirichtern den Tatbestand der Strafvereitelung im Amt verwirklicht haben, hat einen psychologisch gewiss nachvollziehbaren Grund. Das Dogma der Unfehlbarkeit deutscher Richter, wie es geschichtlich über Jahrhunderte gewachsen war, wäre schlagartig als schöne Illusion enttarnt worden, und die Nachkriegsjustiz hätte die tausendfachen Verbrechen der NS-Gerichte allesamt konsequent verfolgen und aburteilen müssen. Das aber hätte das Selbst- und Standesbewusstsein der Richterschaft im Mark erschüttert. Wer seit Generationen mit dem Diktum der beruflichen Unfehlbarkeit lebt, wird nur schwerlich akzeptieren können, dass gerade sein Berufsstand sich grundsätzlich und während der NS-Zeit nahezu vollständig und planmäßig einer kollektiven Selbstverleugnung hingegeben hat. Wer die Unantastbarkeit des richterlichen Urteils stillschweigend damit begründet, dass zwar Menschen Irrtümern unterliegen, diese bei Richtern aber quasi ausgeschlossen sind und folglich im Rechtsweg so gut wie gar nicht vorkommen können, wird nur schwerlich akzeptieren, dass sein Berufsstand nach 1945 angesichts der selbst verschuldeten Nazigräuel diese nicht nur wie fast jeder gewöhnliche Normalbürger verdrängte, sondern sich die eigene Rechtsgeschichte so zurechtbog, dass sie »rechtens« blieb.

Viele Richter haben schon Probleme mit der Tatsache ihrer eigenen menschlichen Fehlbarkeit. Die Vorstellung, dass einige von ihnen, dass gar die höchsten Repräsentanten der deutschen Justiz, dass Justizminister, Staatssekretäre, Reichsrichter und Reichsanwälte, dass alle 34 Oberlandesgerichtsprasidenten und Generalstaatsanwälte gemeine Verbrecher waren, die heimtückisch und aus niedrigen Beweggründen 170.000 geistig und körperlich schwer behinderte Menschen ermorden ließen, muss den Juristen der Nachkriegszeit ungeheuerlich vorgekommen sein. Dass ihr Berufsstand geschlossen, feige und unterwürfig einem verbrecherischen Regime gedient hatte und bedenkenlos bereit war, tausend-fache Morde zu begehen, dieses Eingeständnis wäre zudem eine öffentliche Erniedrigung ohnegleichen gewesen. Letzten Endes hätte man über sich selbst zu Gericht sitzen müssen. Dazu war man weder bereit noch fähig. Um sich am eigenen Schopfe aus dem Sumpf der Nazibarbarei zu ziehen, war der Justiz deshalb beinahe jedes Mittel recht.

Und sie vollzog diesen Akt der Verdrängung und Selbstverleugnung sehenden Auges. Seit seinem Bestehen wusste der Bundesgerichtshof ganz genau, dass nach Recht und Gesetz alle Verbrechen der Nazijuristen durch die deutsche Nachkriegsjustiz hätten verfolgt und zur Aburteilung gebracht werden müssen. Denn zumindest einigen dortigen Richtern fehlte es nicht an einem klaren Verständnis von Rechtsbeugung. Das belegt unter anderem das so genannte Oehme-Urteil vom 16. Februar 1960. Unter den vielen Flüchtlingen, die vor dem Mauerbau aus der DDR nach Westberlin übergesiedelt waren, befand sich Ernst Oehme, ehemals Vorsitzender der 6. Strafkammer des Landgerichts Magdeburg. In dieser Funktion hatte er Ende 1950 mehrere Angehörige der Zeugen Jehovas, die im sozialistischen genauso wie im nationalsozialistischen Staat den Kriegsdienst verweigerten, nach Artikel 6 der DDR-Verfassung wegen »Spionage«, »Kriegshetze« und »Boykotthetze« zu Zuchthausstrafen zwischen dreieinhalb und zehn Jahren verurteilt. Für diese übermäßig harten Urteile wurde Oehme im Westen wegen Rechtsbeugung angeklagt. Das Landgericht Berlin sprach ihn zunächst frei, weil er in seiner Eigenschaft als Vorsitzender einer politischen Strafkammer unter Druck gesetzt worden und daher kein unabhängiger Richter gewesen sei. Diesen Freispruch hob der Bundesgerichtshof mit dem Hinweis auf: »Die Rechtsordnung verlangt von jedem, auch dem weisungsgebundenen Beamten, dem die Entscheidung einer Rechtssache obliegt, dass er dabei ungeachtet etwaiger Weisungen nach Gesetz und Recht verfährt.« Zwar räumten die Bundesrichter ein, dass Oehmes Schuldsprüche von seinem damaligen Standpunkt aus als rechtmäßig gelten mussten. Dennoch habe es sich um Rechtsbeugung gehandelt. Denn auch ohne Vorsatz – ja tatsächlich: auch ohne Vorsatz! – begehe ein Strafrichter immer dann eine Rechtsbeugung, wenn er bewusst überzogen hohe Strafen verhänge. Wörtlich: »Der Angeklagte ist Volljurist, von dem erwartet werden kann, dass er ein Gefühl dafür hat, ob eine Strafe in unerträglichem Missverhältnis zur Schwere der Tat und zur Schuld des Täters steht.« Damit war aktenkundig: Dehnte man bei Nazirichtern den Begriff der Rechtsbeugung bis zur Unkenntlichkeit, legte man bei den Richtern der DDR-Diktatur strengste Kriterien an. So maß man 1960 braunes und rotes Unrecht mit zweierlei Maß.

Erst lange nach Ablauf aller Verjährungsfristen hat der Bundesgerichtshof begonnen, seine Rechtsprechung zum NS-Unrecht grundsätzlich zu überdenken. Der bisher größte Lichtblick ist in diesem Zusammenhang ein Urteil vom 16. November 1995. Spät, sehr spät, und auch leider erst in der Auseinandersetzung mit dem zweiten deutschen Unrechtsstaat kommen unsere obersten Strafrichter hier zur Einsicht, dass die frühere Rechtsprechung ihres Gerichts in Sachen Rechtsbeugung verfehlt war. Die Richtigkeit ihrer Einsicht verliert nicht dadurch, dass sie am falschen Objekt gewonnen wurde. Es bleibt freilich ein übler Nachgeschmack, weil die bundesdeutsche Justiz offenbar erst im Blick auf das DDR-Justizunrecht erkennen wollte, dass sie die weit übleren NS-Mörder in Robe zu Unrecht hat entkommen lassen.

Der 5. Strafsenat des Bundesgerichtshofes bestätigte 1995 weitgehend ein Urteil des Landgerichts Berlin, das einen DDR-Richter wegen Rechtsbeugung und Totschlags zu drei Jahren und neun Monaten verurteilt hatte. Als beisitzender Richter am Obersten Gericht der DDR hatte der Mann 1955/56 an drei Todesurteilen gegen vermeintliche Spione mitgewirkt, die zu Unrecht hingerichtet wurden. Die Bundesrichter meinten, der Angeklagte hätte »angesichts der überragenden Bedeutung des Rechtsguts des menschlichen Lebens« schon damals erkennen müssen, dass ein Todesurteil zumindest immer dann Rechtsbeugung sei, wenn es nicht der Bestrafung schwersten Unrechts gelte. Und auch der direkte Vorsatz der Rechtsbeugung stehe nicht in Zweifel, weil der Angeklagte bei einem »objektiv rechtsbeugerischen Todesurteil« nicht etwa Skrupel empfunden habe, sondern »in blindem Gehorsam gegenüber den staatlichen Machthabern« meinte, sich »im Einklang mit Recht und Gesetz zu befinden«.

Das alles kommt uns nicht zu Unrecht bekannt vor. Doch dieses Mal lassen die Richter des Bundesgerichtshofes es nicht an Klarheit fehlen – weder an Klarheit über die rechtsbeugerischen Absichten von NS-Richtern noch an Klarheit über ihre eigenen Fehlurteile. Das mag ihnen umso leichter gefallen sein, als aufgrund dieser Selbstkritik keiner der Verantwortlichen mehr zur Rechenschaft gezogen werden konnte. Und so heißt es in der Urteilsbegründung:

*»Eine besonders kritische Überprüfung von Todesurteilen ist namentlich vor dem Hintergrund der Erfahrung der NS-Diktatur notwendig. Das menschenverachtende, nationalsozialistische Regime wurde durch willfährige Richter und Staatsanwälte gestützt, die das Recht pervertierten. Die Grausamkeit, die das Bild der Justiz in der NS-Zeit prägt, gipfelte in einem beispiellosen Missbrauch der Todesstrafe. (…) Der Senat verkennt nicht, dass Maßstäbe, wie sie in der Bundesrepublik Deutschland bei der Beurteilung von Nazijuristen angewendet worden sind, weit weniger streng waren. Die Erkenntnis, dass eine Todesstrafe nur dann als nicht rechtsbeugerisch anzusehen ist, wenn sie der Bestrafung schwersten Unrechts dienen sollte, hätte in einer Vielzahl von Fällen zur Verurteilung von Richtern und Staatsanwälten des nationalsozialistischen Gewaltregimes führen müssen. Derartige Verurteilungen gibt es trotz des tausendfachen Missbrauchs der Todesstrafe, namentlich in den Jahren 1939–1945, nur in sehr geringer Zahl. Insgesamt neigt der Senat zu dem Befund, dass das Scheitern der Verfolgung von NS-Richtern vornehmlich durch eine zu weit gehende Einschränkung bei der Auslegung der subjektiven Voraussetzungen des Rechtsbeugungstatbestandes bedingt war.«*

Allerdings machte der Bundesgerichtshof gleich einen halben Rückzieher. Da es im vorliegenden Fall um rechtswidrige Todesurteile ging, beschränkte er seine Kurskorrektur ausdrücklich auf »offensichtliche und schwere Menschenrechtsverletzungen durch unerträgliche Willkürakte«. Auch sprach er weiterhin von den »hohen objektiven Schranken für den Rechtsbeugungstatbestand«. Vereinfacht gesagt: Wenn schon ein Richter aufgrund eines nur bedingten Vorsatzes wegen Rechtsbeugung verurteilt werden kann, dann soll dies auf Mord- und Totschlagurteile beschränkt bleiben. Eine weitergehende Wirksamkeit des Rechtsbeugungstatbestandes zur generellen Verhinderung von Justizunrecht will man offenbar noch immer vermeiden.

Auf das genannte BGH-Urteil bezog sich am 8. März 2002 der Präsident des Bundesgerichtshofes, Prof. Dr. Günter Hirsch. Anlässlich eines Festaktes zum 100. Geburtstag Hans von Dohnanyis hielt er damals eine wegweisende Rede. In einer Feierstunde in Anwesenheit von Dohnanyis Familie ehrte der Bundesgerichtshof den Reichsgerichtsrat und ermordeten Mitverschwörer des 20. Juli 1944 als einen der wenigen Widerstandskämpfer gegen Hitler aus den Reihen der Justiz. Da das erwähnte Thorbeck-Urteil des BGH von 1956 einer der Tiefpunkte in der Auseinandersetzung der Nachkriegsrechtsprechung mit den NS-Justizverbrechen bildete, setzte sich Professor Hirsch im Angedenken an die Opfer des SS-Richters besonders mit diesem Urteil kritisch auseinander. Erneut machte der BGH-Präsident deutlich, dass sich das Gericht heute von seiner Rechtsprechung der Fünfzigerjahre zum Thema Rechtsbeugung distanziert. Hirschs Bemerkungen brechen deutlich mit einer unheilvollen juristischen Tradition. Es steht zu hoffen, dass seine Einsichten bei unseren obersten Richtern nicht nur zu einer Neubewertung der Vergangenheit führen, sondern auch zu einer Rückbesinnung auf den ursprünglichen Zweck des Paragraphen 336 StGB als einem Instrument zur Verhinderung von Justizunrecht. Naziunrecht und mörderische Todesurteile sind nicht die einzigen denkbaren Fälle, in denen der Straftatbestand verwirklicht werden kann und tatsächlich immer wieder verwirklicht wird. Auch heute müssen in dieser Weise gefällte Unrechtsurteile aufgehoben werden können. Ich würde es begrüßen, wenn die Worte des Juristen nicht nur als Mahnung, sondern als eine noch zu verwirklichende Aufgabe verstanden würden:

»*Hans von Dohnanyi (...) wurde von Verbrechern, die sich Richter nannten, ermordet. Die Täter wurden letztendlich durch ein Urteil des Bundesgerichtshofes 1956 von diesem Justizmord freigesprochen mit einer Begründung, die zur Folge hatte, dass kein einziger der Richter, die während der Naziherrschaft 50.000 Todesurteile gefällt hatten, zur Rechenschaft gezogen wurde. Von diesem Dohnanyi-Urteil hat sich der Bundesgerichtshof 1995 ausdrücklich distanziert. (...) Der Bundesgerichtshof war dreimal mit diesem Verfahren befasst. In den ersten beiden Urteilen hob er die jeweiligen Freisprüche des Schwurgerichts auf und wies in beeindruckender Weise darauf hin, dass Gesetze, die die Gerechtigkeit nicht einmal anstreben und allen Kulturvölkern gemeinsame Rechtsüberzeugungen von Wert und Würde der menschlichen Persönlichkeit gröblich missachten, kein Recht schaffen und ein solchen Gesetzen entsprechendes Verhalten Unrecht bleibt. Nachdem hierauf die Angeklagten im dritten Durchgang wegen Beihilfe zum Mord zu hohen Zuchthausstrafen verurteilt worden waren, änderte der Bundesgerichtshof seine Auffassung grundlegend, hob 1956 diese Verurteilungen auf und sprach die Angeklagten von dem Vorwurf frei, durch die Standgerichtsverfahren Beihilfe zum Mord geleistet zu haben. In der Begründung behandelte der Bundesgerichtshof das SS-Standgericht als ordnungsgemäßes Gericht, das offenkundige Scheinverfahren als ordnungsgemäßes Gerichtsverfahren und das Urteil als dem damaligen Recht entsprechend. (...) Für dieses Urteil des Bundesgerichtshofes, an dem im Übrigen ein Richter mitgewirkt hat, der im Dritten Reich Beisitzer eines Sondergerichts und später Oberkriegsgerichtsrat war, muss man sich schämen. (...) Die Folgen dieses Urteils waren verheerend. Kein einziger Richter, kein*

*Staatsanwalt wurde in der Bundesrepublik wegen der tausendfachen Justizverbrechen im Dritten Reich verurteilt. (...) Dieses Versagen der Nachkriegsjustiz ist ein dunkles Kapitel in der deutschen Justizgeschichte und wird dies bleiben.«*

Ich kenne aufgrund meiner fünfzigjährigen Berufstätigkeit als Strafverteidiger viele achtenswerte deutsche Richter und Staatsanwälte, die es sich zum Lebensinhalt gemacht haben, Wahrheitsfindung und Gerechtigkeit in ihrem Beruf auszuüben. Ihnen gegenüber stehen zahllose bundesdeutsche Richter, die schweres Unrecht in Form von Rechtsbeugung und Strafvereitelung im Amt verübt haben – indem sie sich einerseits weigerten, die Taten der NS-Justiz als das zu werten, was sie sind, nämlich als Verbrechen, und andererseits eine Legitimation für ihr eigenes richterliches Handeln eben daraus herleiteten. In der Tradition jener NS-Rechtsbrecher in Robe stehend und in dem aus Erfahrung sicheren Bewusstsein, weitgehend ungestraft zu bleiben, beugen sie auch heute das Recht und produzieren eigene »revisionssichere« skandalöse Unrechtsurteile. Und diese Urteile sind gleichfalls keine theoretischen, abstrakten Größen: Es stehen Menschen dahinter, die unter dem Unrecht zu leiden haben. Von einigen dieser Menschen erzählt dieses Buch.

In Artikel 20 des Grundgesetzes ist das Rechtsstaatsprinzip verankert. Dieser Artikel bleibt ein Stück Papier, solange das Justizunrecht der NS-Zeit unwidersprochen unsere Rechtsprechung bestimmt. All die schlimmen Urteile deutscher Nachkriegsgerichte, von denen hier die Rede war und die in übelster Kumpanei einen Abgrund von Justizverbrechen zugeschüttet haben, müssen daher auf dem Wege der Gesetzgebung für ungültig erklärt werden. Die Justiz hat es 60 Jahre lang nicht geschafft, über sich selbst zu Gericht zu sitzen. Sie wird auch in Zukunft nicht zur kritischen Selbstkorrektur in der Lage sein, wenn man ihr das eigene Versagen nicht fortwährend wie einen Spiegel vor die Nase hält. Gerade deshalb ist es immer wieder notwendig, nicht nur auf das Unrecht der NS-Justiz zu verweisen, sondern auch die Folgen aufzuzeigen, die es für die Rechtsprechung der Bundesrepublik und die Mentalität ihrer Halbgötter in Schwarz nach sich gezogen hat.

# 11. DIE LIEBE DES SCHROTTHÄNDLERS

*Wie ein weiser Richter in einem kuriosen Fall Gnade vor Recht ergehen lässt*

*Ein sonderlicher Spätaussiedler, der in Lübeck einen Altmetall- und Schrottwagenhandel betreibt, gerät wegen einer läppischen Steuersache in Konflikt mit der Justiz. Als wegen einer vom Amts wegen verschlampten Fristsache seine über alles geliebte Frau verhaftet wird, rastet der Mann aus. Mit einem alten Bagger demoliert er den Eingangsbereich des Amtsgerichtes. Eine versehentlich mitgeführte rostige Gasflasche bringt ihm eine Anklage wegen mehrfachen Mordversuchs ein. Zum Glück findet sich ein weiser Richter, der die absurde Komik hinter dem Fall erkennt. Mit einer eher nachsichtigen Gardinenpredigt entlässt er den harmlosen Außenseiter in die Freiheit.*

Schweres Justizunrecht ist sehr häufig mit schweren Straftaten verbunden. Deshalb kann ein Buch, das offenkundige Missstände unseres Strafrechtssystems anzuprangern sich vorgenommen hat, kaum erbauliche Geschichten erzählen. Auch versteht sich von selbst, dass die Justizpersonen, die in diesen Geschichten beim Namen genannt werden, alles andere als eine gute Figur abgeben. Fälle wie die hier geschilderten sind in unserem Gerichtsalltag leider weniger selten, als es für einen vorbildlichen Rechtsstaat wünschenswert wäre. Einige der Ursachen dafür haben wir im Rechtssystem und in dessen historischer Entwicklung ausgemacht. Aber natürlich gibt es neben den schockierenden Fehlentscheidungen auch Tausende andere Fälle, in denen routiniert, professionell und gerecht Recht gesprochen wird. Aber das Selbstverständliche ist eben in aller Regel nicht bemerkens- und berichtenswert. Ganz ähnlich wie ärztliche Kunstfehler sind Justizskandale dagegen immer eine Nachricht – und sie müssen es sein. Denn Fehler sind vor allem in jenen Systemen unverzeihlich, denen der Bürger auf Gedeih und Verderb ausgeliefert ist und denen er deshalb bedingungslos vertrauen können sollte.

Freilich gibt es neben der geräuschlosen Normalität und dem Skandal auch das Kuriose. Ein durchaus hart gesottener Strafverteidiger wie ich erinnert sich deshalb besonders gern jener Fälle, hinter deren vordergründiger Dramatik sich schlagartig die Komödie des menschlichen Daseins offenbart. Der folgende Fall, den ich so wenig vergessen werde wie die zuvor geschilderten Justizirrtümer, hat sich geradezu in Wohlgefallen aufgelöst. Hier zeigte ein Richter nämlich all das, was man sich im Gerichtsalltag so häufig herbeisehnt: gesunden Menschenverstand, Humor und – Weisheit.

## Offenbarungseid mit Folgen

Vor etlichen Jahren verteidigte ich einen Angeklagten namens Adam Nowak gegen den Vorwurf des mehrfachen versuchten Mordes. Der Fall begann als Justizposse, drohte sich zwischenzeitlich zum verhängnisvollen Drama auszuweiten und entpuppte sich schließlich als bühnenreife Komödie mit Happyend.

Jener Nowak fristete in Lübeck, einer noblen, protestantischen Bürgerstadt, deren Begriffe von Ordnung und Anstand noch ein wenig an Thomas Manns Welt der *Buddenbrooks* erinnern, eine ziemlich randständige Existenz. Er stammte aus ärmlichen Verhältnissen, war in den Siebzigerjahren als Spätaussiedler aus Polen gekommen und hatte auf einem verwahrlosten Grundstück am Stadtrand zunächst eine Lumpenverwertung betrieben. Mit den Jahren gedieh sein Geschäft zu einem veritablen Schrotthandel mit angeschlossener Kfz-Werkstatt. Hier wurden Fahrzeuge am Laufen gehalten, deren Halter die Kostenstrukturen regulärer Vertragswerkstätten scheuten.

Dann fand Adam Nowak in seiner Wahlheimat auch jene Liebe und familiäre Geborgenheit, die er zuvor stets hatte vermissen müssen. Seine über alles geliebte Tatjana schenkte ihm zwei Kinder. Fast wäre aus dem sonderlichen Lumpensammler ein ehrbarer Bürger und Kaufmann geworden, hätten die Nowaks nicht zäh an ihrer wüst-romantischen Lebensweise inmitten von Altmetall und Autowracks festgehalten. Hinzu kam: Während Lübeck in den Achtzigern und Neunzigern prosperierte, konnte das Nowak'sche Familienunternehmen den Aufschwung der frühen Jahre nicht wirklich fortsetzen. Auch wiesen Ordnungsamt und Gewerbeaufsicht des Öfteren auf die Erfordernisse eines geordneten Geschäftsbetriebes hin. Und die Liquidität des Unternehmens war, nun ja: schwankend. So schwand mit der Zeit Nowaks Respekt vor staatlichen Stellen dahin, während sich seine Außenstände fatal summierten.

Da verschiedentlich erwirkte gerichtliche Schuldtitel sich nicht recht beitreiben ließen, Besuche des Gerichtsvollziehers auch mehrfach in unschönen Wortwechseln endeten, beschloss das Amtsgericht, dem Treiben ein Ende zu machen. Adam Nowak wurde zur Leistung des Offenbarungseides gezwungen. Durch dieses ultimative Rechtsmittel gegen zahlungsunfähige Zeitgenossen, heute verschämt »Eidesstattliche Erklärung« genannt, drohte ihm die Schließung seiner Firma.

Mit den Personen und der Situation vor Ort vertraut, rückte der Gerichtsvollzieher zur »Vollstreckung« vorsichtshalber unter Polizeischutz – und mit einem Haftbefehl – an. Was kaum jemand weiß: Auch in zivilrechtlichen Streitigkeiten kann der Haftbefehl immer dann als Zwangsmittel zum Zuge kommen, wenn eine gerichtlich verfügte Maßnahme anders nicht durchzusetzen ist.

Auf die erste Stufe rechtsstaatlicher Eskalation reagierten die Betroffenen nicht mit der erhofften Demut. Vielmehr kam es auf dem Schrottplatz zu einem wilden Tumult. Nowak beschimpfte Gerichtsvollzieher und Polizeibeamte, die Kinder schrien, was das Zeug hielt, und Nowaks Schäferhund stürzte sich beherzt ins Getümmel. Schließlich erschien zu allem Überfluss Tatjana Nowak, bewaffnet mit einer Schreckschusspistole, die ansonsten dem Schutz der Firmenkasse vor unberechtigten Zugriffen diente. Zwei Warnschüsse – und Adam und Tatjana Nowak hatten ein Ermittlungsverfahren sowie einen Strafbefehl wegen Widerstands gegen die Staatsgewalt am Hals.

Obwohl im Allgemeinen strikt gegen behördliche Schriftwechsel eingestellt, legte Nowak jetzt fristgerecht Widerspruch ein. Betreffs der äußeren Form verfuhr er dabei betont lässig: Er verfertigte zwei Durchschläge und strich in dem ansonsten identischen Schreiben einmal seinen eigenen, im anderen den Namen seiner Frau durch.

Dann kam es zur Verhandlung vor dem Amtsgericht Lübeck. Wie zum Dank für Nowaks plötzlichen Anfall formaljuristischer Korrektheit gab sich auch der Richter pedantisch – und zwar zum Vorteil des Angeklagten. Einen strafrechtlichen Haftbefehl darf die Polizei nämlich einfach vollziehen. Häufig wird er überhaupt erst im Anschluss an eine vorläufige Festnahme erlassen. Dagegen muss der zivilrechtliche Haftbefehl dem Betroffenen bei seiner Vollstreckung verlesen werden. Auf entsprechende Nachfrage räumte der zuständige Gerichtsvollzieher nun nicht nur bereitwillig ein, diese Vorschrift im vorliegenden Fall ignoriert zu haben. Vielmehr begehe seine Behörde diesen im Übrigen wohl lässlichen Rechtsverstoß gewohnheitsmäßig: »Das machen wir eigentlich nie so.« Logischerweise wurde Adam Nowak aufgrund dieses schweren Formfehlers freigesprochen.

## Eine Demo für Tatjana

Mit durchaus gefestigten Rechtsbegriffen, aber nicht mit dem nötigen Verständnis prozessualer Formalien gesegnet, stellte daraufhin auch Tatjana Nowak die Zahlungen auf die in gleicher Sache gegen sie verhängte Geldstrafe ein. Ein fataler Fehler: Denn leider hatte das Gericht den auf ihren Strafbefehl bezogenen Durchschlag von Nowaks Widerspruch verschlampt. So musste nur wenig Zeit vergehen, bis die zuständigen Stellen bei der Staatsanwaltschaft einen Haftbefehl gegen Tatjana Nowak erließen, der mangels Zahlungseingang die Vollstreckung einer Ersatzfreiheitsstrafe anordnete.

Als die Polizei anrückt, um seine Frau einzusperren, ist Adam Nowak nicht zu Hause. Was ihm seine Kinder später berichten, trifft ihn darum wie ein Blitzschlag: Rachsüchtige Behörden wollen ihm das Heiligste und Liebste nehmen, was er hat, seine Ehefrau! Und das in einer Sache, die doch längst erledigt ist! Hatte das Gericht sie nicht vom Vorwurf des Widerstands gegen die Staatsgewalt freigesprochen?

Nowak ist außer sich. Er beschließt eine spontane Demonstration gegen den in seinen Augen ungeheuerlichen Akt staatlicher Willkür, schnappt sich ein auf seinem Gelände herumstehendes Kettenfahrzeug, befestigt daran zwei großformatige Protestplakate, auf denen er die Freilassung seiner Frau fordert, und knattert mit dem Bagger zum Gericht. Zuvor ruft er Freunde und Bekannte zusammen, die seinen Protest lautstark unterstützen und fotografisch dokumentieren sollen. Eigentlich erwartet er gar nicht, dass die Prozession überhaupt bis zum Sitz der irdischen Gerechtigkeit vordringen kann. Doch weit und breit zeigt sich keine Polizei, um seinen Vormarsch zu stoppen.

So erreicht Adam Nowak das Lübecker Justizgebäude. Umringt von einer johlenden Menschenmenge steht er eine Weile unschlüssig mit seinem Gefährt auf dem Vorplatz herum. Unverändert zu allem entschlossen, um seine geliebte Tatjana zu befreien, nimmt unser Michael Kohlhaas dann plötzlich Anlauf und bricht mit seinem Fahrzeug in die Eingangshalle des Gebäudes durch.

Natürlich rennen sofort mehrere uniformierte Justizbeamte auf Nowak zu. Unglückseligerweise führt er auf seinem Fahrzeug eine Propangasflasche zum Betreiben seines Schweißgerätes und einen verbeulten Reservekanister mit, der in dem ganzen Tumult herunterpurzelt. So ergießt sich nicht nur eine Pfütze Diesels auf den Boden der heiligen Hallen, sondern Nowak hält plötzlich einen offenen Brennstoffbehälter in der Hand. Zu allem Überfluss sagt ein Justizbeamter später aus, er habe den Mann mit einem Feuerzeug herumhantieren sehen. Propangas, Benzin, Feuerzeug, dazu der zeternde Adam Nowak auf seinem Bagger mitten in der Eingangshalle des ehrwürdigen Lübecker Amts- und Landgerichts: Ohne jede Absicht sind mit einem Mal alle Ingredienzien für einen geplanten Mord- und Bombenanschlag beisammen. Nowak wird wegen mehrfachen versuchten Mordes in Tateinheit mit versuchter Herbeiführung einer Explosion angeklagt. Der Schwank droht zur Tragödie zu werden.

## Michael Kohlhaas, deeskaliert

Die wüste Geschichte hinterlässt einen bleibenden Schrecken bei allen Richtern, Staatsanwälten und Bediensteten der Lübecker Justiz. Doch damit nicht genug: Wo der Schaden einmal eingetreten ist, beschließt die Baubehörde auch noch, Nowaks Attacke zum Anlass einer vollständigen Neugestaltung des demolierten Eingangsbereichs zu nehmen. Wer immer also in dem 25-stöckigen Hochhaus arbeitet, er oder sie muss über mehrere Monate an der eingerüsteten Fassade vorbei über den Hinterhof gehen, um durch einen dunklen und engen Noteingang ins Gebäude zu gelangen. Dreck und Baulärm tun ihr Übriges, dass alle Hüter hanseatischen Rechts den Täter in denkbar schlechter Erinnerung behalten.

Ohnehin wäre jede Person im Landgericht – als potenzieller Geschädigter von Nowaks »Anschlag« – automatisch befangen. Deshalb beantrage ich, das Verfahren an ein anderes Landgericht abzugeben. Der Antrag wird abschlägig beschieden, und so stelle ich mich darauf ein, meinen Mandanten vor einer hoffnungslos befangenen Strafkammer gegen eine Vorverurteilung zu verteidigen, die so sicher wie das Amen in der Kirche zu sein scheint.

Aber ich gerate beim Oberlandesgericht in Schleswig an einen Vorsitzenden Richter namens Miehr – und gewinne spontan den Eindruck, dass man mit diesem Mann reden kann. Also bitte ich ihn, die Entscheidung in der Haftfrage im Rahmen einer mündlichen Anhörung zu treffen. Immerhin sei der Beschuldigte eine etwas schrullige Person, von der er sich vielleicht besser einen persönlichen Eindruck verschaffe. Dem Antrag wird stattgegeben.

Nun herrscht bei Oberlandesgerichten, vor allem in Formsachen wie einer Haftprüfungsbeschwerde, normalerweise ein distanzierter, kühl-professioneller Ton. Fortgeschritten in ihrer Karriere und an Jahren, sitzen dort zumeist gravitätische Herren mit viel juristischem Fachverstand und wenig Humor. Umso überraschender kam die Wendung unseres Falles. Aus den Akten und gewiss auch aus der Presse mit dem Geschehen einigermaßen vertraut, das zur Totalrenovierung des Foyers im Landgericht Lübeck Anlass gegeben hatte, lässt sich der Vorsitzende Richter Miehr den Fall noch einmal kurz aus Nowaks Sicht schildern. Von der intimen Atmosphäre – Haftprüfungstermine finden grundsätzlich ohne Öffentlichkeit statt – und der sanftmütigen Ausstrahlung des Vorsitzenden einigermaßen beruhigt, verkneift sich Nowak einen erneuten Wutausbruch. So wird unserem Richter Miehr schnell deutlich, dass hier nicht ein gemeingefährlicher Attentäter, sondern bloß ein eigenwilliger Querulant vor ihm steht. Zwar gibt es an der Schwere der baulichen Verwüstungen, die er in seinem Furor angerichtet hat, keinen Zweifel. Aber ein Bombenanschlag ist diesem Menschen kaum zuzutrauen.

Mit den folgenden Worten verwandelt Richter Miehr denn auch den nach wie vor aufgebrachten Nowak in einen völlig neuen Menschen. Zwar hält er ihm eine gesalzene Gardinenpredigt, in der er auf die unvermeidlichen rechtlichen Folgen seiner seltsamen Protestaktion hinweist. Doch dann wechselt er in einen milderen Tonfall zurück: »Herr Nowak, ich entlasse Sie hiermit aus der

Haft. Aber eines muss Ihnen klar sein: Wenn Sie in Zukunft auch nur das Geringste anstellen sollten, dann kann ich hier meinen Hut nehmen. Bitte geben Sie mir Ihr Ehrenwort, dass Sie ab heute nie wieder straffällig werden.«

Adam Nowak ist zu Tränen gerührt. Dankbar schüttelt er seinem Richter die Hand und schwört alle Eide, sich nie wieder etwas zuschulden kommen zu lassen. Ja, lieber wolle er erschlagen werden, als das ihm entgegengebrachte Vertrauen jemals zu enttäuschen. Das Dienstzimmer des Senatspräsidenten Miehr, der es mit augenzwinkernder Weisheit verstanden hat, den richtigen Ton zu treffen, verlässt Adam Nowak als freier Mann. Ohne Haft oder kostspielige Resozialisierungsmaßnahmen hat hier ein kluger Richter einen Täter in 30 Minuten zur Vernunft gebracht.

Nowak hat das in ihn gesetzte Vertrauen niemals enttäuscht. Der Senatspräsident am Oberlandesgericht konnte in Amt und Würden verbleiben. Wegen schwerer Sachbeschädigung und Erregung öffentlichen Ärgernisses wurde Adam Nowak später zu einer Bewährungsstrafe von zwei Jahren verurteilt. Doch polizeilich auffällig, geschweige denn straffällig ist er seitdem nie wieder geworden.

Kurz nach jener denkwürdigen Szene beim Oberlandesgericht tauchte übrigens auch der verschluderte Widerspruchsbescheid in der Angelegenheit Tatjana Nowak wieder auf. Aufgrund des nämlichen Formfehlers, dass ein zivilrechtlicher Haftbefehl nicht verlesen worden war (»Das machen wir eigentliche nie so.«), wurde auch sie vom Vorwurf des Widerstands gegen die Staatsgewalt freigesprochen.

Schließlich kam auch Adam und Tatjana Nowaks wirtschaftliche Tätigkeit über ihren damaligen Tiefpunkt hinweg. Die finanziellen Schwierigkeiten ihres Kfz-Verwertungsbetriebes sind heute überwunden. Sollten Sie mal in Lübeck sein und ein preisgünstiges Ersatzteil für ihr Auto brauchen, dann rufen Sie mich in der Kanzlei an. Ich verrate Ihnen Nowaks wahren Namen und Anschrift. Zuvorkommendste Bedienung ist jedenfalls garantiert!

# 12. WAHRHEIT UND GERECHTIGKEIT

*Wie sich Justizunrecht künftig besser verhindern ließe*

*Versagende Dienstaufsicht bei der Staatsanwaltschaft, gerichtliche Tatsachenverdrehungen aufgrund mangelnder Protokollierungspflichten, die fehlende Berufungsinstanz im Kapitalstrafverfahren, eine formalrechtliche Absicherung von Urteilen statt gerechter und objektiver Beweiswürdigung, Justizkumpaneien, Abschreckungsurteile, mangelnde anwaltliche Meinungsfreiheit, Strafvereitelung im Amt, die fast unüberwindlichen Hürden bei der Wiederaufnahme von Verfahren, schließlich das ungesühnte Naziunrecht in der Justiz und seine Folgen, insbesondere die faktische Aushebelung des Straftatbestandes der Rechtsbeugung – das Register der Missstände in der deutschen Strafgerichtsbarkeit ist nicht eben kurz.*

*Ihr Nachkriegsversagen vor den nationalsozialistischen Mördern in Robe, so meine deprimierende Erfahrung, halten Politik und Justiz heute offenbar für ein erledigtes Thema. Tempi passati. Stattdessen werden Pläne auf den Tisch gelegt, die den Rechtsweg zu einer Art Eilgerichtsbarkeit verkürzen sollen. Unter dem Deckmantel von Vereinfachung, Transparenz und Verfahrensbeschleunigung wollen die Justizminister künftig Rechtsfindung nach Kassenlage betreiben. In Deutschlands Gerichtssälen soll nicht mehr gründlich und gerecht, sondern vor allem schnell und billig ge- und verurteilt werden. Wenn die Abmagerungskur für die Justiz wie geplant Realität wird, sehe ich für die Zukunft unseres Rechtsstaates schwarz.*

»Größte Justizreform seit 1877« titelte die *Süddeutsche Zeitung* am 23. November 2004, gerade als ich die Arbeit an diesem Buch beendet hatte. Die Justizminister der Länder, so wurde da vermeldet, hätten sich nach monatelangen Beratungen auf ein »Eckpunktepapier« verständigt, das eine tief greifende Neuordnung des bundesdeutschen Gerichtswesens vorsehe. Das wesentliche Ziel der Reform sollen eine Vereinfachung und Beschleunigung der angeblich viel zu komplizierten und viel zu langen deutschen Gerichtsverfahren sein. Außerdem solle die Justiz von Aufgaben entlastet werden, die genauso gut privatwirtschaftlich erledigt werden könnten. Die wichtigsten Punkte dieses Papiers lauten:

Das deutsche Gerichtswesen soll statt vier- nur noch dreistufig aufgebaut sein. Das hieße, Amts- und Landgerichte würden zu einer einheitlichen Eingangsinstanz unter gemeinsamer Leitung zusammengefasst, die unterschiedlichen Spruchkörper wie bisher je nach Art und Schwere des Falles besetzt. Richter könnten künftig innerhalb der größeren Landgerichtsbezirke leichter versetzt werden. Durch eine »Länderöffnungsklausel« sollen Versetzungen über Ländergrenzen hinweg erleichtert werden.

Einige der bisherigen Spezialgerichtsbarkeiten (etwa die Finanz-, Sozial- oder Arbeitsgerichte) sollen ebenfalls zusammengefasst werden. Es gäbe dann nur noch Strafgerichte, Zivilgerichte und eine einheitliche öffentlich-rechtliche Gerichtsbarkeit. Die bisherigen Fachrichter könnten damit breiter eingesetzt werden.

Die bisher zum Teil sehr unterschiedlichen Prozessordnungen (Straf- und Zivilprozessordnung, Verwaltungs-, Finanz- und Sozialgerichtsordnung, Arbeitsgerichtsgesetz) sollen so weit wie möglich vereinheitlicht werden.

Einige Aufgaben der Gerichte sollen quasi privatisiert werden. So ist geplant, die bisher beamteten Gerichtsvollzieher zu »öffentlich beliehenen« Unternehmern zu machen. Die Notare sollen gerichtliche Aufgaben im Bereich des Erb- und Familienrechts übernehmen, die Industrie- und Handelskammern künftig anstelle der Gerichte die Handelsregister führen.

Schließlich der wohl fatalste Punkt: Die Rechtsmittel sollen drastisch beschnitten werden. Der weitestgehende Vorschlag sieht vor, die zweite Tatsacheninstanz, die gegebenenfalls eine neue Beweisaufnahme durchführt, in allen Strafverfahren abzuschaffen. Statt der Berufung soll künftig gegen jedes erstinstanzliche Urteil nur noch die Revision möglich sein. Hier gibt es allerdings Widerspruch vonseiten einzelner Länder.

All diese Pläne sollen bis zum Frühjahr 2005 in die Form konkreter Gesetzesvorlagen gegossen werden. Nach allem, was man bislang hören kann, zeichnet sich bei diesem Reformprojekt ein breiter, überparteilicher Konsens ab. Auch die Bundesjustizministerin Brigitte Zypries (SPD) hat signalisiert, sie verfolge die Pläne ihrer Länderkollegen »mit Wohlwollen und Interesse«, wenngleich sie – immerhin ein Hoffnungsschimmer – eine »flächendeckende Verkürzung der Rechtsmittel« nicht mittragen wolle.

## Keine Rechtsprechung nach Kassenlage

Man wird also sehen, was am Ende von diesen Plänen wirklich übrig bleibt. Doch schon ihre Urheberschaft seitens der Justizminister der Länder zeigt, worum es im Kern geht. Die meisten Bundesländer sind pleite. Das Kompetenzgewirr des Föderalismus bürdet ihnen ebenso wie den Gemeinden zahlreiche Aufgaben auf. Zu deren Finanzierung jedoch können sie kaum eigene Steuern erheben. Und ihr Anteil an den Gemeinschaftssteuern reicht vorne und hinten nicht. Was bleibt also den Länderfinanzministern? Vor allem da mit dem Rotstift durch ihre Haushalte zu wüten, wo sie die Ausgabenhoheit haben: in der Bildung, der Kultur, bei der Polizei – und bei der Justiz. Gerichte zusammenzulegen, Richter heute in Kündigungsschutzprozessen und morgen über Planfeststellungsklagen urteilen zu lassen, durch Beschneidung von Rechtsmitteln die übergeordneten Instanzen zu entlasten, Mahnverfahren in die Hände privater Geldeintreiber zu legen – all das sind einzig für unsere ratlosen Sparkommissare wirklich reizvolle Aussichten Sehr zu Recht haben denn auch einige Politiker, die noch nicht völlig den Verstand verloren haben, kritisiert, hier werde »eine Reform nach Kassenlage« gemacht. In diesem Sinne äußerte sich die ehemalige Justizministerin Sabine Leutheusser-Schnarrenberger (FDP). Was hoffen lässt: Die Kritik kommt aus allen Parteien. Der CDU-Rechtsexperte Norbert Röttgen sagte gegenüber dem Berliner *Tagesspiegel*, es handele sich um »rein fiskalisch geprägte Vorschläge«. Pro Kopf, so Röttgen, würden heute gerade noch 5 Euro im Monat für die Justiz aufgewendet, wogegen der Bürger 16 Euro Rundfunkgebühren zahle. Sozusagen für Gerichtsshows statt für Recht und Gerechtigkeit! Auch der rechtspolitische Sprecher der Grünen, Jerzy Montag, stellte fest, dass alle Vorschläge untauglich seien, »die ausschließlich aufs Sparen schielen und dabei die verfassungsmäßigen Aufgaben der Justiz sträflich vernachlässigen«. Die Rechtsprechung sei hierzulande »billig genug«, es müsse »endlich mehr Geld in die Hand genommen« werden. Eine »Privatisierung der Justiz« lehne er ebenso ab wie den »Wegfall der Berufung in Strafsachen«.

Wir sind ja gerade Zeitzeugen eines Großversuches, bei dem der Staat sich aus zahlreichen seiner bisherigen Aufgabenfelder zurückzieht. Die Telekom ist längst ein Privatunternehmen, und gewiss ist das Telefonieren sehr viel billiger und sind die Serviceangebote besser geworden – aber es sind eben auch Milliarden aus den Taschen der Kleinanleger in die Hände gieriger Spekulanten gewandert. Seit nicht mehr der Postbote die Pakete bringt, kann ich zwischen Dutzenden von Anbietern wählen – zugleich häufen sich die Klagen von Kunden, dass deren unterbezahlte Subunternehmer chronisch unzuverlässig seien. Die Bahn ist eine Aktiengesellschaft – dass dadurch die Züge pünktlicher und komfortabler geworden seien, wird wohl niemand ernsthaft behaupten. Doch wenn nun die Glaubenslehren von Kostensenkung, Effizienz, Deregulierung und Privatisierung sogar die rechtsstaatlichen Hoheitsaufgaben zu erreichen drohen, müssen allerorten die Alarmglocken schrillen. Wenn man darangehen will, gewachsene bürokratische Strukturen in der Justiz zu verändern und alte Zöpfe abzuschneiden: Nur zu! Aber das sollte nicht aufgrund von Sparzwängen, sondern aufgrund von Sachargumenten erfolgen. In jedem Fall gilt es, von den elementaren prozessualen Rechten des Bürgers vor Gericht die Finger zu lassen. Schnelligkeit und Kosteneffizienz sind weder rechtsstaatliche Maßstäbe noch zulässige Urteilsbegründungen. Eine Aldijustiz würde die Grundlagen von Freiheit und Gerechtigkeit nur noch weiter als bisher aushöhlen. Vielmehr kommt es darauf an, endlich Rechtsmoral und Rechtsethik wieder an die erste Stelle zu setzen. Wahrheit und Gerechtigkeit müssen wieder die einzigen Grundlagen für die Ausübung der richterlichen Tätigkeit sein. Und hier liegt, wie wir gesehen haben, genug im Argen; hier gibt es reichlich Baustellen für wirkliche Reformen.

## Rechtsbeugung muss strafbar sein – Lehren aus der Geschichte

Seit über zehn Jahren fordere ich geeignete Maßnahmen, um endlich mit den Folgen der Verbrechenswelt der Nazirichter für die deutsche Nachkriegsjustiz abzurechnen. Denn in meinen Augen lastet dieser Alpdruck bis heute auf unserer Rechtsordnung. Eine Justiz, die niemals offiziell und institutionell mit dem Unrecht gebrochen hat, das sie in zwölf Jahren Hitlerdiktatur beging, schleppt den Ungeist Tausender von Rechtsbeugungen und Mordurteilen als ewige Last mit sich herum. Indem sich Deutschlands Juristen nahezu geschlossen einem verbrecherischen Regime unterordneten, ist die Unabhängigkeit der Richter – und damit eine ihrer elementarsten und hervorstechendsten Eigenschaften – zwischen 1933 und 1945 pervertiert worden. Sie ist zu einer unbeschränkten Machtvollkommenheit und Willkür entartet. Die politische Zweckmäßigkeit eines Urteils ist als Maßstab an die Stelle von Wahrheit und Gerechtigkeit getreten.

Statt den Faden der im Nürnberger Juristenprozess 1947 gesprochenen Urteile aufzunehmen und sich der Verantwortung für die eigene Unrechtsgeschichte zu stellen, haben Gesetzgeber und Justiz die Mörder in Robe nahezu vollständig amnestiert und bereitwillig wieder in die Reihen der Halbgötter in Schwarz aufgenommen. Mindestens eine weitere Generation von Juristen ist durch diese braunen Nachkriegskarrieristen geistig vergiftet worden. Die größte Hypothek dieses Versagens ist folgende: Um ihren eigenen Berufsstand nicht der Schande, der Verachtung und dem öffentlichen Ansehensverlust preisgeben zu müssen, haben Deutschlands Richter sich ein exklusives Sonderrecht geschaffen, das die Verfolgung und Bestrafung von Unrechtsurteilen beinahe unmöglich macht. Ein wichtiger Baustein dazu war die Aushöhlung des Straftatbestands der Rechtsbeugung. Statt den Mut und die Kraft zu einer Selbstreinigung der Justiz aufzubringen und die schweren Rechtsbeugungen ihrer braunen Berufskollegen angemessen hart zu bestrafen, war die bundesdeutsche Justiz nach 1945 mehr und mehr bestrebt, den entsprechenden Paragraphen 336 des Strafgesetzbuches immer restriktiver auszulegen. Bis heute wird durch diese Erblast eine effektive Selbstkontrolle und Selbstkorrektur der Justiz verhindert. Es ist an der Zeit, dass diese Last der Geschichte endlich abgelegt wird – indem man den Paragraphen 336 wieder zu einem Instrument des deutschen Rechtsstaates macht, mit dessen Hilfe die richterliche Rechtsbeugung im konkreten Fall tatsächlich anklagbar – und sogar bestrafbar – wird.

Wünschenswert wäre darüber hinaus ein Gesetz zur Beseitigung des nationalsozialistischen Unrechts in der Nachkriegsjustiz. Auch wenn ein solches Gesetz 60 Jahre nach dem Ende der NS-Diktatur ein eher symbolischer Akt ist: Die Unrechtsurteile jener Zeit müssen vom Gesetzgeber endlich aufgehoben werden. Dabei muss eine Umkehrung der Beweislast gelten. Jedes Urteil, wenigstens jedes der oberen Instanzen und der Sondergerichte, muss als Unrechtsurteil gelten, seine Rechtmäßigkeit dagegen im Einzelfall geklärt werden. Und vor allem müssen alle Freibriefe, die den Nazirichtern nach dem Kriege ausgestellt wurden, endlich zu dem Unrecht erklärt werden, das sie immer waren. Zum 60. Jahrestag der Befreiung vom Nationalsozialismus könnten Parlament und Justiz damit endlich beweisen, dass sie die Lehren aus ihrem Totalversagen vor und nach 1945 gezogen haben. Leitlinie dieses Eingeständnisses sollte das späte, ziemlich einsam dastehende, aber dennoch richtungsweisende Urteil des Bundesgerichtshofes vom 16. November 1995 sein, auf das ich in Kapitel 10 eingegangen bin.

Tausendfachen legalisierten Mord ungesühnt zu lassen ist ein schwerer Verstoß gegen das internationale Völker- und Menschenrecht. Deutschland hat eine offene und rückhaltlose Auseinandersetzung mit der Verbrechenswelt der Nazijuristen nicht zugelassen, obwohl durch den Nürnberger Juristenprozess die Voraussetzungen hierfür geschaffen wurden. Insbesondere die totale Aushöhlung des Straftatbestandes der Rechtsbeugung führt bis heute dazu, dass schweres Unrecht bundesdeutscher Strafgerichte nicht im nötigen Maße bekämpft und verhindert werden kann. Auch wenn unsere Gerichte in den allermeisten Fällen fair, nach bestem Wissen und Gewissen sowie nach Recht und Gesetz urteilen – so lange die Waffe des Paragraphen 336 StGB stumpf bleibt, kann nicht mit der nötigen Sicherheit ausgeschlossen werden, dass sich einzelne Richter aufgrund ihrer überaus starken gesetzlichen Position zu Willkür, Allmachtsbewusstsein und rechtsfremden Zwecken überheben. Dies hat nicht zuletzt ein erfahrener Richter und bedeutender Gelehrter wie der Würzburger Strafrechtler Professor Günter Spendel kritisiert: »Gerade dann, wenn man eine hohe Auffassung von der Bedeutung und Würde des Richteramtes hat, muss man umso mehr die Tendenz (…) ablehnen, die Strafbarkeit der vorsätzlichen Rechtsbeugung, des Justizverbrechens schlechthin, möglichst weitgehend einzuschränken und damit ein gesetzlich nicht begründetes Richterprivileg zu beanspruchen. Die Gerichte sollten im Interesse ihres Ansehens vor der Aburteilung pflichtvergessener Berufskollegen nicht zurückschrecken.«[11]

11 Günter Spendel, Rechtsbeugung und Justiz, Vortrag an der Deutschen Richterakademie in Wustrau, 9. März 1995, in: Juristenzeitung 8/1995, S. 381.

Die Wirklichkeit unseres Justizalltags sieht, wie dieses Buch hoffentlich zeigen konnte, anders aus. Und leider spricht fast alles dafür, dass weder der Gesetzgeber noch die Justiz selbst willens und in der Lage sind, an diesem Unrechtszustand, der in den ungesühnten Verbrechen der Nazijustiz wurzelt, etwas zu ändern. Wenn aber die Organe eines Staates Unrecht nicht verfolgen und abstellen, dann müssen jene Institutionen tätig werden, denen der Schutz internationaler und übergeordneter Rechtsprinzipien obliegt. In meinen Augen sind deshalb der Internationale Strafgerichtshof in Den Haag und die Vereinten Nationen in der Person des UN-Generalsekretärs gefordert. In entsprechenden Eingaben habe ich beide Institutionen aufgefordert, die Bundesrepublik Deutschland hier auf den Weg des Rechts zurück zu zwingen. Mir ist klar, dass in Den Haag weder in Bezug auf das ungesühnte Naziunrecht noch in Bezug auf die Frage der Verfolgung aktueller Fälle von Rechtsbeugung Urteile mit unmittelbaren Rechtsfolgen gefällt werden können. Aber in der Form eines klaren juristischen Gutachtens muss der deutschen Justiz und dem deutschen Rechtsstaat ihr diesbezügliches Versagen klar und unmissverständlich attestiert werden. Eine solche Mahnung aus international höchstrichterlicher Feder würde die Bundesrepublik und ihre Strafjustiz dann wohl mittelbar auf den Weg unbedingter Rechtstreue zurückführen können. Somit würde endlich ein geistiger Nährboden bereitet, auf dem Wahrheit und Gerechtigkeit wieder ungehindert gedeihen könnten. Jeder Rechtsgelehrte weiß aus der eigenen Praxis, dass manchmal ein Geständnis vor Gericht wirkungsvoller ist als beharrliches Leugnen. Ein offizielles Eingeständnis des durch die NS-Justiz verursachten Unrechts könnte dem oft beklagten Unfehlbarkeits- und Allmachtsdenken unserer Gerichtsbarkeit ein positives Licht der Selbstkritik entgegensetzen – und dadurch das Vertrauen in eine Justiz stärken, deren unbedingter Wille zu Gerechtigkeit und Objektivität dann in der Tat selbst vor der eigenen Schuld nicht Halt machen würde.

Während die Justizminister an einer radikalen Beschneidung der Rechtsmittel arbeiten, ist in Wahrheit das schiere Gegenteil erforderlich. Denn wie wir gesehen haben, sind in vielen Strafverfahren anlässlich von Kapitalverbrechen vor allem die Tatsachenfeststellungen und die Beweiswürdigung der Gerichte höchst umstritten. Das Rechtsmittel der Revision kann dagegen im Grunde wenig ausrichten. Wenn ich als Verteidiger im Rahmen der Revision die strafrechtliche Würdigung der Tat und das daraus folgende Strafmaß rüge, geschieht das ja meistens nicht deshalb, weil ich der Meinung bin, das Gericht habe auf einen ansonsten feststehenden Tatsachverhalt bloß das falsche Gesetz angewendet oder ein falsches Strafmaß festgelegt. Beides ist vielmehr häufig die Folge höchst unterschiedlicher Bewertungen des Sachverhaltes. Ein ungerechtes Urteil kann ich dementsprechend nur dann erfolgreich anfechten, wenn die Möglichkeit einer erneuten Tatsachenüberprüfung besteht. Und weil es diese Möglichkeit nicht gibt, renne ich gegen viele Fehlurteile vergeblich an.

Meine über fünfzigjährige Berufserfahrung hat mir gezeigt, dass eine Instanz allein häufig irrt. Fünf Personen können schon deshalb fatale Fehler bei der Beweiswürdigung unterlaufen, weil sie unter dem meist starken Einfluss eines Vorsitzenden Richters stehen, der überdies die Prozessregie maßgeblich bestimmt. Dass eine zweite Instanz, die nicht durch vorhergehende Verfahren vorbelastet oder von der Aktenlage eingeschränkt ist, die nämlichen Fehler noch einmal begeht, ist dagegen viel unwahrscheinlicher. Im Grunde ist es also absurd, dass ausgerechnet nach Verfahren vor den Großen Strafkammern und den Schwurgerichten der Bundesgerichtshof die Endstation für eine Urteilsüberprüfung ist. Denn gerade wenn hohe Gefängnisstrafen drohen, sollte das Rechtsmittel der Berufung und damit eine zweite Tatsacheninstanz zwingend vorgesehen sein. Angesichts der vergleichsweise geringen Zahl von Verfahren vor den oberen Eingangsinstanzen würde das auch kaum zu einer unvertretbaren Überlastung der Justiz führen. Doch wo die Gefahr besteht, dass ein Mensch zu Unrecht für einen Großteil seines Lebens hinter Gitter wandert, da ist Kontrolle allemal besser als Vertrauen in die Weisheit einzelner Richter. Koste sie, was sie wolle.

Was im Übrigen häufig übersehen wird: 86 Prozent aller von einem Amtsgericht gefällten Strafurteile werden unmittelbar rechtskräftig, da weder Verteidigung noch Anklage in Berufung gehen. Und das hat einen simplen Grund: Dass überhaupt die Möglichkeit der Berufung gegeben ist, sorgt allein schon für eine gründliche und vor allem weniger kontroverse Beweisaufnahme. Denn solange ein Urteil in der nächst höheren Instanz vollständig umgestoßen werden kann, werden die betreffenden Richter nicht nur formaljuristisch sauber arbeiten oder, wie es so schön heißt, ihre Urteil »dicht« schreiben, sie werden auch die Tatsachenfeststellungen möglichst genau prüfen. Es steht also gar nicht zu befürchten, dass es durch die Ausweitung der Berufungsmöglichkeiten zu Mehrarbeit, Mehrkosten und zeitaufwändigeren Verfahren käme. Das »Drohpotenzial« allein wäre schon ausreichend.

Alle bisherigen rechtspolitischen Debatten haben bedauerlicherweise gezeigt, dass eine Berufung auch gegen solche Urteile, die in erster Instanz von den Landgerichten gesprochen werden, sich kaum wird durchsetzen lassen. Gegen das Vernünftige steht hier schlicht die Macht einer 150-jährigen Tradition. Dennoch gibt es Alternativen für eine bessere Selbstkontrolle der Justiz. Ein Weg bestünde in einer Erweiterung der Revisionsrüge beim Bundesgerichtshof. Neben Verstößen gegen das sachliche und das formale Recht, das heißt gegen die korrekte Anwendung der Strafgesetze und der Strafprozessordnung, müssten weitere Revisionsgründe zugelassen werden. Auch Verstöße eines Gerichtes gegen die Logik, die Denkgesetze und die allgemeine Lebenserfahrung im Rahmen der Beweiswürdigung müssten anfechtbar sein. Sofern die Sachverhaltsfeststellungen eines Gerichtes auf derartigen Fehlern beruhen, sollte der Bundesgerichtshof die Möglichkeit und die Pflicht haben, ein entsprechendes Schwurgerichtsurteil aus sachlichen Gründen aufzuheben und zur Neuverhandlung an das zuständige Gericht zurückzuverweisen. Detaillierte Vorschläge für entsprechende Regelungen liegen seit langem vor.

Alternativ ließe sich über die flächendeckende Einführung eines Wahlrechtsmittels für alle Strafverfahren nachdenken. Je nachdem ob die Verteidigung den Hauptfehler eines Urteils eher im formalrechtlichen oder im sachlichen Bereich sieht, könnte sie dann entscheiden, ob sie in Berufung gehen oder Revision einlegen will. Aber eine solche Wahl des Rechtsmittels würde nur dann einen Fortschritt für die Rechtssicherheit und die Gerechtigkeit darstellen, wenn sie auch gegen die Urteile von Strafkammern und Schwurgerichten verfügbar wäre.

Ein dritter Vorschlag betrifft die Rolle des Bundesverfassungsgerichtes. Gewiss ist die Unabhängigkeit der Richter ein hohes und fundamentales Rechtsgut. Aber bedeutet Unabhängigkeit auch Unantastbarkeit? Wenn es trotz aller Instanzenwege auch grobes Justizunrecht gibt, muss man fragen: Wer kontrolliert die schwarzen Schafe? Nach meiner Erfahrung ist unsere Justiz nicht in der Lage, eigenes Fehlverhalten nach den Grundsätzen rechtsstaatlicher Maßstäbe zu behandeln. Deshalb braucht es eine zusätzliche, übergeordnete Kontrollinstanz, und diese kann, so meine Auffassung, nur das Bundesverfassungsgericht sein. Justizunrecht ist ein Verstoß gegen elementare Grundrechte: gegen die Menschenwürde, das Recht auf persönliche Freiheit, das Rechtsstaatsprinzip. In derartigen Fällen sind die Hüter unserer Verfassung natürlicherweise gefordert. Also bedarf es einer Zuständigkeitsregelung, die das Verfassungsgericht als eine Art letzte Appellationsinstanz berechtigt und verpflichtet, offensichtliche sachliche Fehlurteile aufzuheben.

Ein vierter und letzter Vorschlag zielt auf die Genauigkeit des Protokolls. Wie der Fall Josef Peters gezeigt hat, ist die mangelhafte Dokumentation eines der Kardinalprobleme im Strafprozess.

Gerade wo es nur eine einzige Tatsacheninstanz gibt, ist es umso problematischer, wenn die Kontrolle durch ein exaktes Protokoll fehlt. Denn wenn es in Schwurgerichtsverhandlungen zu Fehleinschätzungen oder sogar böswilligen Verdrehungen von Tatsachen oder Zeugenaussagen kommt, fehlt die nächste Instanz, die dies korrigieren könnte. Ich bin der unbedingten Meinung, dass einzig ein exaktes Wortprotokoll, das vom Gericht in keiner Weise manipuliert werden kann, eine hinreichende Kontrolle von Tatsachenentscheidungen gewährleistet. Deshalb fordere ich eine entsprechende Protokollierungspflicht für Schwurgerichtsverhandlungen. Ein solches Wortprotokoll muss in vollem Umfang, also auch hinsichtlich des Inhaltes der Beweisaufnahme, Beweiskraft haben. Nur dann können offensichtliche Missverständnisse, Verdrehungen oder gar Verfälschungen von Zeugenaussagen durch ein Schwurgericht in der Revision zum Thema gemacht werden. Denn die Tatsachen auf den Kopf zu stellen ist und bleibt in seiner Konsequenz eine Rechtsbeugung, mag ein Gericht dabei formaljuristisch auch noch so korrekt zu Werke gehen.

Das alles macht deutlich: Angeklagte – und mit ihnen ihre Strafverteidiger – haben vor Gericht bis heute keinen leichten Stand. Sie sehen sich einer Phalanx von Richtern und Staatsanwälten gegenüber, die in »freier Beweiswürdigung« und damit so gut wie unkontrolliert über Wahrheit und Gerechtigkeit, Schuld und Unschuld, Freiheit und Gefängnis entscheiden. Das bedeutet oft nichts anderes, als dass sich die richterlichen Instanzen durch ein aus ihrer Perspektive nahezu lückenloses Rechtssystem bestätigt – ja geschützt – fühlen dürfen, während die Verteidigung angesichts eines offenkundigen Justizunrechts fast regelmäßig vor verschlossenen Türen steht. Gegen die sachlichen Gründe schwerer Fehlurteile bleibt die Waffe der Revision meist stumpf. Fehler in der Beweiswürdigung bleiben oft genug undokumentiert. Und dass Klagen wegen Rechtsbeugung fast immer ins Leere gehen, dafür hat die Justiz selbst gesorgt. Von Waffengleichheit zwischen Anklage und Verteidigung kann daher in deutschen Gerichtssälen bislang keine Rede sein, zumal den Verteidigern in ihren ohnehin beschränkten Handlungsspielräumen nur allzu häufig durch Beleidigungsklagen und Ehrengerichtsverfahren auch noch ein Maulkorb verpasst wird. Solange die Lücken in unserem Rechtssystem der einen – richterlichen – Seite zum Vorteil, der anderen – auf der Anklagebank befindlichen – Seite jedoch zum Nachteil geraten, ist es um die Gerechtigkeit in unseren Gerichtssälen schlecht bestellt. Die hier angesprochenen Maßnahmen wären eine erster Schritt, dieses Missverhältnis aus der Welt zu schaffen und die Rechtsfindung in Strafsachen wieder auf die soliden Grundfesten von Wahrheit und Gerechtigkeit zu stellen. Solange dies nicht geschieht, bleibt der Grundsatz »im Zweifel für den Angeklagten« nicht mehr als ein kaum einzulösendes Ideal. Setzen wir also alles daran, damit es Wirklichkeit wird.

**»Jürgen Roth ist einer der besten Kenner der Kriminalität in Deutschland.«**

**Die Zeit**

Jürgen Roth
**Der Deutschland-Clan**
Das skrupellose Netzwerk aus Politikern,
Top-Managern und Justiz
256 Seiten · gebunden
**€ 19,90** (D) · sFr 34,90 · € 20,50 (A)
ISBN 3-8218-5613-0

Deutschland heute – das ist ein engmaschiges Netzwerk
aus hochrangigen Politikern, führenden Konzernchefs und
toleranten Justizbehörden, die systematisch und über-
greifend mit kriminellen Methoden den Rechtsstaat aushöhlen, Gemeinsinn durch puren Egoismus und Gesetze
durch die Macht des Kapitals ersetzen.

Wer wen erpresst, wer die Drahtzieher anrüchiger Deals
sind und warum die Justiz nicht ermittelt – dieses Buch
enthüllt anhand bisher unbekannter Dokumente Gauner-
kartelle, Korruptionsaffären und Verstrickungen von Minis-
tern, Top-Managern und Staatsanwälten.

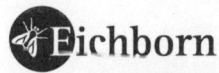Eichborn

Kaiserstraße 66
60329 Frankfurt/Main
Tel. 069/25 50 03-0
Fax 069/25 60 03-30
www.eichborn.de

Wir schicken Ihnen gern ein Verlagsverzeichnis.

# HERAUSFORDERUNG ZUKUNFT

»Wissenschaft, die
über den Tellerrand
schaut.«
*Bild der Wissenschaft*

15409

15234

»Diese Welt lässt
sich nur als eine
ganze verstehen und
ist erfolgreich auch
nur als solche zu
behandeln.«
*Ruediger Dahlke*

# WÖRTER UND REDEWENDUNGEN VERRATEN OFT MEHR ÜBER DENKWEISE UND KULTUR EINES LANDES ALS JEDER REISEFÜHRER

15427

»Tingo« bezeichnet auf den Osterinseln die wenig bescheidene Art, »sich so viele Dinge von einem Freund auszuleihen, bis der nichts mehr hat«.

# ES IST NIE ZU SPÄT, DIE WELT ZU VERÄNDERN

Jessica Williams

# 50

## Fakten, die die Welt verändern sollten

☞ Ein Drittel der Weltbevölkerung leidet unter Kriegen
☞ Jede Minute sterben zwei Menschen bei Autounfällen
☞ Jeder dritte Amerikaner glaubt an Aliens

**GOLDMANN**
ORIGINAL

15398

„Ein höchst effektives Mittel gegen Apathie
und Gleichgültigkeit."
*Agenda*

**GOLDMANN**

# GOLDMANN

*Das Gesamtverzeichnis aller lieferbaren Titel erhalten Sie
im Buchhandel oder direkt beim Verlag.
Nähere Informationen über unser Programm erhalten Sie auch im Internet unter:*
**www.goldmann-verlag.de**

★

Taschenbuch-Bestseller zu Taschenbuchpreisen
– Monat für Monat interessante und fesselnde Titel –

★

Literatur deutschsprachiger und internationaler Autoren

★

Unterhaltung, Kriminalromane, Thriller
und Historische Romane

★

Aktuelle Sachbücher, Ratgeber, Handbücher und
Nachschlagewerke

★

Bücher zu Politik, Gesellschaft, Naturwissenschaft und Umwelt

★

Das Neueste aus den Bereichen
Esoterik, Persönliches Wachstum und Ganzheitliches Heilen

★

Klassiker mit Anmerkungen, Anthologien und Lesebücher

★

Kalender und Popbiographien

★

**Die ganze Welt des Taschenbuchs**

★

Goldmann Verlag • Neumarkter Str. 28 • 81673 München

Bitte senden Sie mir das neue kostenlose Gesamtverzeichnis

Name: _____

Straße: _____

PLZ / Ort: _____